RELATION

CIRCONSTANCIÉE

DE LA

CAMPAGNE DE RUSSIE,

EN 1812.

Les Exemplaires exigés par la loi ont été déposés à la Bibliothèque royale, et tous ceux qui paraîtront avec des planches, sans être revêtues de la signature de l'auteur, seront réputés contrefaits.

On trouve chez les mêmes libraires et du même auteur :
L'Histoire abrégée de la république de Venise, 2 vol. in-8°.

RELATION
CIRCONSTANCIÉE
DE LA
CAMPAGNE DE RUSSIE,
EN 1812;

ORNÉE DES PLANS DE LA BATAILLE DE LA MOSKWA, DU COMBAT DE MALO-JAROSLAVETZ, ET D'UN ÉTAT SOMMAIRE DES FORCES DE L'ARMÉE FRANÇAISE PENDANT CETTE CAMPAGNE;

Par EUGÈNE LABAUME,

CHEF D'ESCADRON, CHEVALIER DE LA LÉGION D'HONNEUR ET DE LA COURONNE DE FER.

TROISIÈME ÉDITION,

REVUE ET CORRIGÉE D'APRÈS LES RENSEIGNEMENS LES PLUS AUTHENTIQUES.

Quæque ipse miserrima vidi.
AEneid., *lib.* II.

PARIS,

C. L. F. PANCKOUCKE, éditeur du Dictionnaire des sciences médicales, rue et hôtel Serpente, n°. 16.
MAGIMEL, libraire pour l'art militaire, rue Dauphine, n°. 9.

Décembre 1814.

IMPRIMERIE DE C. L. F. PANCKOUCKE.

PRÉFACE.

Je raconte ce que j'ai vu : témoin d'un des plus grands désastres qui aient jamais affligé une nation puissante, spectateur et acteur dans tout le cours de cette triste et mémorable expédition, je ne viens point ici présenter des faits disposés avec art, et ornés de couleurs infidèles. J'ai écrit, jour par jour, les événemens qui ont frappé mes yeux, et je cherche seulement à communiquer les impressions que j'ai ressenties. C'est à la lueur de l'incendie de Moscou que j'ai décrit le sac de cette ville ; c'est sur les rives de la Bérézina que j'ai tracé le récit de ce fatal passage. Les champs de bataille qui sont joints à cet ouvrage ont été levés sur le terrain, et par ordre du prince Eugène.

On aurait peine à se figurer les difficultés qu'il m'a fallu surmonter pour consigner mes souvenirs. Réduit, comme tous mes compagnons d'armes, à lutter contre les derniers besoins, transi de froid, tourmenté par la faim, en proie à tous les genres de souffrances, incertain, au lever de chaque soleil, si je verrais les derniers rayons du soir, doutant, le soir, si je verrais un jour nouveau; tous mes sentimens semblaient s'être concentrés dans le désir de vivre pour conserver la mémoire de ce que je voyais; animé par cet indicible désir, toutes les nuits, assis devant un mauvais feu, sous une température de vingt à vingt-deux degrés au-dessous de la glace, entouré de morts et de mourans, je retraçais les événemens de la journée. Le même couteau qui m'avait servi à dépécer du cheval pour me nourrir, était employé à tailler des plumes de corbeau; un peu de poudre à canon, délayée dans le creux de ma main avec de la neige fondue, me tenaient lieu d'encre et d'écritoire.

J'ai composé cette narration sans haine et sans préventions; mais je ne tairai pas que, dans le récit de cette entreprise, l'une des plus déplorables que le génie de l'ambition ait conçues, j'ai eu cent fois à retenir mon indignation, prête à s'échapper contre l'auteur de tant de maux. Cependant, les égards dus à sa grandeur passée, le souvenir des victoires mémorables dont je fus le témoin, et dont je partageai les honneurs, m'ont imposé le devoir de n'accuser ce conquérant que par des faits, et non par des déclamations injurieuses.

Ayant sans cesse devant les yeux le spectacle de cette foule de guerriers, misérablement exterminés dans de lointains déserts, je n'ai été soutenu que par l'idée de rendre hommage à leur constance, à un courage qui ne s'est jamais démenti, enfin, à des exploits d'autant plus héroïques, qu'ils étaient perdus pour la patrie, et semblaient l'être pour la gloire. Heureux si j'ai pu prouver, par cette relation importante, qu'au milieu de tant de désastres, nos braves ont toujours été dignes d'eux-mêmes, qu'ils n'ont point manqué à leur ancienne renommée, et que, toujours redoutables à l'ennemi, ils n'ont été vaincus que par les élémens.

Encouragé par l'accueil favorable qu'ont reçu les deux premières éditions de mon livre, j'ai cherché à améliorer cette édition nouvelle, en retranchant tout ce qui était trop particulier au quatrième corps, pour développer davantage les opérations qui pouvaient être d'un intérêt plus général. C'est ainsi que la bataille de la Moskwa, le combat de Taroutina, la belle retraite du duc d'Elchingen, et surtout le passage de la Bérézina, ont été considérablement augmentés d'après les notes de plusieurs officiers qui ont fait la campagne de Russie.

Je m'empresse de témoigner ici ma reconnaissance aux personnes qui ont bien voulu me fournir ces renseignemens, et de déclarer que je recevrai, avec plaisir, tous les éclaircissemens et les avis que l'on voudra bien me transmettre encore. Pour prouver combien j'aime à déférer aux conseils qu'on me donne, j'ai supprimé dans cette troisième édition quelques détails dont la véracité m'était suspecte, et qui, par leur forme romanesque, contrastaient trop avec la gravité du sujet et surtout avec la fidélité de ma narration. La meilleure manière de répondre à l'estime du public, n'est point de réfuter les critiques qui peuvent blesser l'amour-propre, mais bien de profiter de celles qui tendent à perfectionner l'ouvrage.

RELATION CIRCONSTANCIÉE DE LA CAMPAGNE DE RUSSIE.

PREMIÈRE PARTIE.

LIVRE PREMIER.

WILNA.

Si l'on voulait chercher dans nos annales quelle a été l'époque la plus brillante pour notre gloire, on trouverait, sans contredit, que la France n'a jamais été plus puissante qu'après le traité de Tilsit : alors l'Espagne, sous le nom d'alliée, était réellement une de nos provinces, dont nous retirions des hommes, de l'argent et des vaisseaux. L'Italie, sagement gouvernée par un prince à la fois bon guerrier et habile administrateur, sujette et soumise aux mêmes lois que l'Empire, jouissait d'une prospérité égale à la nôtre, et se rappelait avec orgueil que ses légions, dans la première campagne de Pologne, avaient fait preuve d'un courage éclatant, pour procurer à la France une paix aussi glorieuse qu'utile. Effrayée de notre agrandissement colossal, l'Allemagne, ne pouvant plus s'opposer à nos succès, ne cherchait qu'à assurer son existence en adhérant à tous les grands changemens qui renversaient la constitution germanique. L'Angleterre seule, constante ennemie d'une ambition si fatale à la sienne, ne voyait, dans les exploits de Napoléon, qu'un sujet de crainte pour elle, et de terreur pour le continent; jalouse d'avoir l'honneur de mettre un terme à cette ambition démesurée, elle représentait, à chacun des souverains du nord, combien il était de leur intérêt d'arrêter les progrès de plus en plus rapides de notre excessive puissance. Vains efforts! ces souverains, agités par des intrigues de cour, n'avaient point encore assez d'expérience pour être convaincus qu'il fallait tous se réunir, afin d'accabler le géant qui voulait tous les dévorer; lorsqu'au retour de Tilsit, la passion d'envahir donna au vainqueur l'idée de susciter à l'Espagne une guerre injuste, qui devait un jour flétrir ses lauriers, et fournir à ses ennemis l'occasion tant désirée d'anéantir un pouvoir si redoutable.

Un prince faible gouvernait de nom cette malheureuse péninsule; mais un ministre perfide, traître à sa patrie, ingrat envers le roi son bienfaiteur, était celui qui, d'une main partiale, administrait l'Etat, et par les plus lâches déférences envers les étrangers, avilissait la nation, dont il semblait n'avoir usurpé les droits que pour lui préparer une longue et honteuse servitude. La crédulité du père, la modération du fils, secondèrent ses vues criminelles; il arme l'un contre l'autre, et les enlève tous deux pour disposer de leur couronne; bientôt des partis se formèrent : de là s'éleva la discorde dont profita l'artificieux Napoléon pour faire naître la guerre civile, et allumer l'incendie nécessaire à l'exécution du projet le plus contraire à la saine politique, et qui offre, dans l'histoire d'une nation civilisée, l'exemple d'une ingratitude si monstrueuse, qu'on n'en retrouvera jamais de semblable, même chez les peuples barbares.

L'Espagne, quoique limitrophe de la France, était peu connue, le caractère de ses habitans l'était encore moins; cette ignorance égara le conquérant, et lui fit entreprendre une invasion funeste, mais dont on oubliera facilement les maux en songeant qu'elle fut, ainsi que la campagne de Moscou, la cause première des événemens qui amenèrent la délivrance de l'Europe. Il n'entre point dans mon plan de faire le résumé d'une agression qui rendit ennemies deux nations également généreuses : toujours unies par une estime réciproque, elles le seraient encore, si la perfidie d'un despote n'avait fondé sa force sur l'animosité des peuples. Cette lutte, mémorable par son acharnement et ses vicissitudes, doit fournir à l'écrivain un beau sujet d'histoire, et au militaire un vaste champ de méditation. Dans ce moment, je me borne à remarquer que la Providence semble avoir suscité à Napoléon l'idée de ces deux guerres illégitimes, pour apprendre aux Espagnols et aux Russes combien l'alliance avec les méchants doit être fatale ; se réservant ensuite, comme dernière moralité, de précipiter de faute en faute l'instrument dont elle s'est servie, afin de montrer à l'espèce humaine que la tyrannie est un attentat commis sur tous les hommes, et qu'il leur sera facile d'en triompher toutes les fois qu'ils se rallieront sous les bannières de la Justice.

Pendant que Napoléon s'efforçait vainement de chasser les Anglais de la péninsule, où ils étaient descendus, un nouvel orage se formait en Allemagne : l'Autriche, qu'il avait tant de fois humiliée, ne pouvait s'accoutumer au joug honteux sous lequel l'avaient placée ses défaites. L'insurrection des Espagnols et les nombreux armemens de l'Angleterre lui offrirent une circonstance favorable pour courir de nouveau aux armes, recouvrer ses Etats perdus, et faire reprendre à sa politique cette prépondérance dont elle était si jalouse.

La nouvelle guerre contre l'Autriche ne fut pour la France qu'un nouveau champ de triomphe ouvert à ses guerriers. Landshut, Eckmühl et Ratisbonne, par d'éclatans succès, préparèrent, au bout de quatre mois, la plus mémorable des victoires : les champs de Wagram virent se renouveler les prodiges d'Austerlitz, et assurèrent à la France, en une seule campagne, les résultats les plus décisifs.

Le traité de Vienne, en nous donnant la paix, fit passer sous notre domination de riches provinces; il agrandit le Wurtemberg, la Bavière, et sembla promettre à la Pologne son entier rétablissement. Mais ce traité, dicté par une puissance qui envahissait tout, aurait, comme tous ceux qui l'avaient précédé, renfermé le germe d'une guerre prochaine, si la plus auguste et la plus inattendue des alliances n'eût couronné la fortune du vainqueur.

Le souverain de l'empire d'Autriche, lassé d'une résistance si long-temps fatale à ses armes, crut un instant obéir au destin, en cédant à un homme devant qui tout cédait. Il sacrifia sa gloire, et même son sang, pour obtenir la paix : réalisant ainsi ces temps fabuleux où des princes magnanimes dévouèrent leurs filles pour apaiser le fléau qui ravageait leurs contrées.

De tous les biens qu'accorda le destin à l'heureux Napoléon, cet hymen fut sans contredit le plus prodigieux, puisqu'il assurait le sort d'un homme qui, sorti d'une classe privée, s'alliait à un puissant monarque; mais, peu satisfait d'une si haute élévation, il en fut ébloui, et en perdit volontairement tout le fruit à force de fatiguer son génie et de chercher toujours à dépasser le terme de ses brillantes destinées : ainsi, faute de sagesse, ce qui semblait devoir accroître sa grandeur devint la cause de sa ruine.

Cette époque dut être, sans contredit, la plus étonnante de toutes celles qui s'écoulèrent durant la vie de Napoléon. Quel homme pouvait alors passer des jours plus glorieux et plus tranquilles! De simple citoyen, il s'était vu élever sur le premier trône du monde; son règne n'avait été qu'une longue suite de victoires; et, pour comble de bonheur, un fils, objet du plus ardent de ses vœux, vint au monde pour lui succéder. Les peuples même, courbés sous sa domination, commençaient à s'y accoutumer, et semblaient vouloir assurer la couronne à sa race. Tous les princes étrangers, soumis à sa puissance, étaient ses vassaux, entretenaient ses troupes et payaient tribut pour satisfaire à son luxe et à sa prodigalité. Enfin, tout lui obéissait. Il ne lui manquait rien pour être heureux! Rien, si l'on pouvait l'être sans l'amour de la justice; mais, ayant toujours méconnu ce sentiment, il ne trouva jamais ni félicité ni repos : livré à un esprit inquiet et aux chimères d'une ambition insatiable, il n'écouta que ses passions tumultueuses; pour les satisfaire, il voulut ce qui ne pouvait pas être; et méconnaissant les autres, il oublia tout, jusqu'à lui-même.

Le continent semblait souscrire de bonne foi aux grands changemens qu'avait opérés Napoléon; et le vulgaire, dont les vues bornées pénètrent rarement l'ame ténébreuse des monarques ambitieux, crut que l'alliance surnaturelle de cet homme, avec une archiduchesse, comblerait ses désirs immodérés, et surtout que les douceurs de la paternité lui feraient connaître qu'un trône se cimente, non par de vaines conquêtes, achetées à force de sang et de larmes, mais bien par de sages institutions, qui faisant chérir son gouvernement, en auraient assuré la durée : jamais aucun mortel ne réunit des moyens plus faciles et plus sûrs pour réaliser le bonheur du monde. Il lui suffisait d'être juste et prudent;

c'est en cela que la nation fondant ses espérances, lui accorda cette confiance illimitée dont il abusa depuis si cruellement. Aussi la postérité aura-t-elle à décider si Napoléon a été plus coupable par le mal qu'il a commis, que par le bien qu'il aurait pu faire, et auquel il n'a pas seulement songé.

Cet homme, qui sera pour les historiens l'énigme du cœur humain, aurait été admiré de l'univers, s'il eût voulu convenablement appliquer à l'éxercice des vertus les rares talens dont il abusa pour le crime ; mais, loin de méditer avec calme et modération sur l'heureux emploi de toutes ses facultés, il forme des projets au dessus des forces humaines ; et, pour les réaliser, il oublie le nombre des victimes qu'il fallait leur sacrifier ; tourmenté par de sombres vapeurs, la plus légère contradiction l'irritait ; et la seule idée qu'il existait une nation assez politique et assez persévérante pour avoir constamment refusé ses propositions, et résisté à sa funeste influence, était un souvenir qui déchirait son cœur et empoisonnait ses plus beaux momens de gloire. Pour triompher d'un ennemi qu'il ne pouvait atteindre, il étend vainement les deux bras aux extrémités de l'Europe ; à peine il croit le tenir d'un côté, qu'il lui échappe de l'autre : furieux de voir échouer ses projets chimériques, il aspire à une domination universelle, par cela seul qu'un peuple isolé du continent profite de son heureuse position pour s'exempter d'un joug intolérable.

Dès lors il renvoie des ministres dont il dédaigne la sagesse; les talens ne consistent plus qu'à souscrire aveuglément à toutes ses folles prétentions; et pour lui le courtisan le plus soumis devient le sujet le plus utile. Despote de son peuple et de ses armées, esclave lui-même de ses propres volontés, il aspire à tout dompter, et porte ses vues ambitieuses jusqu'aux extrémités du pôle; par un faux jugement, il embrasse un faux système, et va se faire dans le nord, tout comme il s'était fait dans le midi, un ennemi dangereux du plus sûr et du plus puissant de tous ses alliés.

Dans ses rêves insensés il dépasse de toute part les limites naturelles de la France, il lui forme des destinées chimériques, et va concevoir des craintes sur la Russie, sous le prétexte que, voulant s'asseoir sur l'ancien trône de Constantin, elle allait commander aux deux mers qui entourent l'Europe. Il voulut alors faire le prophète, prédire à la France des malheurs éloignés, et sacrifier la génération présente au bonheur incertain des générations futures.

Enivré de sa félicité, il croit que toutes les

puissances lui portent envie; jugeant d'après lui-même, il pense que la Russie ne voit qu'avec une secrète jalousie l'union contractée entre le plus ancien et le plus nouveau des empires. Plein de cette idée, il poursuit son plan dévastateur, et voulant, disait-il, que sa dynastie fût dans peu la plus antique de l'Europe, il cherchait à consacrer son usurpation en détrônant des princes légitimes, pour donner leur couronne à ses frères qui, trop efféminés pour bien seconder sa tyrannie, ne brillaient autour de lui que comme de pâles satellites autour d'un astre malfaisant.

Le traité de Tilsit n'était qu'une trêve pour ceux qui connaissaient le caractère de Napoléon. Chacun comparant la force toujours croissante des deux grands empires, pronostiquait une rupture prochaine, et voyait, dans l'accroissement de l'un ou de l'autre, la destruction future de l'édifice colossal que tous deux semblaient vouloir élever. Jadis l'éloignement qui les séparait devait aussi séparer leurs intérêts; mais les conquêtes de la France l'ayant rendue voisine de la Russie, tout fit présager qu'il ne tarderait pas à s'élever entre ces deux puissances rivales une lutte terrible, et dont le choc ébranlerait le monde.

Depuis plus de deux ans la Russie et la France

se tenaient respectivement dans une attitude guerrière; mais, enfin, Napoléon ayant renforcé la garnison de Dantzig, formé plusieurs corps d'armée, completté la cavalerie, le train d'artillerie et les équipages militaires, se crut en mesure d'éclater en reproches contre la Russie; et oubliant qu'il avait envahi, depuis ses dernières stipulations, la Hollande, les villes anséatiques, et surtout le duché d'Oldenbourg, sur lequel le beau-frère d'Alexandre avait des droits légitimes, il reprocha comme un grave délit que contre tant d'usurpations, on eût oser renouer des relations commerciales avec l'Angleterre.

Dès lors la France fit d'immenses armemens: de nombreuses cohortes volèrent des rives du Tage sur celles de l'Oder, et les mêmes soldats qui naguère campaient dans les fertiles plaines de la Lombardie, au bout de trois mois, se virent transportés sur les sables arides de la Pologne.

Cependant rien encore n'avait transpiré de tous ces grands mouvemens, à l'exception du fameux sénatus-consulte (1) qui organisa l'Empire en *cohortes*, *bans* et *arrière-bans*. Ainsi la patrie allait se trouver engagée dans la plus sanglante lutte qu'elle eût jamais soutenue : la

(1) Séance du sénat, 10 mars 1812.

moitié de l'Europe marchait contre l'autre, sans que Napoléon eût daigné avertir le Sénat, ni que ce corps eût osé se faire rendre compte d'une guerre où la France allait épuiser son sang et ses trésors.

Dans cette circonstance, tous les yeux se tournent vers la Prusse, et on attendait avec impatience le parti qu'elle embrasserait : ses places, son territoire, tout était envahi par nos armées ; néanmoins le poids de notre alliance parut si contraire à sa politique, et surtout si nuisible à ses intérêts, que, malgré la contrainte et l'assujétissement où nous l'avions placée, elle hésitait encore à se prononcer; mais, à la grande surprise de tout le monde on apprit qu'elle s'était enfin décidée en notre faveur (1). Ceux qui savaient comme Napoléon contractait des alliances, observèrent que la Prusse n'avait adhéré à la nôtre que lorsqu'elle vit Berlin pressé de toute part, et que le duc de Reggio était sur le point d'y entrer en conquérant. Peu de temps après, le roi de Prusse se vit contraint d'abandonner sa capitale et d'en laisser le commandement aux généraux français.

A la même époque il parut un autre traité,

(1) Traité d'alliance du 24 février 1812, entre S. M. l'Empereur et Roi et S. M. le roi de Prusse.

conclu entre la France et l'Autriche, dont les principales clauses étaient que chacune des puissances contractantes fournirait à celle qui serait attaquée un corps auxiliaire de trente mille hommes. Et comme dans ces circonstances Napoléon se disait menacé par la Russie, il demanda et obtint les secours promis, qui furent placés sous le commandement du prince Schwartzenberg. Ainsi Napoléon tyrannisait les rois, comme Robespierre tyrannisait le peuple : sous chacun d'eux personne ne pouvait rester neutre; l'amour de la paix leur semblait une trahison, et à tous deux, la modération paraissait un crime.

Si on avait été surpris de voir les Autrichiens et les Prussiens accepter notre alliance, on le fut bien davantage en apprenant que la Suède l'avait rejetée. Cette nation, la seule du continent intéressée à seconder notre expédition contre la Russie, fut tellement indignée de notre invasion en Poméranie, et de l'affront fait au commerce de Stralsund, qu'elle refusa une occasion unique pour venger Charles XII; aimant mieux renoncer aux provinces qu'on lui avait enlevées, que de contracter avec nous des traités qui, par la mauvaise foi de notre chef, ne lui offraient aucune garantie.

Les routes d'Allemagne étaient couvertes de corps nombreux de troupes; qui, dans leur marche, observèrent la discipline la plus admirable; toutes se rendaient vers l'Oder. Le roi de Westphalie, à la tête de sa garde et de deux divisions, avait déjà passé ce fleuve, de même que les Bavarois et les Saxons. Le premier corps était à Stettin, le troisième marchait sur cette direction, et le quatrième arrivé à Glogau remplaça les Westphaliens, qui partirent pour Warsovie.

L'organisation de notre armée dès sa formation était imposante; et si je faisais l'énumération de toutes les nations dont elle était composée, je rappellerais trop les descriptions d'Homère, lorsqu'il parle des peuples divers qui marchèrent à la conquête d'Ilion. Au mois d'avril, la grande armée comptait neuf corps d'infanterie, dans chacun desquels étaient au moins trois divisions (le premier en avait cinq), et une de cavalerie; à cela se joignait la garde impériale, composée d'environ cinquante mille hommes, et quatre grands corps de cavalerie portant le nom de *réserve*. Le total de nos forces, sans comprendre les Autrichiens, pouvait s'élever à quatre cent mille fantassins et soixante mille cavaliers. Plus de mille pièces de canon, réparties dans les différens corps de l'armée, constituaient la force de l'artillerie.

Le prince d'Eckmühl depuis longtemps avait le commandement des cinq divisions qui formaient le premier corps; le second fut confié au duc de Reggio, le troisième au duc d'Elchingen, le quatrième, connu sous le nom d'*armée d'Italie* (et où se trouvait la garde royale), était commandé par le Vice-Roi. Le prince Poniatowski, à la tête de ses Polonais, formait le cinquième corps. Les Bavarois, incorporés dans le sixième, étaient sous les ordres du comte Gouvion Saint-Cyr. Les Saxons comptaient comme septième corps, et avaient pour chef le général Reynier. Les Westphaliens marchant sous les ordres de leur roi, prirent rang dans l'armée sous le nom de huitième corps. Quant au neuvième, les cadres seulement en étaient formés, mais l'on savait qu'il était destiné au duc de Bellune; enfin le dixième corps, placé sous les ordres du maréchal duc de Tarente, était composé de Prussiens, commandés par le général Grawert, et de la division Grandjean, qui n'avait de Français que les généraux Ricard et Bachelu, et les troupes d'artillerie.

Les forces russes opposées aux nôtres se divisaient en deux parties, désignées par les noms de *première* et *deuxième armée de l'Ouest*; l'une était sous les ordres du général comte Barclay de Tolly, l'autre sous le commandement du prince Bagration. Le nombre des divisions s'élevait à quarante-sept, parmi lesquelles il s'en trouvait huit de cavalerie. L'empereur Alexandre arrivé à Wilna le 26 avril, avec tout son état-major, était depuis longtemps préparé à repousser toutes nos attaques. Mais ceux qui avaient fait une longue étude de notre système de guerre, ne cessaient de conseiller à ce monarque de ne point hasarder de batailles, bien certains que l'ambition de Napoléon le pousserait dans des contrées sauvages, qui seraient pendant la saison rigoureuse le tombeau de son armée.

Quoique la Prusse se fût déclarée pour nous, néanmoins la prudence exigeait de se méfier d'une alliance contractée par force : aussi toutes les garnisons françaises renfermées dans les places se gardaient avec le plus grand soin, surtout à Glogau, où se rassemblait le quatrième corps; son voisinage de Breslau, où le roi de Prusse venait de se retirer avec le reste de ses troupes, entretenait naturellement nos craintes, et devait engager le gouverneur à se mettre à l'abri d'un coup de main qui eût été si fatal aux entreprises de la France.

Le quatrième corps venu d'Italie, sous la dénomination d'*armée d'observation*, semblait par son titre devoir alternativement se porter en avant de la Grande-Armée, souvent observer ses flancs, et enfin se réunir à elle lorsque de grandes circonstances exigeraient son secours. Ayant eu l'honneur d'appartenir à ce corps, j'ai cru devoir en détailler davantage les opérations, puisque ses manœuvres isolées ont été plus intéressantes que celles des autres corps, et que le quatrième a participé en même temps aux grandes affaires qui ont illustré notre marche sur Moscou. Quant aux calamités de la retraite, on sait qu'elles ont été communes à toute l'armée.

Le Vice-Roi, avant d'aller prendre le commandement du quatrième corps qui, par intérim, était sous les ordres du duc d'Abrantès, fut appelé à Paris, où ses conférences avec l'Empereur firent croire qu'on le destinait à des fonctions encore plus relevées que celles de chef d'une armée. Depuis longtemps on avait répandu le bruit que Napoléon voulant aller lui-même terminer la guerre d'Espagne, avait annoncé dans son conseil l'intention où il était, en supposant que les circonstances le forçassent à s'éloigner de sa capitale, de confier à ce jeune prince le soin de gouverner l'Empire. Mais ces hautes espérances, et qui, depuis la répudiation de sa mère, ne paraissaient plus fondées, ne tardèrent pas à être déçues, car le Vice-Roi, sept à huit jours après son arrivée à Paris, ayant reçu ses instructions, prit la route de la Pologne, et arriva à Glogau le 12 mai.

Durant la journée que ce prince resta dans cette ville, il passa en revue les troupes placées sous ses ordres, et fut très-satisfait de la belle tenue de la quinzième division, toute formée d'Italiens; elle pouvait alors s'élever à plus de treize mille hommes, et les soldats qui la composaient, paraissaient si bien aguerris, que le général Pino, quoique premier capitaine de la garde royale, se croyait honoré d'un pareil commandement.

La réunion du quatrième corps devait se faire à Plock, où se trouvait déjà l'armée bavaroise, et ce fut vers cette ville, en passant par Posen, que se dirigea le prince Vice-Roi. Son arrivée ayant devancé de quelques jours celle de son armée, il les employa à reconnaître le Bug et la Narew, et à lier par un système de défense la ligne que présente cette dernière rivière avec celle des lacs qui s'étendent depuis Angerburg jusqu'à Johannisburg. Le prince visita particulièrement la forteresse de Modlin, où le roi de Westphalie s'était aussi rendu; les dispositions qu'ils prirent semblaient annoncer que la Wolhynie serait le théâtre de la guerre. Mais peu de jours après, l'Empereur étant arrivé à Thorn, appela les regards partout où se trouvait sa personne. Le Vice-Roi alla lui présenter ses hommages, et à son retour ordonna les préparatifs nécessaires pour effectuer un mouvement le 4 juin.

Ce jour là notre corps se mit en marche pour Soldau, et y arriva le 6. Un double séjour fut donné aux troupes, et on l'employa à faire construire des fours indispensables pour la manutention. On se dirigea ensuite sur Villemberg, où il y eut également quarante-huit heures de repos. En trois jours de marche on arriva à Rastenbourg, jolie petite ville entourée de lacs, et où l'armée trouva des ressources; car, depuis Glogau, on n'en avait point rencontré de plus grande et mieux peuplée.

De Rastenbourg on alla sur Lôtzen; on se porta ensuite vers Oletzko, dernière ville de la Prusse orientale. A deux lieues de là nous rentrâmes dans le duché de Warsovie, et nous aperçûmes promptement la différence frappante qui se trouve entre ces deux états; dans l'un, les maisons sont propres et bien bâties; dans l'autre, elles sont sales et grossièrement construites. Les habitans du premier sont civils, hospitaliers; ceux du second ne présentent que des Juifs crasseux et dégoûtans; quant à la petite noblesse polonaise, sa misère nuit à sa dignité. Les grands seigneurs sont, au contraire, magnifiques, braves et généreux : la fidélité à l'honneur et l'amour de la patrie en feront toujours de véritables héros. La classe des paysans est peu nombreuse; ce défaut de population, joint à l'aridité du sol, fait que la Pologne est mal cultivée; son territoire sablonneux, couvert de mauvais seigle, semble être frappé de stérilité.

Arrivé à Kalwary, nous ne vîmes qu'un gros bourg rempli de Juifs : à Marienpol, même population. Fatigués de leur aspect dégoûtant, et surtout de leur nombre, nous disions que la Pologne n'était autre chose que la Judée, où l'on voyait par hasard quelques Polonais.

Durant cette marche Napoléon parti de Thorn, visita la place de Dantzig, que son esprit de domination lui faisait regarder comme la plus importante de son empire; de là il fut à Osterode, traversa rapidement les villes de Liebstadt et de Kreustbourg, lieux voisins d'Eylau, Heilsberg et Friedland, théâtre de sa plus grande gloire militaire. Arrivé à Kœnigsberg, il prépara tout pour sa grande entreprise; il passa en revue de nombreuses divisions, visita la place de Pillau; et peu de jours après, marchant avec le centre de son armée, il longea la Prégel jusqu'à Gumbinnen.

L'Empereur espérait par ses armemens en imposer à la Russie, et la contraindre à plier sous ses lois, tandis qu'il voulait s'affranchir de tout ce qui pouvait établir l'ordre et cimenter la paix. Alexandre, au contraire, par un excès de modération bien rare chez les monarques puissans, consentait à ce que la France conservât garnison dans Dantzig; mais il exigeait, et avec juste raison, qu'on évacuât la Prusse, afin qu'il existât entre les deux empires un état indépendant. Ce furent ces conditions sages et modérées que Napoléon appela *sommation arrogante et tout à fait extraordinaire* (1); et, sur le refus formel que fit la Russie d'entendre, sans ces préliminaires, l'ambassade du général Lauriston, il entre en fureur, et s'écrie avec le ton frénétique que lui inspirait la plus légère contradiction : « *Les vaincus prennent le ton des* « *vainqueurs; la fatalité les entraîne, que* « *les destins s'accomplissent !* » Et sur le champ, partant de Gumbinnen, il se rendit à Wilkowiski (22 juin 1812), où il mit à l'ordre du jour la proclamation suivante :

Soldats !

« La seconde guerre de la Pologne est com-
« mencée; la première s'est terminée à Fried-
« land et à Tilsit : à Tilsit, la Russie a juré éter-
« nelle alliance à la France, et guerre à l'Angle-
« terre. Elle viole aujourd'hui ses sermens ! Elle
« ne veut donner aucune explication de son

(1) Voyez le second bulletin de la Grande-Armée.

« étrange conduite, que les aigles françaises
« n'aient repassé le Rhin, laissant par là nos
« alliés à sa discrétion.

« La Russie est entraînée par la fatalité. Ses
« destins doivent s'accomplir. Nous croit-elle
« donc dégénérés; ne serions-nous donc plus
« les soldats d'Austerlitz? Elle nous place entre
« le déshonneur et la guerre. Le choix ne sau-
« rait être douteux. Marchons donc en avant!
« passons le Niémen : portons la guerre sur
« son territoire. La seconde guerre de la Polo-
« gne sera glorieuse aux armées françaises,
« comme la première; mais la paix que nous
« conclurons, portera avec elle sa garantie, et
« mettra un terme à la funeste influence que la
« Russie a exercée depuis cinquante ans sur
« les affaires de l'Europe. »

Cette proclamation, où rien ne respire la véritable grandeur, nous parvint à Kalwary; elle n'était remarquable que par un excès de jactance, et surtout par la manie qu'avait Napoléon, de donner à ses discours la forme d'un oracle. Cependant, quoiqu'elle fût une répétition monotone des mêmes idées tant de fois exprimées, elle excita l'ardeur de nos soldats, toujours prêts à écouter tout ce qui pouvait flatter leur courage. Fiers d'entrer sur le territoire russe, ils voyaient avec orgueil qu'en commençant la seconde campagne de Pologne, ils laissaient derrière eux le fleuve où l'on s'était arrêté vers la fin de la première. Ce mot de Niémen enflammait l'imagination, chacun brûlait de le passer; et ce désir était d'autant plus naturel, qu'indépendamment de notre esprit de conquête, l'état misérable de la Pologne augmentait chaque jour nos privations et nos souffrances : pour faire cesser nos plaintes, on nous montrait le pays ennemi comme la terre promise.

L'armée russe opposée à la nôtre, était formée de six grands corps : le premier, fort de vingt mille hommes, était commandé par le comte Wittgenstein, et occupait Rossiena et Keïdanouï. Le deuxième corps, sous les ordres du général Bagawout, également de vingt mille hommes, gardait Kowno. Le troisième, ayant vingt-quatre mille hommes, était à New-Troki, et avait pour chef le général Schomoaloff. Le pays renfermé entre New-Troki et Lida, cantonnait le quatrième corps, commandé par le général Tutschkoff. Ces quatre corps réunis à la garde qui se trouvait à Wilna, formaient ce que les Russes appelaient *première armée d'Ouest*. La deuxième armée était composée du cinquième corps dont les forces s'élevaient à quarante mille hommes, et du sixième corps, dit de Doctorow, fort de dix-huit mille hommes. Cette deuxième armée, que le prince

Bagration commandait en chef, campait à Grodno, Lida, et dans toute la Wolhynie. Le général Marckoff organisait dans cette province les neuvième et quinzième divisions qui devaient former le septième corps. Ensuite ce général, rappelé à l'armée du centre, laissa le commandement de la Wolhynie au général Tormasow, qui créa un nouveau corps destiné à agir contre le duché de Warsovie.

Telle était la position des Russes par delà le Niémen, lorsque le roi de Naples, qui commandait toute notre cavalerie, porta son quartier-général à deux lieues en deçà de ce fleuve (23 juin), ayant avec lui les deux corps de cavalerie commandés par les généraux Nansouty et Monbrun, composés chacun de trois divisions. Le premier corps prit position au débouché de la grande forêt de Pilwisky. Le deuxième corps et la garde venaient ensuite. Les troisième, quatrième et sixième corps s'avançaient par Marienpol, marchant à un jour de distance. Le roi de Westphalie se dirigeait sur Grodno avec les cinquième, septième et huitième corps, en remontant la Narew, et faisait face à l'armée commandée par le prince Bagration.

Les équipages de pont, sous les ordres du général d'artillerie Eblé, arrivèrent le même jour tout près du Niémen. Alors Napoléon s'étant déguisé en soldat polonais, reconnut, avec le général du génie Haxo, des hauteurs qui dominent Kowno, le point le plus avantageux pour effectuer le passage, et vers les huit heures du soir l'armée se mit en mouvement : trois compagnies de voltigeurs de la division Morand (première division, premier corps), traversèrent le Niémen, et protégèrent la construction de trois ponts qui furent jetés sur ce fleuve, où, cinq ans auparavant, les deux Empereurs s'étaient jurés une éternelle amitié !

Au point du jour, c'est-à-dire, vers une heure du matin, nous étions dans Kowno; le général de division Pajol ayant poussé plus loin l'avant-garde, fit occuper la ville par un bataillon, et chassa devant lui la cavalerie ennemie qui se retirait à mesure que nous avancions. Pendant les journées du 24 et du 25, l'armée ne discontinua pas de passer sur les trois ponts achevés dans une seule nuit. En même temps Napoléon, arrivé à Kowno, fit construire tout près de là un nouveau pont sur la Wilia, tandis que le roi de Naples marchait vers Zismorï, et que les maréchaux prince d'Eckmühl et duc d'Elchingen se portaient, l'un à Roumchichki, et l'autre à Kormelov. Enfin, le lendemain (27 juin), notre cavalerie légère n'était qu'à dix lieues de Wilna.

Le jour suivant, vers les deux heures du matin, le roi de Naples continua sa marche, appuyé par la division de cavalerie du général Bruyères, et par le premier corps. Mais les Russes se replièrent partout jusque derrière la Wilia, après avoir incendié le pont, ainsi que les magasins aux vivres. Une députation des principaux habitans de Wilna étant venue au devant de Napoléon, elle lui remit les clés de la ville, où il entra vers midi; au lieu de s'y arrêter, il courut sur le champ aux avant-postes du général Bruyères, pour examiner sur quelle direction se retirait l'ennemi. On le poursuivait sur la gauche de la Wilia, lorsque, dans une charge de cavalerie, le capitaine de hussards, Octave de Ségur, resta blessé; ainsi cet officier distingué fut le premier qui, dans cette campagne, tomba au pouvoir des Russes.

Le point que Napoléon avait choisi pour passer le Niémen, était fort avantageux, Kowno étant dominé par une haute montagne située sur notre rive, qui plonge entièrement sur la ville. Mais lors même que cette position eût été moins heureuse pour nous, il n'entrait point dans le plan de campagne des Russes de s'opposer à nos premiers efforts. On raconte à ce sujet que l'empereur Alexandre avait pris toutes ses mesures pour disputer le passage du Niémen, et qu'au moment où l'attaque allait avoir lieu, le général Barclay de Tolly se jetant aux genoux de son maître, le supplia de ne point combattre contre une armée formidable, à laquelle rien ne pourrait résister, disant qu'il fallait laisser passer Napoléon comme un torrent, et réserver toutes leurs forces pour les employer, lorsque les siennes commenceraient à s'affaiblir. Je n'ose garantir l'authenticité d'une pareille anecdote; mais ce qui pourrait y faire croire, c'est qu'Alexandre ayant séjourné six semaines à Wilna, inspecta ses armées, fit de grands approvisionnemens, reconnut les principales positions du Niémen, susceptibles de défense, puis tout à coup abandonna cette ligne sans combattre, et ordonna la retraite sur la Dwina et le Dniéper.

En arrivant à Wilna, chacun put lire la proclamation que fit l'empereur de Russie, lorsqu'il apprit que les troupes françaises avaient franchi le Niémen; elle peint si bien la noblesse et l'équité de ce souverain, qu'en la comparant à celle de Napoléon, publiée à Wilkowiski, on aura la connaissance parfaite du caractère des deux conquérans, sur qui le monde entier avait les yeux ouverts. Voici comment elle était conçue :

Wilna, le 25 juin 1812.

« Depuis longtemps déjà nous avions remar-
« qué de la part de l'Empereur des Français des
« procédés hostiles envers la Russie; mais nous
« avions toujours espéré les éloigner par des
« moyens concilians et pacifiques. Enfin, voyant
« le renouvellement continuel d'offenses évi-
« dentes, malgré notre désir de conserver la
« tranquillité, nous avons été contraints de com-
« pléter et de rassembler nos armées. Cependant
« nous nous flattions encore de parvenir à une
« réconciliation, en restant aux frontières de
« notre empire, sans violer l'état de paix, et
« seulement prêt à nous défendre. Tous ces
« moyens concilians et pacifiques ne purent con-
« server le repos que nous désirions. L'Empe-
« reur des Français, en attaquant subitement
« notre armée à Kowno, a le premier déclaré
« la guerre. Ainsi, voyant que rien ne peut le
« rendre accessible au désir de conserver la paix,
« il ne nous reste plus, en invoquant à notre
« secours le Tout-Puissant, témoin et défenseur
« de la vérité, qu'à opposer nos forces aux forces
« de l'ennemi. Il ne m'est pas nécessaire de rap-
« peler aux commandans, aux chefs de corps et
« aux soldats, leur devoir et leur bravoure; le
« sang des valeureux Slavons coule dans leurs

« veines. Guerriers! vous défendez la religion,
« la patrie et la liberté! Je suis avec vous. Dieu
« est contre l'agresseur.

Signé ALEXANDRE. »

Pendant que toute notre armée se concentrait autour de Wilna, le deuxième corps russe, commandé par le général Bagawout, effectuait sa retraite sur la Dwina; le comte Wittgenstein se retirait aussi sur Wilkomir, depuis que le duc de Reggio, en marchant sur Janow et Chatouï, l'avait forcé d'évacuer la Samogitie. Le 28, la rencontre eut lieu tout près de Develtovo, et la canonnade s'engagea d'une manière assez vive; l'ennemi ne conserva point sa position, et, culbuté par nos troupes jusque sur la Dwina, il repassa le pont construit sur ce fleuve, avec une si grande précipitation, qu'il n'eut pas le loisir de le brûler.

Les Russes étaient repoussés par de là le fleuve; tandis que les cinquième, septième et huitième corps, aux ordres du prince Poniatowski et du roi de Westphalie, s'emparaient de Grodno. La lenteur que mit ce dernier à effectuer ses manœuvres permit à la deuxième armée de l'Ouest, commandée par le prince Bagration, de se retrancher dans de fortes positions, et de résister à toutes les attaques; par l'heureux emploi des nombreux corps de kosaques conduits par l'hetman Platoff, il eut sans doute conservé longtemps les provinces qui lui avaient été confiées, si, après l'évacuation de Wilna, ce prince n'avait reçu l'ordre de venir se réunir au général Barclay de Tolly. Afin d'empêcher cette réunion, le prince d'Eckmühl fut détaché sur le champ de notre centre, pour se porter vers Minsk, et de là diriger les opérations du roi de Westphalie, dont l'Empereur était très-mécontent; mais Jérôme ne voulant point se soumettre à un ordre qui humiliait trop son amour-propre, laissa son commandement et obtint de retourner dans ses états.

Le 29 juin, le quatrième corps resté jusqu'alors en observation derrière le Niémen, vit enfin ce fleuve tant désiré. En arrivant à Pilony, lieu désigné pour le passage, nous trouvâmes le Vice-Roi, le duc d'Abrantès et tout l'état-major, qui, par un temps pluvieux, étaient occupés à faire construire un pont. L'artillerie de la garde royale était en position sur le plateau qui dominait la rive opposée; précaution sage, mais inutile, car plusieurs reconnaissances faites par de là le Niémen, nous apprirent que de ce côté tout était dans la plus parfaite tranquillité.

Nous ne devions plus avoir d'inquiétude sur le succès du passage, puisque le chef d'escadron Bataille, aide-de-camp du Vice-Roi, envoyé en mission auprès de Napoléon, nous avait annoncé que nos troupes, après avoir traversé sans obstacle le défilé de Kowno à Roumchicki, étaient arrivées à Zismorï sans combattre; que les Russes n'avaient même défendu que très-faiblement les positions qui sont entre Rouïkontouï et Wilna, et que n'ayant surtout construit aucune redoute sur la hauteur qui est à deux lieues en avant de cette ville, l'Empereur y avait fait son entrée le 28 du mois, se faisant précéder par les hulans polonais du 8.ᵉ régiment, commandé par le prince Dominique Radziwil. Le rapport de cet officier nous confirma que les faubourgs avaient un peu souffert des malheurs de la guerre; mais que l'ordre ayant été promptement rétabli, tout avait repris son cours naturel, et que cette ville, grande et bien peuplée, présentait à la fois des ressources pour l'armée et des dispositions propres à seconder les vues de Napoléon.

Le lendemain 30, les treizième et quatorzième divisions, commandées par les généraux Delzons et Broussier, effectuèrent paisiblement leur passage. Le jour suivant (1ᵉʳ juillet), la garde royale commandée par le général Lecchi, suivie de la division Pino, exécuta le sien : ainsi toutes les troupes italiennes réunies franchirent le Niémen en présence de leur Vice-Roi; elles répondirent à cet honneur par des acclamations spontanées : ce prince dut à son tour éprouver une satisfaction bien grande en voyant passer sur une terre ennemie les soldats qu'il avait créés, surtout en les voyant à six cents lieues de leur patrie, observer le même ordre et la même tenue que s'ils manœuvraient en face de son palais.

A peine eûmes-nous touché la rive opposée, qu'il nous sembla respirer un air nouveau. Cependant les chemins étaient aussi mauvais, les forêts aussi tristes et les villages encore plus déserts; mais l'imagination enflammée par l'esprit de conquêtes, voyait tout avec enchantement, et se nourrissait d'illusions qui furent promptement dissipées.

En effet, notre séjour à Pilony durant un temps pluvieux, fut marqué par des disgraces si extraordinaires, que tout homme, sans être superstitieux, aurait pu les regarder comme le présage de nos misères futures. Dans cet affreux village, le Vice-Roi même était sans logement; nous étions entassés sous de mauvais hangars où l'on éprouvait toutes les injures du temps. La rareté des vivres nous faisait pressentir quelles seraient un jour pour nous les horreurs de la faim; la pluie tombant par torrens, accablait les hommes et les chevaux qui n'avaient point d'abris; les premiers résistèrent, mais la difficulté des chemins acheva d'anéantir les derniers. Aux environs de Pilony, on les voyait tomber par centaines; enfin sur la route on ne trouvait plus que chevaux morts, voitures renversées, bagages dispersés, et c'était au mois de juillet qu'on éprouvait le froid, la pluie et la disette. Cet orage fut universel, et dura toute la nuit; on raconte même qu'à Zismori le tonnerre en tombant sur le bivac des grenadiers à pied de la garde, foudroya plusieurs personnes. Tant de désastres étaient de triste augure pour l'avenir; chacun commençait à s'en effrayer; mais le soleil ayant reparu sur l'horizon, les nuages se dissipèrent; et dès ce moment la belle saison nous parut devoir être éternelle.

Après deux heures de marche à travers un terrain marécageux, nous arrivâmes au bourg de Kroni (premier juillet), dont le château et les maisons sont construits en bois : je fais ici cette observation, mais ce sera pour la dernière fois; car en Russie tous les villages sont ainsi construits; lorsqu'ils le seront autrement, j'en ferai la remarque. Nous trouvâmes dans ce bourg de l'eau-de-vie que les soldats pillèrent avec avidité. Comme il n'y avait pas de Juifs parmi les habitans, les maisons se trouvaient désertes, ce qui nous fit connaître que l'ennemi voulant ruiner le pays par où nous allions passer, avait emmené avec lui les habitans et les bestiaux.

Le lendemain matin (2 juillet), nous reçûmes l'ordre de marcher sur Zismori, afin de rejoindre la grande route par où avait passé l'Empereur. Arrivés dans ce gros bourg, nous n'y trouvâmes que quelques Juifs, encore tout effrayés de l'horrible tumulte qu'occasionnait notre passage. L'ordre primitif était de nous y arrêter, mais à l'arrivée du Vice-Roi, l'état-major continua sa route et fut coucher à Mélangani, laissant la division Pino à Zismori, et celle des généraux Delzons et Broussier aux environs de Strasounoui. Le jour suivant (5 juillet), nous allâmes à Rouicontoui, misérable village où l'on voyait à gauche un petit château en bois, et à droite une église construite sur une éminence. Le prince ne s'y arrêta point, et fut s'établir dans un château placé presque sur l'embranchement du chemin de traverse qui conduisait à New-Troki.

Comme notre corps espérait aller à Wilna, on fut surpris d'une manière désagréable en voyant que notre avant-garde se dirigeait sur New-Troki : chacun se récriait sur ce contre-temps, disant que la fatalité était attachée à notre corps, qui, ayant besoin de repos, se voyait privé d'entrer dans une ville où il espérait se délasser d'une marche longue et pénible. Cette espérance étant trompée, on cherchait à nous en consoler, en disant que nous irions à Witepsk et à Smolensk, et que ces deux villes nous feraient oublier Wilna.

Après quatre heures de lassitude, allant toujours à travers les bois ou au milieu de sentiers fangeux, nous arrivâmes enfin auprès de New-Troki (4 juillet), placé sur une hauteur et entouré de lacs. Cette situation riante faisait contraste avec la route que nous venions de traverser, et chacun, contemplant cette heureuse position, remarquait le bel effet que produisait un grand couvent perché sur la montagne qui domine la ville ; d'autres étaient frappés de l'épaisseur des forêts, de la limpidité des eaux qui, dit-on, ne gèlent jamais. Tous ceux qui avaient le sentiment de la peinture, ne pouvaient se lasser d'admirer ce beau paysage : au milieu du lac était un vieux château ruiné, dont la masse rembrunie, d'un côté, se projetait sur la surface de l'eau, et de l'autre, se détachait d'un horizon vermeil.

Troki semblait être un séjour enchanté, mais l'illusion cessa du moment que nous y entrâmes. On touchait aux premières maisons lorsqu'une troupe d'Israélites, suivis de femmes, d'enfans et de vieillards à longues barbes, vinrent tomber à nos genoux pour nous supplier de les délivrer

3.

de la rapacité de la soldatesque qui, répandue dans les maisons, enlevait ou saccageait tout ce qui tombait sous ses mains. On ne put donner à ces malheureux que des consolations stériles. Le bourg où nous étions n'avait point de magasins; nos soldats, depuis long-temps privés de leurs rations, ne subsistaient qu'en pillant les habitans; de là naissaient une confusion extrême et cette fatale indiscipline, d'autant plus funeste, qu'elle est toujours le signe certain de la ruine d'une armée.

Les maisons de Troki avaient été démeublées par les habitans qui, en fuyant, emportèrent tout avec eux; celles des Juifs, dégoûtantes par leur malpropreté, étaient saccagées par nos troupes: ainsi ce lieu, en apparence si agréable, était pour nous rempli de désagrément et d'incommodités; on ne trouvait nulle part de la paille pour se coucher, et on allait chercher à près de quatre lieues de distance le fourrage nécessaire aux chevaux.

Comme il était probable que nous séjournerions à Troki, puisque le grand quartier-général s'était arrêté à Wilna, le Vice-Roi se rendit dans cette ville, où il eut avec l'Empereur de longues conférences. Plusieurs officiers obtinrent aussi la permission d'y aller, et c'est là qu'ils virent tous les ressorts que Napoléon faisait jouer pour assurer sa conquête; par ses fastueuses promesses, il excitait l'enthousiasme du peuple, et obtenait de lui les plus grands sacrifices. Les nobles aussi secondaient de tous leurs efforts ceux que faisait le vainqueur pour assurer l'indépendance de la Pologne, et rendre à ce pays le lustre qu'il avait du temps des Ladislas.

La vue des étendards polonais plantés sur les murs de l'ancienne capitale des ducs de Lithuanie, excita l'enthousiasme de tous les habitans, et rappela des souvenirs glorieux à ceux qui chérissaient la gloire de l'ancienne patrie. Rien n'excitait ces idées de grandeur comme de revoir sur les bords de la Wilia, les mêmes guerriers qui avaient consacré le temps de leur exil à illustrer le nom polonais sur les rives du Nil, du Tibre, du Tage et du Danube. De toutes parts l'air retentissait de cris de joie; le peuple se portait en foule sur leurs pas; tous voulaient jouir de leur vue, tous voulaient graver dans leur cœur l'image de ces braves compatriotes, et tous étaient animés du noble désir de marcher sous les mêmes drapeaux.

Napoléon ayant reçu l'université en corps, interrogea le recteur sur les différentes sciences qu'on enseignait dans cette université célèbre; il voulut ensuite réorganiser l'administration civile, toute bouleversée par le départ des fonctionnaires, et par l'enlèvement des livres et registres appartenant aux archives de la ville. A l'instar de la France, il divisa en préfectures les provinces envahies, nomma des inspecteurs, des receveurs, des commissaires de police, et surtout des intendans, pour accélérer la rentrée de ses nombreuses réquisitions. Mais ce qu'il avait le plus à cœur, était d'exciter les Lithuaniens à faire des levées en masse pour former de nouveaux corps. A tous les paysans qui voulaient se révolter contre leurs maîtres, il offrait des armes, et cherchait, comme on fit au commencement de notre révolution, à exciter la guerre civile entre le peuple et la noblesse.

Ces projets donnèrent une certaine impulsion dans la ville où commandait l'Empereur; mais, dans les bourgs et les campagnes, ils ne produisirent rien de favorable à ses desseins. Cependant Napoléon, chaque jour, engageait les Lithuaniens à le seconder; pour leur en imposer, il cherchait à étonner le vulgaire. A la même audience, il parlait de spectacle et de religion, de la guerre et des arts; puis, montant à cheval, il courait à toutes les heures de la journée; ensuite il rentrait au cabinet, après avoir fait construire un pont ou des fortifications; enfin, au milieu des occupations les plus graves, il affectait de s'occuper des choses les plus frivoles.

La commission formée pour l'administration générale de toute la Lithuanie, n'était d'abord composée que de cinq membres; mais Napoléon en augmenta le nombre à mesure que ses partisans s'accrurent. Le jour que cette commission fut instituée, elle fit publier trois proclamations : dans la première, qui était adressée au peuple, on annonçait l'installation du gouvernement provisoire de la Lithuanie, et combien on devait être reconnaissant envers celui qui l'avait créé. Dans la deuxième, on recommandait au clergé de seconder le zèle de la nation, et d'obtenir de Dieu, par des prières ferventes, les bienfaits de sa miséricorde. Enfin, la troisième ayant pour objet de rappeler les Lithuaniens employés au service de Russie, était ainsi conçue :

« Polonais !

« Vous êtes sous les drapaux russes : ce ser« vice vous était permis alors que vous n'aviez
« plus de patrie; mais tout est changé aujour« d'hui. La Pologne est ressuscitée ; c'est pour
« son entier rétablissement qu'il s'agit de com« battre maintenant; c'est pour obliger les Rus« ses à reconnaître des droits dont nous avons
« été dépouillés par l'injustice et l'usurpation.

« La confédération générale de la Pologne et de la Lithuanie rappelle tous les Polonais du service de la Russie. Généraux, officiers, soldats polonais! entendez la voix de la patrie; abandonnez les drapeaux de vos oppresseurs; accourez tous auprès de nous, afin de vous ranger sous l'aigle des Jagellons, des Casimir, des Sobieski! La patrie vous le demande; l'honneur et la religion vous l'ordonnent également. » (1)

Le comité du gouvernement établi à Wilna, et qui sans doute ne se prêtait aux vues de Napoléon qu'afin de soulager le peuple, si malheureux par les horreurs de la guerre, s'occupait avec un zèle infatigable de tout ce qui pouvait intéresser le bien de l'administration. Le département de Wilna était déjà formé, et le territoire envahi avait été divisé en onze sous-préfectures. Cette organisation, en apparence avantageuse, ne produisit aucun bien : les campagnes étaient ravagées, les villages déserts, tous les paysans s'étaient enfuis dans les bois, et l'on ne voyait que quelques misérables Juifs, couverts de haillons, qui, par esprit d'avarice, préféraient s'exposer aux vexations de nos soldats plutôt que d'abandonner leur infecte demeure. Enfin, pour

---

(1) Courrier Lithuanien, 7 juillet 1812.

donner une idée du désordre qui régnait au milieu de cette prétendue organisation, j'ajouterai que le sous-préfet de New-Troki, venant de Wilna pour se rendre à son poste, fut arrêté par des traînards qui le dévalisèrent; son escorte même lui ayant mangé ses provisions et enlevé ses chevaux, il arriva à pied, et dans un état si misérable, que chacun prit pour un espion celui qui venait pour être le premier administrateur.

Ainsi les brillantes espérances qu'on avait d'abord conçues, commencèrent à s'affaiblir, lorsqu'on vit que le chef de notre expédition ambitionnait une nouvelle couronne, et qu'incapable de rien consolider, il ne parlait sans cesse que de conquérir d'immenses provinces, et d'assujettir aux mêmes lois et au même sceptre des pays différens de mœurs et de climats. Fermant les yeux sur l'indiscipline de ses armées, il occasionnait la ruine des riches et le désespoir des pauvres; enfin il réduisit les Lithuaniens à regarder comme des oppresseurs ceux même qui s'annonçaient pour venir les délivrer. Quant à nous, il accumulait sur nos têtes la haine de tous les peuples, faisant ainsi retomber le poids de sa tyrannie sur ceux qui en étaient les premières victimes.

Tandis que toutes ces choses se passaient à

Wilna, Warsovie était témoin d'une scène bien imposante, si elle n'eût été suscitée par un homme qui se faisait un jeu du dévouement des nations, et dont les projets, manquant de maturité, échouèrent lorsqu'il ne fallait plus pour les achever qu'un peu de calme et de sagesse. Ainsi les malheureux Polonais, sur la foi de pompeuses promesses, s'assemblèrent dans leur capitale (28 juin) et formèrent une diète. L'assemblée réunie, le comité rédigea un rapport éloquent, dans lequel l'orateur fit connaître l'importance du travail qui lui avait été confié : par une peinture énergique, il rappela aux auditeurs qu'autrefois la Pologne, placée au centre de l'Europe, était une nation célèbre, maîtresse d'une contrée étendue et féconde, brillant du double éclat de la guerre et des arts, soutenant depuis des siècles et d'un bras infatigable les barrières que les barbares cherchaient à briser pour subjuguer les peuples civilisés; disant que de toutes parts on briguait l'honneur de s'asseoir sur son trône, et que, si par fois des divisions éclataient, ces nuages n'obscurcissaient que son propre horizon, et n'allaient point porter ailleurs les tempêtes. Il fit ensuite une longue énumération de tout ce que cette terre chérie avait souffert de l'ambition des Russes, qui, par des démembremens successifs, outragèrent une nation puissante ; il rappela surtout la dernière époque où la Pologne fut anéantie par un triple partage, et où Warsovie, au milieu des hurlemens d'un vainqueur farouche, entendit les cris de la population de Praga qui s'éteignait toute entière dans le meurtre et l'incendie. Il démontra que bientôt, par ce fatal ascendant que donne la force, les droits des nations n'existeraient plus, et que le monde, étant livré au seul empire des convenances, serait tout-à-fait gouverné par elles ; enfin, que la Russie, foulant sans cesse la Pologne, approchait graduellement de l'Allemagne qu'elle aspirait à dominer.

Après ce tableau rapide, l'orateur fit une peinture moins animée, mais non moins éloquente, de toutes les raisons d'état qui devaient unir la Pologne à la France. « L'Europe, « ajouta-t-il, a besoin de se reposer de vingt-« cinq années de grandes agitations. Son système « restera incomplet, le prix de ses sueurs et de « son sang ne sera pas assuré, tant que les antres « du nord pourront vomir sur elle des hordes, « sur la nature desquelles il n'est plus temps de « s'aveugler. Ce ne sont plus ces hommes que « le besoin chassait de leurs demeures sauvages, « et qu'il précipitait dans toutes les routes qui « leur offraient des jouissances étrangères à leurs « âpres climats. Un instinct aveugle tenait lieu

« à de pareils hommes des arts, qui policent ou
« qui défendent les autres peuples; mais ici,
« à côté de la même barbarie, se trouvent les
« arts des peuples policés : le Russe a demandé
« aux Européens, il a appris d'eux tout ce qui
« peut servir à attaquer et à se défendre, à nuire
« et à détruire. Le Russe s'est, sous quelques
« rapports, fait l'égal de l'Européen, pour ar-
« river à devenir son maître. Chez lui, des
« esclaves superstitieux et dociles tiennent toutes
« leurs facultés aux ordres d'un gouvernement
« familiarisé avec tous les attentats. A sa voix,
« depuis un siècle, leurs bras travaillent à saper
« toutes les digues qui contenaient ce torrent
« toujours occupé à les renverser. Combien de
« fois les Russes ne les ont-ils pas franchies,
« soit pour leur propre intérêt, soit à l'appel
« imprudent que leur ont fait des princes aux-
« quels ils portaient des fers cachés sous leurs
« perfides secours! Depuis cinquante ans, vingt
« fois la Russie a inondé de ses armes le midi
« de l'Europe. L'empire de Constantinople est
« resté renversé sur son croissant à demi brisé. »
Enfin, il termina par cette exclamation : « Dé-
« sormais les enfans des Piast et des Jagellons
« pourront se parer du nom dont s'énorgueil-
« lissaient leurs ancêtres, ce nom devant lequel
« pâlissaient ceux que, pour un temps, la

« fraude et le crime leur avaient donnés pour
« maîtres. Ah! n'en doutons pas; cette terre,
« jadis si féconde en héros, va reprendre toute
« sa gloire. Elle enfantera de nouveaux Sigis-
« mond, de nouveaux Sobieski; son lustre bril-
« lera d'un éclat plus pur : et les nations re-
« venues pour nous à la justice, reconnaîtront
« que pour germer sur le sol de la Pologne,
« toutes les vertus n'avaient besoin que d'y être
« cultivées par les mains libres, par les mains
« désenchaînées de ses propres enfans. »

Puis s'adressant au vénérable vieillard (1) qui, par ses services et sa sagesse, présidait l'assemblée, il lui fit cette belle apostrophe : « Nestor
« des patriotes polonais, quand vous disparûtes
« à leurs yeux, vous emportiez avec vous les
« dieux sauvés de l'embrasement de votre patrie.
« Ils y rentrent aujourd'hui pour y recevoir un
« culte éternel, pour y habiter comme lui dans
« un temple autour duquel la nation entière,
« instruite par ses malheurs, formée à la vigi-
« lance par le souvenir des surprises qu'elle a
« éprouvées, ne cessera de faire une garde sé-
« vère, qu'elle ornera de toutes les vertus qui,
« de tout temps, ont appartenu aux Polonais,

(1) Le prince Czartoryski, nommé grand-maréchal de la diète.

« et qu'elle jure ici de défendre avec tous ses
« bras au prix du sang de tous ses enfans. »

Après cette harangue, l'orateur soumit à la diète un autre rapport, où il exprima les motifs qui avaient porté le comité à rédiger l'acte de confédération, déclarant que l'objet des vœux de la nation était de le faire agréer au roi de Saxe, et que, trop sage, trop vertueux, pour le blâmer, il y donnerait son adhésion, et s'unirait à la divine Providence pour voir les armes de la Lithuanie reparaître enfin dans leur écusson, et entendre répéter dans les champs fertiles de la Wolhynie, ainsi que dans les vastes plaines de la Podolie et de l'Ukraine, ce cri joyeux, *vive la Pologne! vive la patrie!*

La commission soumit ensuite l'acte de confédération, dont les principaux articles consistaient à faire entrer, dans la formation du nouveau royaume, les parties de l'ancienne Pologne qui en avaient été détachées, à rappeler du service russe tous les Polonais. Enfin, il fut arrêté qu'une députation se rendrait auprès de l'Empereur Napoléon pour l'engager à couvrir de sa puissante protection le berceau de la Pologne renaissante.

Cette députation (11 juillet), admise auprès de Napoléon, la veille de son départ de Wilna, lui soumit l'acte de confédération dont nous avons parlé : mais le conquérant ne promit que d'une manière évasive, et fut choqué peut-être de ce que la noble nation polonaise ne se prosternait pas à ses pieds pour obtenir l'honneur de faire partie du grand Empire; la liberté qu'elle semblait demander parut l'inquiéter et le surprendre, il craignit un moment que cette assemblée qu'il avait convoquée, et qui paraissait vouloir seconder ses vues, ne fût un jour peu docile à ses volontés; car le caractère distinctif des tyrans est de ne faire le bien qu'avec défiance, souvent de prendre ombrage de leurs créatures, et de s'effaroucher de toute indépendance, lors même qu'elle est leur propre ouvrage. Aussi Napoléon ne promit rien, et exigea, pour préliminaires, des sacrifices énormes et un dévouement que les Polonais ne pouvaient faire éclater qu'après avoir obtenu la certitude de leur bonheur futur. Il voulait que les provinces soumises aux Russes se déclarassent, même avant son arrivée; enfin ses conclusions furent qu'il fallait renoncer à la Gallicie, puisqu'il avait garanti à l'Autriche l'intégrité de ses états.

Si tous ces vastes projets eussent été conçus par une tête sage, plus jalouse de l'intérêt des peuples que de sa propre ambition, il n'y a pas de doute que, quoique gigantesques, ils eussent été exécutés. Napoléon était parvenu à un tel degré de puissance, qu'il n'avait plus besoin de faire la guerre, pour arriver à son but; avec une politique adroite, prudente, et surtout conciliante, il pouvait faire des conquêtes durables et encore plus étendues que celles qu'il fit par ses armes; c'est en cela que la postérité reconnaîtra qu'il fut aveuglé par trop de prospérité, puisqu'il employa pour succomber des moyens immenses, tandis qu'il pouvait réussir sans rien hasarder ni se compromettre. Mais, ennemi de tout ce qui exigeait de la patience et de la méditation, il ne connut que la force; et le ciel voulut qu'il fût à son tour écrasé par cette même force qui, jusqu'alors, avait été sa loi suprême. Dès-lors les braves Polonais désespérant pour leur patrie, regardèrent tous ces projets comme chimériques, lorsqu'ils virent que Napoléon, plus ambitieux, mais moins loyal que Charles XII, aspirait encore à la couronne de Pologne, et qu'il ne leur offrait son appui qu'afin de profiter de leur ressentiment contre les Russes. Ainsi, cet heureux conquérant, mal assis sur le trône le plus glorieux de l'Europe, sembla prouver, par son inquiétude, qu'il ne se reconnaissait pas digne du rang suprême où la fortune l'avait élevé; au lieu de s'y maintenir par l'exercice de la justice et par le charme qu'inspirent les arts et les sciences, il crut devoir bouleverser le monde, et du nord au midi renouveler ces guerres atroces du moyen âge, où les despotes ne régnaient qu'en excitant le trouble et la discorde, et en promettant à leurs sujets les dépouilles de leurs voisins.

LIVRE II.

WITEPSK.

Tandis que Napoléon séjournait à Wilna, le prince d'Eckmühl fut envoyé vers Minsk, avec ordre de poursuivre vivement Bagration, qui cherchait à se réunir à l'armée de Barclay de Tolly. Par ce mouvement, nous empêchâmes ce prince russe de se porter sur la Dwina, et le contraignîmes d'aller vers Mohilow, sur le Dniéper, toujours harcelé par le premier corps et par la cavalerie du général Grouchy. Tous nos autres corps, composant le centre, avaient suivi la direction de Dinabourg. Quant au quatrième, les deux divisions françaises et la garde royale prirent la route de Paradomin, pour aller à Ochmiana; mais le Vice-Roi, la division Pino, et toute la cavalerie, marchèrent sur Rudniki.

Ce dernier mouvement semblait être nécessité par l'avis qu'on avait reçu que l'hetman Platow, à la tête de quatre mille kosaques, se trouvant séparé du corps Bagration, devait déboucher par la route de Lida, afin de chercher aussi à opérer sa réunion avec l'armée russe, qui avait évacué Wilna. Sur cet avis, le Vice-Roi se mit en marche; mais le chemin pour aller à Rudniki se trouva si mauvais, que la cavalerie de la garde royale fut obligée de chercher une autre route. On ne peut en effet se faire idée de la difficulté que présentait ce chemin, entièrement formé par des troncs de sapins, qu'on avait placés sur un terrain marécageux; en marchant sur ces tronçons de bois, les chevaux venant à les entr'ouvrir, s'y enfonçaient et se cassaient les jambes; et si, pour éviter ces obstacles, on voulait prendre à droite et à gauche, on tombait dans des bourbiers d'où l'on ne pouvait plus sortir.

L'état-major, après avoir perdu quelques chevaux de son escorte, parvint à sortir de ce passage dangereux, et arriva enfin à Rudniki, au milieu de la nuit. Le lendemain (8 juillet), on se mit en marche vers Jachounoui, pour rejoindre la grande route; de là, nous allâmes à Mal-Solechniki; mais le prince ne voulut point s'y arrêter, et fut au grand trot coucher à Bol-Solechniki, où il espérait avoir quelques renseignemens sur les kosaques qu'il était chargé de poursuivre. Le jour suivant, nous continuâmes notre route, et fûmes jusqu'à un château peu distant de Soubotniki.

Les circonstances forcèrent le Vice-Roi

à s'arrêter. La nature des chemins avait empêché les treizième et quatorzième divisions, ainsi que les troupes italiennes, de nous suivre; il ne restait plus avec nous que la cavalerie légère; l'ordre de mouvement qui leur avait été envoyé, par le mal entendu d'un poste de correspondance, revint entre les mains du général Dessoles, notre chef d'état-major; par conséquent ces troupes se trouvant sans ordre, conservaient leurs positions, tandis qu'on les croyait en marche; voyant qu'elles n'arrivaient point, on expédia de tous côtés des officiers intelligens, qui, après bien des recherches, parvinrent à faire sortir la division Pino des marais de Rudniki, et ramenèrent la garde vers Ochmïana. De son côté, le Vice-Roi ayant vainement cherché les kosaques, revint sur ses pas; en marchant sur Jachounouï, il joignit les treizième et quatorzième divisions, qui, le jour d'après (12 juillet), débouchèrent à Smorghoni, et se réunirent enfin au reste des troupes qui composaient le quatrième corps.

Le bourg de Smorghoni est d'une assez grande étendue; cependant toutes ses maisons, à l'exception de deux ou trois, sont construites en bois. Une petite rivière qu'on passe sur un pont, sépare le château de la ville. Les Juifs qui forment presque l'entière population, sont trèsadonnés au commerce. Aussi ce lieu, quoique fort triste, fut agréable à toute l'armée, par cela seul qu'on y avait trouvé à acheter du pain et de la bière.

Le jour de repos que nous prîmes à Smorghoni, fut employé à la construction d'un pont sur la Narotsch, afin d'aller directement à Vileïka. Cet ouvrage était à peine achevé quand les ordres furent changés; ainsi la majeure partie des troupes marcha sur Zachkevitschi, où l'on passa la nuit.

Pour aller de ce gros village à Vileïka, la route est fort sablonneuse, et se prolonge à travers les bois. Au moment d'arriver à ce dernier bourg, nous passâmes la Wilia sur un pont en radeau. Près de là, cette rivière est peu large et peu profonde; mais ses rives sont fort escarpées, particulièrement celle opposée où se trouve Vileïka. En y entrant, le général Colbert, commandant l'avant-garde, s'empara de quelques magasins abandonnés; et comme il y avait peu de temps que l'ennemi avait quitté cette position, le Vice-Roi redoubla de vigilance dans la crainte d'être surpris, et mit un soin particulier à bien choisir l'emplacement où ses troupes devaient camper.

En même temps qu'on marchait sur Vileïka, le roi de Naples, appuyé des deuxième et troisième corps, poussait de position en position la première armée de l'Ouest, derrière la Dwina, et la réduisait à se retirer dans le camp retranché de Drissa. A notre droite, le prince d'Eckmühl poursuivait toujours le prince Bagration, et sans combattre, était arrivé jusqu'à Borisow sur la Bérésina. Vers notre extrême gauche, le maréchal duc de Tarente obtenait également des avantages signalés, et prenait possession entière de la Samogitie.

Cette conduite de l'ennemi qui toujours fuyait devant nous, était interprêtée d'une manière bien différente. Aux uns, elle paraissait être l'effet de la faiblesse, aux autres le résultat d'un plan prémédité. Où sont, disait-on de toute part, ces Russes qui, depuis cinquante ans, sont la terreur de l'Europe et les conquérans de l'Asie ? La puissance de la Russie n'est qu'une puissance factice, créée par des écrivains gagés, ou des voyageurs mensongers. Elle n'existait que dans l'imagination, et le prestige a cessé du moment que nous l'avons attaquée. Mais ceux que l'expérience avait habitués à tout attendre de l'avenir, répondaient qu'il n'était pas sage de mépriser un ennemi qu'on n'avait point encore battu ; que certainement sa fuite était calculée, afin de diminuer nos forces, et nous enlever le moyen de les renouveler en nous éloignant de notre patrie. C'est dans les élémens, disaient ces gens sensés, que les Moscovites fondent leurs plus puissans secours. Pourquoi chercheraient-ils à nous combattre, lorsqu'ils savent que l'hiver nous forcera d'abandonner toutes nos conquêtes ?

Enfin, l'ennemi expliqua lui-même le motif de sa retraite, en répandant sur les bords de la Dwina la proclamation suivante :

» Soldats français! l'on vous force de mar-
« cher à une nouvelle guerre; l'on vous per-
« suade que c'est parce que les Russes ne rendent
« pas justice à votre valeur : non, camarades;
« ils l'apprécient, vous le verrez un jour de ba-
« taille. Songez qu'une armée, s'il le faut, suc-
« cédera à l'autre, et que vous êtes à quatre
« cents lieues de vos renforts. Ne vous laissez
« pas tromper à nos premiers mouvemens : vous
« connaissez trop les Russes pour croire qu'ils
« fuient devant vous; ils accepteront le combat,
« et votre retraite sera difficile. Ils vous disent en
« camarades : retournez chez vous en masse;
« ne croyez point à ces perfides paroles, que
« vous combattez pour la paix : non, vous vous
« battez pour l'insatiable ambition d'un souve-
« rain qui ne veut point la paix (sans cela, il
« l'aurait depuis longtemps), et qui se fait un
« jeu du sang de ses braves. Retournez chez
« vous, ou, si vous voulez, en attendant, un asile
« en Russie, vous y oublierez les mots de cons-

« cription, de levées, de ban et d'arrière-ban, et
« toute cette tyrannie militaire qui ne vous laisse
« pas un instant sortir de dessous le joug. »

Cette pièce renfermait de si grandes vérités, que chacun s'étonna de sa publicité. D'autres la regardèrent comme apocryphe, et crurent qu'elle avait été faite pour amener la *Réponse d'un grenadier français*, laquelle aurait été pour l'armée un sujet de plaisanterie, et pour les étrangers un objet de mépris, si on ne savait depuis long-temps qu'une aveugle obéissance envers les chefs est la première vertu du soldat; et que tout Français, fidèle à ses drapeaux, a pour point d'honneur de combattre à outrance tous ceux qu'on lui dépeint comme les ennemis de son pays.

En continuant le mouvement, on se porta sur Kostenevitschi, misérable petit village où il n'y avait, à l'exception de la poste et de la maison du curé, que quelques mauvaises granges, recouvertes en paille. La garde royale campa autour de ce village, quoique le prince Vice-Roi eût établi son quartier-général deux lieues plus loin. Le jour suivant (17 juillet), après cinq lieues de marche et par une route assez belle, on arriva au bourg de Dolghinow, dont la population était presque toute juive ; et c'est ce qui nous valut la douceur de nous procurer quelques bouteilles d'eau-de-vie : nos marches continues, et une longue privation de cette liqueur, me forcent à faire mention d'une chose, en apparence insignifiante; mais par l'importance que nous y attachions, on pourra juger de l'étendue de nos besoins et de la difficulté de les satisfaire.

Nous marchâmes ensuite sur Dokzice, distant d'environ sept lieues du point où nous étions. Ce bourg, dont la population était également juive, avait une fort belle place, auprès de laquelle étaient une église et un mauvais château en bois. Les extrémités de la ville sont situées sur deux éminences, entre lesquelles coule un petit ruisseau marécageux. Le jour où nous avions repos dans cette ville, nous vîmes sortir par derrière le château où logeait le Prince une épaisse fumée. Bientôt la flamme s'éleva de tous côtés et dévora dans un instant plusieurs maisons voisines; mais l'armée y porta promptement des secours efficaces, et en peu d'instans les craintes cessèrent avec l'incendie.

Depuis que nous avions quitté, auprès de Smorghoni, la route du Minsk et du Dniéper, nous avions pris à gauche pour nous rapprocher de la Dwina et suivre le mouvement du centre de la Grande-Armée, qui marchait dans cette direction. Le général Sébastiani, commandant l'avant-garde, culbuta les kosaques jusqu'à Drouïa, soutenu par le corps du duc de Reggio; mais l'ennemi, renfermé dans son camp retranché de Drissa, étant instruit que nos chasseurs se gardaient mal, fit jeter un pont où passèrent cinq mille hommes d'infanterie et autant de cavalerie, commandés par le général Koulniew; le combat s'étant engagé, le général Saint-Geniez surpris fut fait prisonnier, et le reste de sa brigade ne parvint à se sauver qu'après avoir essuyé des pertes considérables.

En approchant de Bérézino où nous devions aller coucher, la route allant toujours sur un plan incliné, nous conduisait insensiblement auprès de la rivière de ce nom, qui coule dans la plaine la plus marécageuse de l'Europe. En sortant de ce bourg, dont toutes les maisons sont placées sur une seule ligne, le chemin continue sur une espèce de tourbe: pour le raffermir, on avait jeté par dessus quantité de branches de sapin, en laissant des intervalles propres à faciliter l'écoulement des eaux.

Depuis la Bérézina jusqu'à l'Oula, le terrain est toujours très-fangeux. La route qui va de l'une à l'autre de ces rivières, forme une ligne de vingt à vingt-cinq lieues, passant toujours à travers des marais et d'immenses forêts. Pouïchna fut un lieu de station, de même que Kamen;

le premier de ces bourgs est remarquable par un grand château en bois; le second, par une espèce de montagne, située au milieu de son enceinte, et qui domine toute la plaine. A Botscheïkovo nous touchâmes les bords de l'Oula (23 juillet). Cette rivière est unie à celle de la Bérézina par le canal de Lepel; canal très-fréquenté par le commerce, et d'autant plus beau et plus utile qu'il donne communication aux eaux du Dniéper et à celles de la Dwina : réunissant ainsi la Baltique à la Méditerranée, il vivifie l'intérieur de la Lithuanie, en apportant dans son sein les productions des climats les plus opposés, et en facilitant l'écoulement de celles de son propre sol. L'eau de cette rivière coule dans un lit dont les rives sont fort élevées. Par delà le pont, est un château magnifique, et le plus beau de tous ceux que nous avions vus depuis notre entrée en Pologne.

Ce n'était qu'avec surprise que nous poursuivions sans combattre une marche aussi rapide. Les Russes se conduisaient avec nous comme les Parthes à l'égard des Romains; ne pouvant lutter contre les vainqueurs du monde, ils les attirèrent dans leur pays, brûlant et saccageant tout ce qui pouvait être de quelque utilité, afin de les livrer aux horreurs de la faim et à toute l'âpreté d'un climat rigoureux; aussi tous les jours nous avancions sans obstacles, et presqu'avec autant de sécurité que si nous traversions la Bavière ou la Saxe. La tranquillité dans laquelle nous laissaient nos adversaires, nous paraissait incompréhensible, et chacun, selon son opinion, formait là-dessus les conjectures les plus opposées et souvent les plus fausses. Cependant, lors de notre passage à Kamen, plusieurs officiers qui avaient été envoyés à Ouchatsch, où se trouvait l'Empereur, rapportèrent que les généraux Lefebvre et Nansouty s'étant emparés de Disna et de Polotsk avaient forcé l'ennemi d'abandonner son camp retranché de Drissa pour remonter à la hâte la Dwina vers Witepsk, afin de n'être pas coupé par nos corps qui, longeant les deux rives, se dirigeaient vers cette dernière ville. Les ordres qu'ils apportèrent nous firent juger également qu'on ne tarderait pas à éprouver de la résistance : ces conjectures se changèrent en certitudes, lorsque des reconnaissances faites vers l'embouchure de l'Oula et sur la route de Bézenkovitschi, nous eurent appris que les kosaques voltigeaient sur nos flancs. Aussitôt le Vice-Roi fit partir l'avant-garde et la cavalerie légère pour les bords de la Dwina, où les Russes s'étaient rassemblés avec des forces considérables, placées sous les ordres du général Osterman (23 juillet). Peu de temps après, le prince monta à cheval, accompagné de ses aides-de-camp, et suivit le mouvement de l'avant-garde. Arrivé à Bézenkovitschi, l'ennemi battit en retraite, et sur ce point passa la Dwina, avec de la cavalerie et quelques pièces d'artillerie. Pendant que nous étions dans ce bourg, les tirailleurs russes embusqués dans les maisons du village qui se trouvaient de l'autre côté de la rivière, ne cessaient de faire feu sur nous. Ce fut alors que le colonel Lacroix, passant dans la rue principale qui conduit à la rivière, reçut un coup de feu qui lui fracassa la cuisse. Cet événement produisit une sensation pénible pour toute l'armée; chacun, en regrettant cet estimable officier, prévit avec juste raison qu'il allait ainsi perdre tout le fruit de ses services, par l'effet d'une jalouse fatalité, qui souvent enlève aux plus braves jusqu'à l'occasion même de se distinguer. A la suite de cette reconnaissance, le Vice-Roi revint coucher au château de Botscheïkovo; le soir il eut de longues conférences avec le général Dessoles, ce qui faisait soupçonner qu'on se mettrait en mouvement dans la nuit; mais l'ordre n'en fut donné que pour le lendemain.

(24 Juillet). Après cinq heures de marche et le passage d'une petite rivière appelée Svetscha, nos troupes arrivèrent à Bézenkovitschi. Cette

petite ville était déjà remplie de troupes, surtout par les deux divisions de cavalerie des généraux Bruyères et Saint-Germain, venues par la route d'Oula. Une si grande masse de troupes, marchant sur Witepsk, effrayait peu l'ennemi qui, séparé de nous par la Dwina, faisait fièrement manœuvrer sa cavalerie, et tirer sur nos voltigeurs qui s'approchaient, pour aller prendre le bac qu'on avait emmené sur l'autre rive.

Cependant le Vice-Roi ayant résolu de passer sur ce point la Dwina, fit mettre en batterie deux pièces de canon, pour protéger les sapeurs chargés de construire le pont, ainsi que les marins de la garde royale, commandés par le capitaine Tempié. Ces braves, électrisés par leur chef, se jetèrent à l'eau, et, malgré le feu de l'ennemi, furent chercher le bac. Enfin nos batteries et quelques tirailleurs placés sur le rivage, intimidèrent à tel point les Russes, qu'ils évacuèrent les maisons où ils étaient embusqués, et nous laissèrent ainsi paisiblement ramener la barque, et construire le pont dont s'occupaient les ingénieurs.

Dans cet intervalle, une division de cavalerie bavaroise, sous les ordres du général Preyssing, ayant trouvé un gué à deux cents pas au-dessous du pont que nous faisions construire, effectua son passage. La rivière était à peine traversée, que les escadrons rangés en bataille furent soutenus par plusieurs compagnies d'infanterie, qu'on avait passées sur le bac : ils se mirent alors en mouvement, chassant devant eux l'ennemi, qui, à leur approche, prenait la fuite, et brûlait tout ce qu'il laissait derrière lui. Ce fut en cette occasion que nous admirâmes la manière dont marchèrent les Bavarois; la précision de leurs évolutions, et la sagesse avec laquelle ils s'éclairent, peuvent être citées comme modèles à tous ceux qui sont chargés de faire des reconnaissances militaires.

On était à contempler ces manœuvres, lorsqu'on répandit le bruit que l'Empereur allait arriver; le courrier qui en avait apporté la nouvelle fut immédiatement suivi par un autre qui nous la confirma; puis vinrent des chevaux de selle, des officiers d'ordonnance, des généraux de la garde; enfin la ville qui déjà était remplie de troupes, dans peu d'instans se trouva encombrée. C'est au milieu de ce tumulte que parut Napoléon. Parvenu sur la place, il descendit auprès de la rivière, à l'endroit où se construisait le pont: d'un ton sec et tranchant, il en blâma la construction; cependant, ayant résolu d'aller de l'autre côté de la rivière, il la traversa sur ce même pont; et montant à cheval, il rejoignit les Bavarois qui s'étaient arrêtés au milieu de la plaine. Puis, marchant avec eux, il les fit aller à deux lieues de Bézenkovitschi. Sans doute Napoléon agissait ainsi dans le but d'appeler sur ce point l'attention de l'ennemi, afin de trouver moins d'obstacles lorsqu'il attaquerait Witepsk par la rive opposée, ou bien dans l'espérance d'inquiéter la marche de l'armée russe, qui remontait la Dwina, après être sortie de son camp retranché de Drissa.

On ne peut se figurer le tumulte qui régnait à Bézenkovitschi, à mesure que l'état-major général arrivait. Cette confusion devint encore plus grande au milieu de la nuit : la quantité de troupes qui affluaient de toute part, et la rapidité avec laquelle on les faisait aller en avant, ne laissaient plus douter qu'on était à la veille d'une bataille. La cavalerie, commandée par le roi de Naples, formait l'avant-garde ; le quatrième corps suivait immédiatement pour la soutenir.

(25 Juillet). L'ordre de marche étant donné pour aller à Ostrowno, notre état-major allait s'y rendre, lorsque nous entendîmes une forte canonnade : bientôt après arriva au grand galop un aide de camp du général Delzons, qui annonça au prince Eugène que l'ennemi avait été rencontré auprès d'Ostrowno, et qu'un combat opiniâtre s'était engagé au moment de son départ. L'aide-de-camp avait à peine terminé son rapport que le bruit du canon redoubla ;

aussitôt le Vice-Roi donna ordre de faire faire halte aux bagages de son quartier-général ; et suivi seulement de ses principaux officiers, il courut vers Ostrowno, pour joindre le roi de Naples, qui avait avec lui les divisions de cavalerie Bruyères et Saint-Germain, soutenues par l'infanterie de la treizième division. Mais arrivé à Soritza, le succès de l'affaire était décidé : quatorze pièces de canon étaient tombées en notre pouvoir; et grand nombre de morts laissés sur le champ de bataille, attestèrent la résistance des vaincus, et la valeur des 7e. et 8e. de hussards, qui, dans cette occasion, se couvrirent de gloire

Dès les trois heures du matin (26 juillet), le prince se rendit à Ostrowno, auprès du roi de Naples. Le quatrième corps campait auprès de lui ; la cavalerie, placée en avant, observait les manœuvres de l'ennemi. Vers les six heures, ces chefs d'armée, suivis de leurs états-majors respectifs, marchèrent vers les avant-postes, et parcoururent le terrain où la veille s'était donné le combat. On l'avait à peine traversé, que tout les rapports annoncèrent que le corps d'Ostermann, fort de deux divisions, était en position; sur le champ, le Vice-Roi ordonna aux treizième et quatorzième divisions d'appuyer la cavalerie que commandait le roi de Naples. Les

5

hussards, envoyés en éclaireurs, ayant éprouvé des obstacles à l'entrée d'un bois, vinrent nous dire que l'ennemi semblait en vouloir fermer l'entrée : en effet, on entendait de tous côtés le feu des tirailleurs ; et le canon des Russes, placé sur la route, enfilait nos colonnes qui se portaient en avant. Le général Danthouard aussitôt fit avancer nos pièces, et ce fut dans cet échange de boulets que le capitaine du 8e. hussards, Ferrarri, ancien aide-de-camp du prince de Neuchâtel, eut la jambe emportée. Alors le roi de Naples courant vers tous les endroits où sa présence pouvait être utile, ordonna de faire sur notre gauche une attaque, afin de chasser la cavalerie qui se trouvait à l'extrémité d'un bois. Quoique ce mouvement fût bien conçu, il n'eut point l'heureuse issue qu'on en devait attendre ; le détachement de hussards, chargé de l'exécuter, se trouva trop faible, et fut forcé de se retirer, mais avec beaucoup d'ordre et sans aucune perte, devant de nombreux escadrons qui accouraient pour le charger.

Tandis que nous manœuvrions sur la gauche, les Russes tentaient de forcer notre droite ; le Vice-Roi s'en étant aperçu, fit avancer vers ce point la treizième division ; elle se mit à cheval sur la route, et arrêta leurs progrès. L'artillerie de nos régimens, placée avec avantage sur quelques élévations que présentait le terrain, nous donnait l'assurance que cette ligne ne serait pas forcée.

Notre droite paraissait être bien gardée, lorsqu'une attaque soudaine et des cris épouvantables se firent entendre vers la gauche et le centre; l'ennemi étant venu en force, avait repoussé nos tirailleurs placés dans le bois, et forcé l'artillerie de se retirer avec précipitation, tandis que la cavalerie russe profitait d'une petite plaine, qui se trouvait à notre gauche, pour faire une charge vigoureuse sur les Croates et le 84°. régiment; heureusement le roi de Naples arriva assez à temps pour arrêter ces progrès; deux bataillons du 106°., tenus en réserve, soutinrent les Croates, tandis que le général Danthouard, réunissant au plus haut degré les talens et la bravoure, secondé par le commandant Demay et le capitaine Bonardelle, ranimèrent l'esprit des soldats, et, par de sages dispositions, leur firent reprendre l'offensive qu'ils avaient momentanément perdue.

Les affaires étant rétablies sur la gauche et le centre, le roi de Naples et le prince Eugène furent visiter l'aile droite, et la firent avancer. L'ennemi, embusqué dans un bois, opposait la plus vive résistance au 92°. régiment qui, quoique posté sur une hauteur avantageuse, restait dans l'inaction; afin de l'exciter, le Vice-Roi envoya l'adjudant-commandant Forestier qui parvint à le faire avancer; mais sa marche paraissant trop lente à la valeur impatiente du duc d'Abrantès, ont vit cet intrépide général, accoutumé à commander en chef, quitter le prince, pour aller ranimer le régiment sur lequel nous avions tous les yeux. Sa présence, ou plutôt son exemple, électrisa tous les cœurs, et dans l'instant on vit le brave 92e., ayant en tête le général Roussel, marcher au pas de charge, culbuter tout ce qui s'opposait à son passage, et pénétrer enfin dans ce bois dont l'ennemi, par son courage, semblait nous défendre l'entrée.

En jetant les yeux sur notre extrême droite, on s'aperçut qu'une colonne russe, envoyée pour nous tourner, battait en retraite depuis que nous avions enlevé le bois; alors le roi de Naples ordonna à la cavalerie de courir sur cette colonne afin de la couper, et lui faire mettre bas les armes : les difficultés du terrain firent un moment hésiter la cavalerie; mais le Roi qui, par la rapidité de son coup-d'œil, aurait voulu que l'exécution fût aussi prompte que la pensée, piqua des deux son cheval, et tirant son épée du fourreau, s'écria d'un ton plein de feu : *Que les plus braves me suivent.* Ce mouvement d'héroïsme nous remplit d'admiration, chacun s'empressait à le seconder, et l'on serait parvenu à faire des prisonniers, si de profonds ravins et d'épaisses broussailles n'eussent arrêté nos escadrons, et donné le temps à la colonne ennemie d'échapper, et de se réunir au corps dont elle était détachée.

Quoique le succès du combat fut assuré, on n'osait encore se hasarder à traverser le grand bois placé devant nous, et au bout duquel étaient les collines de Witepsk, où l'on disait que devaient être campées toutes les forces russes. On était à délibérer sur ce passage important, lorsqu'il s'éleva derrière nous une grande rumeur : chacun en ignorait la cause, et l'inquiétude se mêlait à la curiosité ; mais en voyant Napoléon au milieu d'une suite brillante, nos craintes furent dissipées ; et, par l'enthousiasme qu'excita toujours sa présence, on conçut qu'il allait couronner la gloire d'une aussi belle journée. Le roi de Naples et le Prince coururent à sa rencontre, et lui firent part des événemens qui venaient de se passer et des mesures qu'ils avaient prises. Napoléon, pour mieux en juger, se porta rapidement vers les postes les plus avancés de notre ligne, et d'une éminence il observa longtemps les positions de l'ennemi et la nature du terrain ; sa pénétration s'élançant jusqu'au camp des Russes, il en devina les projets, et dès-lors de nouvelles dispositions, ordonnées avec sang-froid, exécutées avec ordre et rapidité, portèrent l'armée au milieu de la forêt. Nous la suivîmes, et allant toujours au grand trot, nous débouchâmes enfin vers les collines de Witepsk, au moment où le jour commençait à finir.

La treizième division qui coopérait à cette manœuvre, en marchant à travers les bois, éprouva de la part de l'ennemi une assez forte résistance; il ne se retirait que progressivement, et ses nombreux tirailleurs faisaient payer cher le terrain que nous gagnions sur eux : ce fut dans une de ces rencontres, aussi imprévues que malheureuses, qu'un dragon russe s'approchant du général Roussel, lui tira un coup de pistolet qui l'étendit par terre. Les Russes plaçaient rarement leurs dragons en tirailleurs, et cela fit répandre le bruit que le général Roussel avait été tué par un des nôtres; mais le temps, en découvrant la vérité, nous a convaincus que nous n'avions point à nous reprocher la mort de ce brave général, vraiment digne de nos regrets, autant par ses qualités militaires que par ses vertus privées.

La division Broussier (quatorzième), suivait le grand chemin, et n'arriva que fort tard dans

WITEPSK.

sa position qui fut choisie entre la route et la Dwina : quant à la quinzième division et à la garde italienne, qui formaient le reste de l'infanterie du quatrième corps, elles avaient été mises en réserve un peu en arrière de la quatorzième.

L'armée ayant cessé d'agir, Napoléon établit son quartier-général dans le village de Koukoviatschi; le roi de Naples et le prince Eugène campèrent dans un mauvais petit château, voisin du village de Dobrijka, entourés des corps placés sous leur commandement.

Le lendemain à la pointe du jour (27 juillet), nos troupes marchèrent sur Witepsk; les Russes, en se retirant vers cette ville, nous tirèrent quelques coups de canon qui firent peu de mal; ensuite ils se déployèrent au dessus d'un grand plateau situé auprès de la ville, et qui domine toutes les routes par lesquelles on arrive. De la colline où nous étions, on apercevait facilement les lignes de l'ennemi, et surtout sa nombreuse cavalerie rangée en bataille à l'extrémité de la plaine.

Ce jour-là, la division Broussier marchait en tête; de grand matin, elle traversa un petit ruisseau qui nous séparait de cette plaine, et fut se mettre en position sur une hauteur, faisant face au plateau occupé par les Russes. En même temps, le 16e. de chasseurs à cheval, s'étant porté en avant, fut chargé par plusieurs escadrons des kosaques de la garde, et ce régiment eût éprouvé une défaite totale, si vers la gauche il n'eût été dégagé par des voltigeurs du 9e. régiment, commandés par les capitaines Guyard et Savary. Ces braves, dans cette occasion, attirèrent sur eux l'attention de toute l'armée qui, campée sur un côteau (dont la forme était celle d'un amphithéâtre), assistait à leurs exploits, et donnait à leur valeur des applaudissemens justement mérités.

Le 16e. de chasseurs, se retirant sur la quatorzième division, fut protégé par le 53e. régiment, commandé par le colonel Grosbon : cette division, formée en carré, présentait à l'ennemi un front inexpugnable, et devant lequel venaient se briser tous les efforts qu'on tentait pour l'entamer. Cette circonstance jeta dans nos rangs un peu de confusion; mais Napoléon étant là, elle ne pouvait durer. Placé sur une éminence, il voyait toutes les manœuvres, et ordonnait avec sang-froid tout ce qu'il croyait nécessaire pour obtenir la victoire : c'est alors qu'il fit retirer un régiment de cavalerie, pour laisser libre à la treizième division le passage d'un pont. Ce mouvement rétrograde causa de l'agitation sur nos derrières, composés d'un ramassis d'employés ou de vivandiers, gens faciles à s'alarmer, et qui, toujours craignant pour leur sûreté, sont plus nuisibles aux armées qu'ils ne leur sont utiles.

La treizième division s'étant avancée, fila sur la droite; le Vice-Roi marchant en tête, la conduisit derrière la quatorzième en la faisant aller sur les hauteurs qui dominaient le plateau, où l'ennemi était campé. Ces hauteurs n'étant point gardées, nous avançâmes sans difficultés et parvînmes à prendre position sur le sommet, et à nous trouver vis-à-vis du camp russe, séparés seulement par la rivière de Loutchesa, dont les rives escarpées formaient un ravin si profond, qu'il était impossible d'en venir à une action générale. Cependant on feignit de vouloir l'engager en détachant quelques troupes légères qui parvinrent à franchir le ravin, et à s'établir dans un petit bois; mais ces troupes n'étant pas soutenues, elles n'allèrent pas plus loin, et rentrèrent dans leurs corps lorsque les batteries eurent cessé de tirer, et que les divisions ne furent plus sous les armes.

Cette suspension, au moment où les armées étaient en présence, excita l'étonnement de tout le monde, et chacun se demandait où était l'Empereur, quelles étaient ses dispositions? On se faisait ces questions, lorsqu'une partie du premier corps et la garde impériale vinrent se joindre à nous. Les uns crurent alors que Napoléon n'attendait que la réunion de toutes ses forces pour en venir à une attaque sérieuse; d'autres, au contraire, assuraient que le duc d'Elchingen et la cavalerie du général Monbrun, avançant par l'autre rive de la Dwina, tourneraient la position de Witepsk, et couperaient ainsi la retraite aux Russes. Mais cette manœuvre était sans doute impraticable, puisqu'elle ne fut pas exécutée.

Enfin la nuit étant survenue, les troupes bivaquèrent dans l'endroit même où elles avaient pris position, et chacun se réunissant, racontait les faits honorables par lesquels son corps s'était fait remarquer; dans tous ces récits, on voyait avec satisfaction que le combat, quoique glorieux, n'avait point été meurtrier; cependant, parmi le petit nombre de morts, on cita le colonel du génie Liedot, homme vraiment digne du corps auquel il appartenait. Durant l'expédition d'Egypte, il s'était fait remarquer par son courage; et dans la construction des places d'Italie, il prouva que le séjour des camps ne nuisait point au développement des conceptions les plus savantes.

L'assurance avec laquelle les Russes avaient gardé leurs positions, et la réunion d'une grande partie de nos troupes sur un même point, nous faisaient augurer que la journée du lendemain serait consacrée à une affaire générale ; mais quelle fut notre surprise, lorsque dès la pointe du jour (28 juillet), nous reconnûmes que l'ennemi avait opéré sa retraite. Aussitôt toute l'armée se mit à sa poursuite, à l'exception de la garde impériale qui fut s'établir à Witepsk, où l'Empereur semblait vouloir séjourner. Cette ville était presque déserte, il n'était resté que des Juifs, et quelques personnes de la plus basse extraction. On trouva des kosaques de l'autre côté de la route, qui, sur le champ, furent poursuivis par le général Lefebvre, commandant la cavalerie légère de la garde.

Cette ville, chef-lieu du gouvernement de ce nom, placée entre des collines et les rives de la Dwina, comptait autrefois vingt mille habitans; par sa position riante, elle offrit à nos regards l'aspect le plus agréable. Depuis plus de deux mois, la Pologne et la Lithuanie, dans un espace de plus de trois cents lieues, ne nous avaient présenté que des villages déserts et des campagnes saccagées. La destruction semblait précéder nos pas, et de toute part on voyait une population entière fuir à notre approche, et livrer ses foyers à des nuées de kosaques, qui, avant de les abandonner, détruisaient tout ce qui ne pouvait être emporté. Ainsi, longtemps assujettis aux privations les plus pénibles, nous regardions d'un œil d'envie, ces maisons propres et élégantes, où semblaient régner le repos et l'abondance. Mais ce repos sur lequel nous avions compté, nous fut encore refusé, et il fallut se remettre à la poursuite des Russes, laissant à notre gauche cette ville, objet de nos désirs et de nos plus chères espérances.

En suivant le mouvement de l'avant-garde, nous fûmes surpris de voir l'ordre parfait avec lequel le comte Barclay de Tolly avait évacué sa position; nous errions de tous côtés, dans une immense plaine, sans pouvoir trouver aucune trace de sa retraite : pas une voiture abandonnée, pas un seul cheval mort, pas même un seul traînard, qui pussent nous indiquer la route qu'avait prise l'ennemi. On était dans cette incertitude, peut-être unique en son genre, lorsque le colonel Kliski, en parcourant la campagne pour chercher un paysan, trouva un soldat russe endormi sous un buisson; cette rencontre nous parut un coup de fortune, et le Vice-Roi en profita pour interroger ce prisonnier, qui nous donna quelques renseignemens sur la direction qu'avait suivie la colonne dont il faisait partie.

Cependant le Prince, pour s'en convaincre, fut en avant; n'ayant de ce côté rien rencontré qui fût digne de son attention, nous rebroussâmes chemin et vînmes au grand galop reprendre la grande route qui, de Witepsk, remonte la Dwina; nous trouvâmes cette route couverte d'une nombreuse cavalerie; le roi de Naples ne tarda pas à rejoindre le Vice-Roi : s'étant concertés ensemble, ils ordonnèrent le mouvement de leurs corps respectifs. Ce jour-là il faisait une chaleur excessive, des tourbillons de poussière, excités par les chevaux, rendaient la marche accablante; il fallut s'arrêter, et l'on choisit pour faire halte une église en bois, où le roi de Naples, le Prince et le général Nansouty s'entretinrent long-temps.

La cavalerie eut ordre de poursuivre sa marche, et l'on ne tarda pas à apprendre qu'elle avait enfin rencontré l'armée russe. Aussitôt toutes les troupes continuèrent leur marche et atteignirent l'ennemi; mais les kosaques qui formaient l'arrière-garde, voyant avancer notre artillerie, se retirèrent, s'obstinant seulement à tirer quelques coups de canon, lorsqu'ils trouvaient une position avantageuse; ils manœuvrèrent ainsi jusque par delà Aghaponovchtchina, où notre corps et la cavalerie s'arrêtèrent. Auprès de ce village était, vers la gauche, et sur une hauteur, un mauvais château où logea Napoléon, qui, de Witepsk, vint nous rejoindre dès qu'il fut informé que nous étions aux prises avec les Russes.

Jamais bivac n'eut un appareil plus militaire que celui d'Aghaponovchtchina : l'Empereur, le roi de Naples et le prince étaient sous une tente ; les généraux, placés sous de mauvaises cabanes, construites par des soldats, campaient avec leurs officiers, le long d'un ruisseau dont l'eau bourbeuse était précieusement recueillie ; car, depuis trois jours que nous étions sur le champ de bataille, l'eau et les racines furent notre unique nourriture ; mais la victoire redoublait nos forces et nous rendait insensibles à toutes les privations. Quant à nos troupes, elles campaient autour du château, placées sur des éminences : l'ennemi de loin pouvait apercevoir leurs feux nombreux, dont la brillante clarté dissipait l'obscurité de la nuit.

Le lendemain de bonne heure (29 juillet), on se mit à la poursuite des Russes ; l'Empereur revint sur Witepsk, où il se proposait de faire, comme à Wilna, le séjour nécessaire à l'exécution de ses projets touchant la Lithuanie. Arrivé à l'embranchement de la route de Janowitschi avec celle de Sourai, le roi de Naples se sépara de nous, avec toute la cavalerie, emmenant avec lui la quatorzième division ; le Vice-Roi, poursuivant sa route, marcha vers la Dwina, suivi des treizième et quinzième divisions, ainsi que de la garde royale, et de la brigade de cavalerie légère italienne commandée par le général Villata.

Nous étions sur le point d'entrer à Sourai, lorsque quelques chasseurs nous annoncèrent qu'un convoi ennemi, faiblement escorté, cherchait à passer la rivière pour aller prendre la route de Wéliki-Luki. Sur le champ le Vice-Roi ordonna à son aide-de-camp Desève, de suivre les chasseurs, et de s'emparer du convoi. Cet ordre eut sa pleine exécution, car, deux heures après, l'aide-de-camp revint, apportant la nouvelle que le convoi était à nous.

Le bourg de Sourai, quoique construit en bois, était néanmoins un des meilleurs que nous eussions rencontrés ; sa population, presqu'entièrement composée de Juifs, était nombreuse, et par son industrie elle nous offrit quelques ressources dont nous avions le plus grand besoin ; les magasins étaient assez fournis, circonstance heureuse pour nous, puisque tout faisait augurer qu'on séjournerait dans cette petite ville.

Sourai, sans être une position militaire, était néanmoins un lieu fort important, situé à l'embouchure de la Casplia avec la Dwina ; il est le point où se divisent les grandes routes de Pétersbourg et de Moscou, et forme par conséquent deux têtes de pont qui ferment la route de Witepsk : aussi, durant notre séjour, vîmes-nous arriver plusieurs ingénieurs-géographes qui levèrent le plan de la rivière et des lieux circonvoisins.

La treizième division qui nous avait suivis, fut campée à une lieue en arrière de Sourai; une partie de la quinzième, avec la garde à pied, demeurèrent dans la ville; la garde à cheval, commandée par le général Triaire, alla de l'autre côté de la Dwina, et poussa une forte reconnaissance sur la route de Wéliki-Luki. Dans cette course, l'adjudant du palais Boutarel se convainquit que le chemin jusqu'à Ousviat, formait, au milieu des bois, un défilé continuel; mais, arrivé à cette petite ville, la nature du terrain est totalement différente; la quantité prodigieuse de provisions que les dragons rapportèrent de cette expédition, prouva que ce pays offrirait pour des cantonnemens d'abondantes ressources.

Arrivé à Sourai, le Vice-Roi fut informé qu'un nouveau convoi russe, fortement escorté, avait pris la route de Veliz; il ordonna alors au baron Banco, colonel du 2ᵉ. régiment de chasseurs italiens, de prendre avec lui deux cents hommes d'élite, et d'aller sur le champ à la poursuite; ce détachement, après neuf lieues de marche, arriva dans Veliz au moment où le convoi sortait de la ville, et cherchait à passer le pont de la Dwina. Aussitôt les chasseurs chargèrent l'escorte; cinq fois ils furent repoussés par de l'infanterie et par des détachemens de cavalerie, beaucoup plus forts que le leur; mais enfin la valeur des Italiens triompha de l'opiniâtreté de l'ennemi, et l'on parvint à s'emparer de tous les bagages, et à faire mettre bas les armes à cinq cents Russes. Cette victoire nous coûta quelques blessés, parmi lesquels six officiers, dont l'un mourut de ses blessures.

Pendant que Napoléon était à Witepsk, cherchant à organiser la Lithuanie, et que les troupes du centre de l'armée étaient cantonnées entre le Dniéper et la Dwina, nous apprîmes que le prince d'Eckmühl avait été attaqué à Mohilow. Bagration, profitant du repos que lui avait laissé le combat de Borisow, passa la Bérésina à Bobruisk, et marcha sur Novoi-Bickow. Le 23 juillet, au point du jour, une nuée de kosaques nous surprirent et firent au 3e. chasseurs une centaine de prisonniers, parmi lesquels se trouvait le colonel. Aussitôt l'alarme se répandit dans notre camp; la générale battit, et nos soldats en vinrent aux mains. Le général russe Sicverse, avec deux divisions d'élite, dirigea toutes les attaques : depuis huit heures du matin jusqu'à cinq heures du soir, le feu fut engagé sur la lisière du bois, et au pont dont l'ennemi voulait s'emparer. A cinq heures, le prince d'Eckmühl fit avancer trois bataillons d'élite, se mit à leur tête, culbuta les Russes, leur reprit les positions qu'ils nous avaient enlevées et les poursuivit vivement. De part et d'autre, les pertes durent être égales; mais le prince Bagration, qui n'avait livré ce combat que pour protéger sa retraite, et faciliter à ses troupes le passage du Dniéper, se porta sur Bickow, franchit le fleuve, et de là se dirigea vers Smolensk, où les armées russes devaient faire leur jonction.

Le général Kamenski, avec deux divisions, cherchait à se réunir au prince Bagration: n'ayant pu y parvenir, il rentra en Wolhynie, et se réunit au corps que commandait alors le général Tormasow. Ces troupes formant une armée, marchèrent sur le septième corps vers Kobrin, et cernèrent de toute part le général saxon Klengel, ayant avec lui deux régimens d'infanterie et deux escadrons : forcé de céder à des forces si supérieures aux siennes, il ne se rendit néanmoins qu'après un combat opiniâtre, espérant toujours être dégagé par le général Reynier; mais celui-ci, malgré toute sa diligence, ne put arriver qu'après la capitulation.

Tandis qu'on éprouvait des échecs sur notre droite, on était plus heureux sur l'extrême gauche. Le duc de Tarente, commandant le dixième corps, poussa des reconnaissances sur la route de Riga, et par les bonnes dispositions des généraux Grawert et Kleist, remporta sur les Russes des avantages signalés. Peu de jours après, le général Ricard, ayant été détaché vers la droite, s'empara de la place de Dunabourg que l'ennemi abandonna, après avoir fait les plus grands préparatifs pour la défendre.

L'action la plus glorieuse pour nos armes fut celle du deuxième corps : le duc de Reggio, en portant ses troupes sur Sebeï, rencontra l'armée de Wittgenstein qui venait à lui, renforcée par le corps du prince Repnin. Le combat s'engagea auprès du château de Jakoubovo; la division Legrand, jusqu'à dix heures du soir, soutint une rude attaque, et par la valeur du 26e. léger et du 56e. de ligne, fit éprouver aux Russes des pertes considérables. Malgré cela, le lendemain ils osèrent tenter le passage de la Dwina. Le duc de Reggio ordonna alors au général Castex de ne s'y point opposer; l'ennemi donna dans le piége, et le 1er. août, il se porta sur Drissa et se mit en bataille devant le deuxième corps. Quinze mille hommes, formant la moitié de l'armée de Wittgenstein, avaient passé la rivière, lorsqu'on dirigea contre eux une batterie masquée de quarante pièces de canon, qui, pendant demi-heure, tira à portée de mitraille : en même temps la division Legrand prit part à l'action, et sitôt qu'elle eut tourné en notre faveur, arriva la division Verdier au pas de charge et bayonnette en avant : les Russes furent jetés dans la rivière, perdirent trois mille hommes et quatorze pièces de canon; en poursuivant leurs débris sur la route de Sebeï, on compta deux mille morts, parmi lesquels était le général Koulniew, officier de troupes légères très-distingué.

Durant son séjour à Witepsk, l'Empereur fit abattre plusieurs maisons qui se trouvaient en face de son palais, pour former une grande esplanade (1), où il passait ses troupes en revue. Ayant un jour fait rassembler les grenadiers à pied de la garde, il leur ordonna de reconnaître pour colonel le général Friant : jamais nomination ne fut accueillie avec des sentimens plus unanimes. Les paroles honorables et gracieuses dont Napoléon accompagna cette récompense, ne purent être surpassées que par la joie et l'enthousiasme que les grenadiers firent éclater. Ils trouvèrent dans cette élévation une preuve d'estime pour leur corps, composé en grande partie des

(1) Auparavant, ce palais était occupé par le duc de Wurtemberg, gouverneur de Witepsk; ce prince tenait une cour très-brillante.

braves qui, en Italie, en Egypte et en Allemagne, combattirent sous les yeux de celui qui devenait leur chef. Mais le général Friant, quoique sensible à cet honneur, demanda et obtint de continuer à commander la deuxième division, qu'il avait lui-même formée, et qui, depuis l'ouverture de la campagne, se trouvait toujours d'avant-garde.

A cette époque, on répandit le bruit que l'empereur de Russie avait été assassiné à Véliki-Luki par ses courtisans, mécontens de voir que ce monarque nous demandait la paix. On assure que Napoléon, d'un air satisfait, annonça cette nouvelle comme positive dans une des audiences qu'il donna à Witepsk. Par la suite, nous apprîmes que ce bruit mensonger avait été accrédité afin de détruire l'effet de la proclamation énergique que publia Alexandre, et dans laquelle il ordonnait à tous les peuples de son puissant empire de se soulever contre l'ennemi perfide qui, après avoir violé le territoire de la patrie, s'avançait vers l'ancienne capitale pour la détruire et anéantir la gloire de ses illustres fondateurs. Toutes ces honteuses menées furent sans succès, et n'arrivèrent pas même jusqu'à une population qui, fuyant toute entière à l'approche de l'armée française, ne put jamais ressentir les effets de ce pitoyable artifice, ni se laisser corrompre par des promesses flatteuses, dont le but était d'exciter une affreuse discorde, en soulevant le peuple contre la noblesse, et en étouffant dans le cœur des grands l'attachement et la fidélité qu'ils devaient à leur souverain.

LIVRE III.

SMOLENSK.

Depuis l'affaire qui avait eu lieu à Véliz, le Vice-Roi ayant senti la nécessité de renforcer le détachement de chasseurs qu'on y avait laissé, envoya sur ce point la brigade entière du général Villata avec un bataillon de Dalmates. Véliz, situé à l'embranchement de deux grandes routes, dont l'une conduit à Pétersbourg, et l'autre à Smolensk, se voyait exposé à de fréquentes apparitions des kosaques : c'était aussi le point le plus avancé où l'armée française eût encore pénétré. D'ailleurs la population de ce bourg, entièrement juive, nous procurait à peu près de quoi satisfaire aux premiers besoins de la vie, tandis que tous les environs n'étaient que de misérables hameaux. On se livrait à cet abandon que donne le bien'être, lorsque le colonel Banco, à qui la langue russe était familière, fut informé par des espions que l'ennemi se proposait d'attaquer la brigade. D'après cet avis, le général Villata fit secrètement ses dispositions pour le recevoir, tandis qu'il affectait publiquement d'être dans la plus parfaite sécurité ; c'est alors que les kosaques se présentèrent, à la pointe du jour, devant Véliz, croyant trouver tout le monde endormi; mais les Dalmates qui étaient sous les armes, sortirent de leur embuscade, et firent un feu de file qui renversa plusieurs cavaliers. Ceux-ci, effrayés d'une telle réception, prirent la fuite, et renoncèrent à surprendre une place défendue par d'aussi braves soldats, qui, dans cette circonstance, montrèrent combien ils étaient dignes des récompenses dont on les avait comblés pour la première affaire.

A cette époque la chaleur fut si forte que Napoléon se vit obligé, malgré l'impatience qu'il avait d'atteindre l'ennemi, d'accorder du repos à l'armée. Toutes les personnes qui avaient fait la campagne d'Égypte, assuraient que le soleil de cette contrée n'était pas plus brûlant que ne l'était alors celui de Russie. Les troupes dont les bivacs étaient éloignés des rivières souffraient cruellement; les soldats, pour avoir de l'eau, creusaient la terre avec leurs bayonettes, et s'ils étaient assez heureux pour en trouver, elle était si bourbeuse qu'ils ne pouvaient la boire qu'après l'avoir tamisée avec leur mouchoir.

Le quatrième corps, ayant séjourné dix jours dans la ville de Sourai, se mit en marche, le

9 août, et prit la route de Janovitschi, où devait se trouver la quatorzième division. La veille de ce mouvement, le chef d'escadron Labedoyère, en sa qualité d'aide-de-camp du prince Eugène, se rendit auprès du roi de Naples. De retour de sa mission, cet officier confirma la nouvelle du combat sanglant que l'ennemi avait livré au général Sébastiani auprès d'Inkovo, et des suites fâcheuses qu'il avait eues pour nous: car, selon le récit de tous les officiers, on convenait que nos régimens de cavalerie avaient beaucoup souffert, et qu'outre plusieurs pièces de canon, nous avions encore perdu une superbe compagnie de voltigeurs du 24e. infanterie légère. On ajoutait même que sans le courage et l'intrépidité des lanciers prussiens, nos pertes auraient été beaucoup plus considérables. Dans cette occasion, les uns blâmaient le général Sébastiani; mais le plus grand nombre rejetait les torts sur le général Monbrun, qui, quoique informé des forces supérieures de l'ennemi, n'avait consulté que sa bravoure, et sans écouter aucun rapport, crut devoir hasarder le combat.

Le Vice-Roi ayant passé deux jours à Janovitschi (10 août), les sapeurs du quatrième corps, dirigés par le général Poitevin, restaurèrent le pont construit sur la petite rivière qui traverse la ville. Ce pont était si mauvais qu'on n'osait plus s'en servir; aussi les chevaux et voitures étaient obligés de passer à gué la rivière, dont le fond était très-fangeux et les bords assez escarpés.

En se dirigeant sur Liozna, on parcourt une plaine légèrement ondulée; puis on traverse plusieurs bouquets de bois, et une petite rivière qui coule auprès d'un hameau situé à moitié distance du château de Vélechkovitschi, où l'armée s'arrêta (11 août). Les soldats campèrent au-dessous des hauteurs qui entouraient ce château. Le jour suivant, jusqu'à Liozna, la route fut extrêmement fangeuse : placée dans des prairies marécageuses, elle présentait beaucoup d'obstacles à nos convois, surtout à ceux de l'artillerie; il est vrai que deux jours auparavant il avait plu abondamment. Je dois remarquer que ces violens orages furent les seuls que nous essuyâmes, car, pendant tout le reste de la campagne, si ce n'est à Moscou, nous n'avons presque point ressenti les incommodités de la pluie.

Auprès de Liozna, grand village rempli de boue, nous traversâmes (12 août), sur un mauvais pont, une petite rivière dont le cours forme mille sinuosités, et sépare à un quart de lieue, vers l'ouest, la ville du château où logea le prince Eugène. Mais les communications étaient établies par le moyen d'un pont. Nos troupes profitèrent du camp qu'avait formé le corps du duc d'Elchingen, et qui se trouvait entre la ville et le château.

Pour aller à Liouvavitschi, il y avait un chemin plus direct que celui que nous prîmes; plusieurs obstacles de terrain nous forcèrent à en chercher un autre, ce qui ne fut pas exempt de difficultés; car il fallut passer plusieurs défilés à travers des prairies marécageuses et des sentiers frayés au milieu des forêts : avant d'arriver à ce bourg, nous passâmes sur un pont détestable, et parcourûmes un chemin si boueux, qu'à peine les chevaux pouvaient en sortir. Cette extrême humidité provient de plusieurs ruisseaux qui forment de grandes marres d'eau, et entretiennent tout au tour une humidité perpétuelle.

En entrant dans Liouvavitschi, nous vîmes la cavalerie du roi de Naples revenir des environs de Roudnia et d'Inkovo; mais, au lieu de suivre la route de Razasna, elle tourna à gauche, comme devant aller passer le Dniéper sur un point beaucoup plus élevé que celui où nous nous dirigions. La réunion de toute l'armée sur les bords de ce fleuve, annonçait ouvertement l'intention de le traverser, et d'attaquer Smolensk par la rive gauche, afin de s'emparer de la ville dont la partie fortifiée se trouvait sur cette rive. L'ordre en effet était de se rendre auprès de Razasna, où l'on avait jeté plusieurs ponts pour effectuer le passage.

Avant d'y arriver, nous parcourûmes un pays presque désert; on ne voyait aucun village sur le chemin, et rarement trouvait-on quelques maisons où l'on pût s'arrêter; la route était pratiquée sur une fondrière où nous faillîmes laisser une partie de nos bagages. Après beaucoup de peines, nous arrivâmes enfin à ce Dniéper, dont le surnom de Borysthène donné par les Grecs, réveillait dans nos ames des idées grandes et poétiques. Mais ces illusions eurent bientôt disparu, lorsque nous ne vîmes qu'une rivière ordinaire coulant dans un lit fort resserré. Ses eaux sont tellement encaissées, qu'on ne voit le fleuve que lorsqu'on le touche : aussi ses rives sont-elles fort escarpées et d'un abord très-difficile.

Auprès de Razasna, tous les différens corps de la Grande-Armée, dont les uns venaient par Orcha, et les autres par Babinovitschi, opérèrent leur jonction. L'Empereur était passé à Razasna le 13 au matin; ce jour là, il fit mettre en ligne les divisions du premier corps venues de Mohilow, et après les avoir inspectées, il les dirigea sur la route de Smolensk. Cette immense réunion d'hommes sur un même point, en augmentant notre misère, redoublait la confusion et le désordre qui régnaient sur les grandes routes; les soldats égarés cherchaient en vain leurs régimens; d'autres, portant des ordres pressés, ne pouvaient les transmettre par l'encombrement des chemins : de là s'élevait sur les ponts et dans les défilés un tumulte effroyable.

Le quatrième corps étant arrivé (le 15 août) au bourg de Liadoui (lieu remarquable en ce que c'est le dernier où l'on rencontre des Juifs), traversa tout près de là une petite rivière, au-dessus de laquelle est un vaste plateau, qui domine entièrement la ville; nous continuâmes notre marche jusqu'à Siniaki, mauvais hameau de quelques maisons, situé à deux cents pas de la route. Le Vice-Roi voulant camper dans cet endroit, donna l'ordre à ses troupes de s'arrêter; pendant ce temps-là, les autres corps de la Grande-Armée marchaient sur Smolensk, et la canonnade qu'on entendait, nous faisait présumer qu'on attaquait vivement cette ville.

Le lendemain (16 août), nous restâmes dans la même position; durant toute la journée il ne cessa de passer quantité de troupes qui se portaient en avant. Vers les six heures du soir, il fallut partir de Siniaki et marcher pendant trois heures pour arriver à Krasnoé, petite ville où sont quelques maisons en pierre, et où le Vice-Roi établit des postes de correspondance; mais il ne s'y arrêta point, et, continuant la route, nous traversâmes la petite rivière voisine de Katova, au dessus de laquelle était un plateau. Le prince établit son bivac sous une grande allée d'arbres, entouré de ses divisions. A la pointe du jour (17 août), nous continuâmes notre route et bivaquâmes également une lieue plus loin que la poste de Korouitnia, dans un bois de bouleaux, situé auprès d'un lac. Notre camp offrit alors un coup-d'œil pittoresque, le Vice-Roi ayant fait dresser sa tente au milieu de ce bosquet : les officiers allèrent dormir dans leurs voitures ; ceux qui n'en avaient pas, abattirent des arbres et construisirent des cabanes, tandis que leurs camarades allumaient des feux pour faire cuire la viande. Parmi les soldats, les uns allaient marauder, les autres lavaient leur linge au bord d'une eau limpide, et le reste, après une longue marche, se délassait en faisant la guerre au petit nombre d'oies et de canards échappés à la voracité des kosaques.

C'est là où nous apprîmes que la ville de Smolensk, à la suite d'un combat sanglant, avait été livrée aux flammes par les Russes, et abandonnée à leurs vainqueurs. Cet événement fut d'un triste présage, et nous fit connaître à quelles extrémités peut se porter un peuple lorsqu'il est déterminé à ne point fléchir sous une domination étrangère. Le lendemain, nous nous approchâmes de cette malheureuse ville; mais, une lieue avant d'y arriver, le Vice-Roi nous fit bivaquer dans un bois voisin du château de Novoidwor, et fut de sa personne rejoindre l'Empereur.

J'étais avec tout le quatrième corps campé dans cette épaisse forêt, lorsqu'un de mes camarades, revenant de Smolensk, me raconta, de la manière suivante, les événemens dont il avait été le témoin.

« La position que nous conservâmes jusqu'au
« 13 de ce mois, avait fait soupçonner à l'en-
« nemi que nous attaquerions Smolensk par la
« rive droite du Borysthène; mais tout-à-coup
« l'Empereur, par une manœuvre prompte et
« inattendue, fit passer toute son armée sur la
« rive gauche de ce fleuve. Le même jour, le
« roi de Naples, commandant toujours l'avant-
« garde, fut joint par le corps du duc d'Elchin-
« gen, qui, dans la matinée du 14, passa le Bo-
« rysthène auprès de Khomino. Ce maréchal dé-
« boucha sur Krasnoé, et, comme vous le savez,
« me dit cet officier, engagea avec la division
« Ledru, un combat contre la vingt-cinquième
« division russe, forte de cinq mille fantassins
« et deux mille chevaux. Krasnoé ayant été en-
« levé, la cavalerie du général Grouchy exécuta

« plusieurs belles charges sur l'ennemi, qui
« fuyait, lui enleva plusieurs canons, et fit
« beaucoup de prisonniers. C'est là où le colo-
« nel de Marbœuf fut blessé à la tête de son
« régiment. Après ce succès, Napoléon, dès
« le 16 au matin, s'est présenté avec son ar-
« mée devant Smolensk. Cette ville a pour en-
« ceinte une ancienne muraille crénelée, de
« quatre mille toises de circonférence, épaisse
« de dix pieds, et haute de vingt-cinq, de dis-
« tance en distance, flanquée d'énormes tours,
« formant des bastions, dont la plupart étaient
« armées de pièces de gros calibre.

« Les Russes, croyant toujours que nous
« viendrions par la rive droite du Borysthène,
« avaient encore une grande partie de leurs
« troupes de ce côté ; mais nous voyant arriver
« par la rive gauche, ils se crurent tournés et
« revinrent en toute hâte secourir Smolensk par
« le point principal où ils allaient être attaqués ;
« ils s'y portèrent avec d'autant plus d'ardeur
« qu'Alexandre, en quittant l'armée, avait re-
« commandé au comte Barclay de Tolly de li-
« vrer bataille pour sauver Smolensk (1).

« Après avoir passé la journée du 16 à re-
« connaître la place et ses environs, l'Empereur

(1) Voyez le treizième bulletin.

« donna la gauche au duc d'Elchingen, en ap-
« puyant sur le Borysthène; le prince d'Eck-
« mühl eut le centre, le prince Poniatowski
« la droite; plus loin et de côté, la cavalerie
« du roi de Naples; enfin, la garde, et nous
« quatrième corps, restâmes en réserve. On
« attendait aussi les Westphaliens, mais le
« duc d'Abrantès, qui les commandait, fit un
« faux mouvement et s'égara (1).

« La moitié de la journée suivante se passa
« en observations. L'ennemi occupait Smolensk
« avec trente mille hommes, le reste était en
« réserve sur la rive droite, communiquant par
« les ponts construits au dessous de la ville.
« Napoléon voyant que la garnison, placée sous
« les ordres du général Doctorow, profiterait
« du temps qu'on lui laissait pour se fortifier
« toujours davantage, ordonna au prince Po-
« niatowski de se porter en avant, ayant à sa
« gauche Smolensk, et à sa droite le Borysthène;
« il lui recommanda d'établir des batteries pour
« détruire les ponts, et par là intercepter la
« communication entre les deux rives. Le prince
« d'Eckmühl, qui était toujours au centre, fit
« attaquer deux faubourgs retranchés et dé-
« fendus chacun par sept à huit mille hommes

(1) Voyez le treizième bulletin.

« d'infanterie. Le général Friant acheva l'in-
« vestissement entre le premier corps et celui
« des Polonais.

« L'après-midi, la cavalerie légère du géné-
« ral Bruyères chassa celle des Russes, et prit
« possession du plateau le plus rapproché du
« pont. Là, une batterie de soixante pièces
« fut établie, et tira si juste sur les masses res-
« tées vers l'autre rive, qu'elles furent contrain-
« tes de se retirer. Pour répondre à cette batte-
« rie, on nous en opposa deux de vingt pièces
« chacune. Le prince d'Eckmühl, chargé d'en-
« lever la ville, confia l'attaque du faubourg
« de droite au général Morand, et celle du
« faubourg de gauche au général Gudin. Après
« une vive fusillade, les deux divisions en-
« levèrent les positions et poursuivirent l'en-
« nemi avec une rare intrépidité, jusque sur
« le chemin couvert qu'ils trouvèrent jonché
« de ses cadavres. Sur notre gauche, le duc
« d'Elchingen enleva de même les retranche-
« mens occupés par les Russes, et les contrai-
« gnit à rentrer dans la ville, et à se réfugier
« dans les tours, ou sur les remparts qu'ils dé-
« fendirent avec opiniâtreté. Alors le comte
« Barclay de Tolly, prévoyant qu'on allait
« tenter l'assaut de la ville, quoique la brèche
« ne fut pas encore praticable, fit renforcer la

SMOLENSK.

« garnison par deux nouvelles divisions, et
« deux régimens d'infanterie de la garde. Le
« combat dura jusqu'à la fin du jour. Bientôt
« après on aperçut des colonnes de fumée et
« des torrens de flammes qui, dans un instant,
« se communiquèrent aux principaux quartiers
« de Smolensk, et, au milieu d'une belle nuit
« d'été, offrirent à nos regards le spectacle
« qu'offre aux habitans de Naples une éruption
« du Vésuve.

« A une heure après minuit, les débris de la
« ville furent abandonnés. Nos premiers grena-
« diers, a deux heures du matin (18 août), se
« disposaient à monter à l'assaut, lorsqu'à leur
« grande surprise ils approchèrent sans résis-
« tance, et reconnurent que la place était entiè-
« rement évacuée. Nous en prîmes possession,
« et trouvâmes dans ses murs plusieurs pièces
« d'artillerie que l'ennemi n'avait pu emmener.

« Jamais, me dit cet officier, vous ne pourriez
« vous retracer l'horrible dévastation qu'offrait
« l'intérieur de Smolensk. Mon entrée dans
« cette ville fera époque dans ma vie. Figurez-
« vous, ajouta-t-il, toutes les rues, toutes les
« places encombrées de Russes morts ou expi-
« rans, et les flammes éclairant au loin cet af-
« freux tableau ! »

Le lendemain (19 août), nous entrâmes à

Smolensk par le faubourg qui longe la rivière; de tous côtés nous ne marchions que sur des ruines ou des cadavres; les palais, encore tout brûlans, n'offraient plus que des murs lézardés par les flammes, et sous leurs décombres, les squelettes noircis des habitans que le feu avait consumés. Le peu de maisons qui restaient se trouvaient envahies par les soldats, et sur la porte était le propriétaire sans asile, qui, avec une partie de sa famille, pleurait la mort de ses enfans et la perte de sa fortune. Les églises seules offraient quelques consolations aux malheureux qui n'avaient plus d'abris. La cathédrale, célèbre en Europe et très-vénérée par les Russes, devint le refuge des infortunés échappés à l'incendie. Dans cette église et tout près des autels, étaient des familles entières, couchées sur des haillons; d'un côté, on voyait un vieillard expirant porter ses derniers regards vers l'image du saint qu'il invoqua toute sa vie; de l'autre, de pauvres enfans au berceau, à qui une mère, flétrie par l'adversité, donnait à téter en les arrosant de ses larmes.

Au milieu de cette désolation, le passage de l'armée dans l'intérieur de la ville offrait un contraste frappant; d'un côté était l'avilissement des vaincus, de l'autre l'orgueil que donne la victoire; les uns avaient tout perdu, les autres, riches de dépouilles, et n'ayant jamais connu les défaites, marchaient fièrement au son d'une musique guerrière, frappant à la fois de crainte et d'admiration les restes malheureux d'une population soumise.

On s'occupa promptement de rétablir sur le Borysthène le grand pont qui avait été brûlé, et qui communiquait avec l'autre partie de la ville, dont il ne restait pas une seule maison. Ce fut à l'extrémité du faubourg par lequel nous étions arrivés, que le quatrième corps et la cavalerie du général Grouchy, traversèrent à gué la rivière avec toute leur artillerie : dans cet intervalle, on achevait d'autres ponts, et ils facilitèrent si bien le passage, que ce même jour la cavalerie légère avec de l'artillerie, sous les ordres du roi de Naples, furent sur la route de Moscou à la poursuite de l'ennemi.

Tout le quatrième corps ayant franchi le fleuve, alla camper sur la hauteur qui domine la ville, et où passe la route de poste qui de Poriestsch conduit à Pétersbourg. Cette position était des plus importantes, et chacun s'étonnait que l'ennemi ne l'eût pas mieux défendue ; en la conservant, notre marche aurait été retardée, en ce qu'elle fermait la grande route de Moscou, et nous empêchait de tenir dans la ville entièrement dominée par cette position.

LIVRE III.

Pendant que le centre de l'armée poursuivait sa marche triomphante, le comte Gouvion Saint-Cyr remportait sur la Dwina d'importantes victoires : après l'affaire de Drissa, le comte Wittgenstein ayant reçu douze bataillons de renfort, résolut de prendre l'offensive sur le duc de Reggio. Celui-ci, prévoyant qu'il allait être attaqué, réunit le sixième corps bavarois au second qui était sous ses ordres. L'attaque eut lieu effectivement dans les journées des 16 et 17 août; mais au moment où le duc de Reggio prenait ses mesures pour la repousser, il fut atteint d'un biscayen à l'épaule, dont la blessure dangereuse l'obligea de quitter le champ de bataille, et de céder son commandement au général Gouvion Saint-Cyr.

Alors celui-ci disposa tout pour attaquer le lendemain à la pointe du jour; afin de mieux tromper les Russes, il fit retirer sur la rive gauche de la Dwina, et sous leurs yeux, tous les bagages, avec une grande partie de l'artillerie et de la cavalerie, qui, remontant la rivière, vinrent ensuite la repasser à Polotsk sans être vu. L'ennemi, abusé par cette adroite manœuvre, crut que nous battions en retraite, et s'avança pour nous poursuivre; mais, au lieu de nous trouver disposés à céder le terrain, nous nous présentâmes tous rangés en bataille, et notre artillerie mise en batterie fit feu. En même temps, nos colonnes d'infanterie, sous la protection de nos pièces, attaquèrent la gauche et le centre du corps de Wittgenstein. Les deux divisions de Wrède et de Roy, ayant combiné leur mouvement avec bravoure et intelligence, sortirent ensemble de Spas. La division Legrand, en position à gauche de ce village, était liée à la division Verdier, dont une brigade observait la droite de l'ennemi; enfin la divison Merle couvrait le front de la ville de Polotsk.

L'ennemi, surpris par d'aussi belles dispositions, fit néanmoins bonne contenance, à la faveur de sa nombreuse artillerie; mais, aux approches de la nuit, le comte Wittgenstein voyant son centre et sa gauche enfoncés, battit en retraite par échelon, après avoir défendu chaque position avec acharnement : c'est par cette résistance opiniâtre qu'il parvint à sauver son armée, qui, malgré de puissans renforts, essaya vainement de reprendre l'offensive. Sans les bois qui facilitèrent l'évasion des prisonniers, on en aurait fait un nombre considérable; ceux que nous recueillîmes, furent ramassés blessés sur le champ de bataille, et par la quantité qu'on en trouva, on pouvait juger combien grande avait été la perte des Russes. Plusieurs pièces de canon augmentèrent les trophées d'une aussi glorieuse journée.

A la vérité cette victoire fut chèrement achetée par la perte de plusieurs braves officiers bavarois, et surtout par les blessures mortelles des généraux de Roy et Sierbein : le premier fut particulièrement regretté; les soldats perdirent en lui un véritable père, et les officiers un chef dont les talens et l'expérience consommée, étaient en vénération dans toute l'armée bavaroise. Les généraux, officiers et soldats rivalisèrent d'intelligence et de courage pour le succès de la bataille. Parmi les premiers, le comte Gouvion Saint-Cyr loua les généraux de Wrède, Legrand, Verdier (blessé), Merle et Aubry; ce dernier, général d'artillerie, se distingua dans la direction de son arme; enfin, il termina son rapport par réclamer, en faveur de ses officiers, la bienveillance de l'Empereur. Il rendit ainsi justice à tout le monde, excepté à lui-même, sur lequel il garda le silence le plus absolu; mais sa modestie en brilla davantage, et servit à rehausser des talens qui, quelques jours après, trouvèrent leur récompense dans le bâton de maréchal, donné sur le champ de bataille.

Tandis que nos corps de gauche remportaient sur la Dwina d'importantes victoires, ceux qui faisaient partie du centre s'illustrèrent par des combats non moins glorieux.

Le duc d'Elchingen ayant traversé le Borysthène (19 août), au-dessus de Smolensk, se réunit au roi de Naples afin de poursuivre l'ennemi; à une lieue de là, il rencontra une partie de son arrière-garde, formée d'une division du corps de Bagawout, d'environ six mille hommes. Dans l'instant, la position qu'elle occupait fut enlevée, et l'arme blanche couvrit de morts le terrain où l'on s'était battu.

Ce corps, qui protégeait la retraite des Russes, ayant été forcé de se retirer sur un second échelon, prit position au plateau de Valontina. Mais la première ligne fut enfoncée par le 18e. régiment, et vers les quatre heures après midi, la fusillade s'engagea avec toute l'arrière-garde, forte alors de quinze mille hommes. Le duc d'Abrantès, qui s'était égaré sur la droite de Smolensk, fit un faux mouvement, et ne put se porter avec assez de promptitude sur la route de Moscou, pour couper la retraite à cette arrière-garde (1). Aussi, les premiers échelons ennemis revinrent sur leurs pas, et engagèrent successivement jusqu'à quatre divisions. Les Russes avaient d'autant plus d'intérêt à défendre cette position, qu'outre sa force réelle, elle était, dans le pays, regardée comme inexpugnable, puisque dans les anciennes guerres, les

---

(1) Voyez les 13e et 14e bulletins de la campagne.

Polonais y avaient toujours été battus. De là les Moscovites, par l'effet d'une tradition religieuse, rattachaient à ce plateau l'espérance de la victoire, et l'avaient décoré du titre pompeux de *Champ sacré.*

Si l'ennemi attachait une haute importance à le conserver, celle que nous avions de l'enlever n'était pas moindre, afin d'inquiéter sa retraite et de faire tomber en nos mains, tous les bagages et chariots de blessés sortis de Smolensk, dont l'arrière-garde protégeait l'évacuation.

A six heures du soir, la division Gudin, envoyée pour soutenir le troisième corps, contre les troupes nombreuses que l'ennemi rappelait à son secours, déboucha en colonne sur le centre de la position ennemie, et, soutenue par la division Ledru, enleva la position. Le 7e. léger, le 12e., 21e. et 127e., qui formaient la division Gudin, attaquèrent avec une telle impétuosité, que l'ennemi s'enfuit, persuadé qu'il était aux prises avec la garde impériale. Mais tant de valeur coûta la vie au brave général qui la commandait. Il était un des officiers les plus distingués de l'armée, et digne de regret autant par ses qualités morales que par ses talens et sa rare intrépidité. Au reste, cette mort fut bien vengée; sa division fit un grand carnage de l'ennemi, qui, fuyant vers Moscou, laissa le *Champ sacré* couvert de ses débris; un général de division russe fut pris dans la mêlée par un de nos officiers d'infanterie : parmi les cadavres on reconnut ceux des généraux Skalon et Balla; on assurait même que le général de cavalerie Koff, blessé mortellement, était, pour les Russes, une perte aussi sensible que celle que nous avions à déplorer.

Le lendemain, à trois heures du matin, l'Empereur distribua, sur le champ de bataille, des récompenses aux régimens qui s'étaient distingués, et comme le 127., qui était un nouveau régiment, s'était bien comporté, Napoléon lui accorda le droit de porter une aigle, droit qu'il n'avait pas encore, ne s'étant trouvé, jusqu'alors, à aucune bataille. Ces récompenses, données au milieu des morts, des mourans, et sur un lieu qu'avait illustré la victoire, offraient un spectacle de grandeur qui pouvait assimiler nos exploits à tout ce que l'antiquité a produit de plus héroïque.

C'est à Smolensk que le quatrième corps changea de chef d'état-major. Le général Dessoles, qui l'avait été jusqu'alors, dégoûté par l'oubli de ses services, n'aspirait qu'à jouir paisiblement de l'estime acquise par ses talens. L'armée, en se rappelant qu'il avait partagé la gloire et la disgrace de Moreau, approuvait son mécontentement, et concevait combien il lui serait difficile d'acquérir un rang qui pût le mettre au niveau de ceux qu'une faveur plus marquée avait poussés dans la carrière, et qui lui seraient toujours préférés. L'Empereur, cédant à ses instances, accorda à cet habile général, une retraite honorable, et lui donna pour successeur le baron Guilleminot, avantageusement connu du prince Vice-Roi par l'exercice de ces mêmes fonctions, qu'il remplit par intérim après la bataille de Wagram.

Pendant les quatre jours que Napoléon s'arrêta à Smolensk, il passa en revue les différens corps qui s'étaient distingués depuis l'ouverture de la campagne. A ce titre, aucun, plus que le quatrième, ne méritait cette honorable distinction; elle nous fut enfin accordée, et les chefs de chaque division, à l'exception du général Pino, parti peu de jours auparavant pour Witepsk avec la quinzième, reçurent l'ordre (22 août) de faire mettre leurs soldats sous les armes. Toute notre armée, dans le plus brillant appareil, se rangea en bataille dans une vaste plaine un peu au dessus de celle où nous étions campés. Une belle tenue, et surtout le souvenir des brillantes affaires de Witepsk, valurent à notre corps des récompenses dignes de sa valeur, et

SMOLENSK.

attestèrent la munificence du chef qui daignait les accorder.

Jusqu'à cette époque, on avait cru que Napoléon voulant seulement rétablir le royaume de Pologne, bornerait ses conquêtes aux villes de Witepsk et de Smolensk, qui, par leur position, ferment l'étroit passage compris entre le Borysthène et la Dwina; chacun considérait ces deux fleuves comme devant nous servir de ligne aux approches de l'hiver; et si l'ambition de notre chef eût borné cette campagne à prendre Riga, fortifier Witepsk et Smolensk, et surtout à organiser la Pologne, qu'il avait conquise toute entière, il n'y a pas de doute que le printemps suivant il n'eût forcé les Russes de se soumettre à ses conditions, ou bien de courir le risque presque certain de voir détruire à la fois Pétersbourg et Moscou, puisqu'alors l'armée française se trouvait à une égale distance de ces deux capitales. Mais, au lieu d'adopter ce plan judicieux, Napoléon, qui dévorait l'avenir, se rappelant l'heureuse issue de ses dernières campagnes, où toujours il dicta la paix dans le palais même des souverains qu'il avait vaincus, fut trompé par l'éclat de ses anciens traités : ces souvenirs glorieux l'enhardirent à tel point, qu'il dédaigna les conseils de la sagesse, et voulut, quoiqu'à six cents lieues de la France, n'ayant plus que des chevaux ruinés, sans vivres, ni magasins, ni hôpitaux, s'aventurer sur la route déserte de Moscou; enfin, pour dernière preuve d'imprudence, il laissa sur ses derrières une armée russe, cantonnée dans la Moldavie, et prête à marcher contre nous aussitôt que le traité de paix, déjà conclu avec la Porte Ottomane, aurait été ratifié.

Cette armée ayant cessé ses hostilités contre les Turcs, était alors commandée par l'amiral Tschikagow, et sans cesse détachait de nouvelles troupes pour renforcer l'armée de Wolhynie, opposée au corps du prince Schwartzenberg. Napoléon, abusé par une trompeuse alliance, crut que les Autrichiens, obéissant à ses ordres, repousseraient les corps de Tormasow, de Ertel et de Sacken, à la même hauteur où nous avions rejeté celui de Barclay de Tolly, et que, par conséquent, ces alliés ravageant l'Ukraine, pénétreraient dans les gouvernemens de Kiow et de Kaluga, et se réuniraient à nous au moment où nous entrerions à Moscou. Mais leur peu de sincérité, et surtout les opérations des généraux russes, firent échouer ce grand plan; tour à tour vainqueurs et vaincus, les combattans ne firent que manœuvrer; et, selon les nouvelles de la Grande-Armée, se cédèrent mutuellement le terrain qu'ils avaient abandonné. Ainsi la forteresse de Bobruïsk ne fut point rendue, et les Autrichiens ne virent jamais les rives du Borysthène.

En partant de Smolensk (23 septembre) on fut à Volodimerowa, village placé sur la route : à sa droite, est un château en bois situé sur une éminence, et dont les bas-fonds ne sont que des marais. Tout portait à croire que l'intention du prince était de marcher sur Doukhovchtchina, pour se rabattre ensuite vers Doroghobouï, où se trouvait le centre de la Grande-Armée; mais le général Grouchy, qui nous précédait avec sa cavalerie, annonça qu'il avait repoussé l'ennemi à plus de vingt lieues de distance. Alors le Vice-Roi (24 août) pouvant se dispenser d'aller à Doukhovchtchina, se décida à faire chercher une route qui conduisît directement sur celle de Doroghobouï; il la trouva, après avoir passé par un fort bon chemin, que les Russes tracèrent en effectuant leur retraite.

Cette marche nous fit traverser un excellent pays ; on voyait, chose étonnante, des bestiaux paître dans la campagne, des habitans dans les villages, et des maisons qui n'avaient point été saccagées. Le soldat étant dans l'abondance, oubliait ses fatigues, et ne songeait pas à la longueur d'une marche qui durait depuis plusieurs heures. Enfin nous arrivâmes sur le soir à Pologhi, village peu éloigné de la grande route que nous cherchions. Le lendemain matin (25 août) nous traversâmes le Vop, petite rivière qui eût attiré notre attention, si nous eussions pu prévoir qu'un jour elle nous serait bien fatale ! On eût pu cependant augurer ce qu'elle serait dans l'hiver, par la difficulté que nous eûmes à la traverser au milieu de l'été : son lit était fort profond, et les rampes qui y conduisaient tellement escarpées, que l'artillerie ne put passer qu'avec beaucoup de peines, et en doublant l'attelage des pièces.

En continuant notre marche, nous revîmes le Borysthène dont les alentours marécageux et couverts de bois, touchaient presque à la colline sur laquelle était le chemin que nous parcourions. Une lieue plus loin, on aperçut les hautes tours du beau château de Zazélé ; de loin elles donnaient à ce bâtiment l'apparence d'une ville : tout près de là était un lac, où se rafraîchissait la cavalerie du général Grouchy, qui, arrivée avant nous, campait autour du château de Zazélé.

De ce point, le Vice-Roi envoya des officiers à Doroghobouï, où se trouvait Napoléon ; mais quoique le général Grouchy eût poussé fort loin son avant-garde, on ignorait encore que les communications fussent libres jusqu'à cette ville. Aussi les officiers envoyés en mission traversèrent le Borysthène sous Zazélé, et rejoignant la route de poste de Smolensk, arrivèrent sans danger à Doroghoboui, où l'état-major de la Grande-Armée avait établi son quartier-général.

Ce bourg, placé sur une hauteur, offrait une position militaire qui pouvait fermer le passage de deux grandes routes aux armées qui, de Smolensk, auraient voulu marcher sur Moscou; malgré ces avantages, la ville ne fut que faiblement défendue, tant les Russes avaient éprouvé de pertes aux combats de Smolensk et de Valontina! Notre corps était sur le point d'entrer dans Doroghoboui, lorsqu'un officier d'ordonnance de Napoléon remit des dépêches au Vice-Roi: dès que ce Prince en eut pris lecture, il fit chercher, aux environs du lieu où nous étions, un site favorable pour le campement de ses divisions. Le manque d'eau ayant fait pousser jusqu'auprès de Mikaïlovskoé, on s'établit tout près de ce village (26 août): derrière nous était la cavalerie, au centre l'infanterie de la garde royale, et sur nos flancs les deux divisions françaises faisant partie de notre corps.

A une lieue de Mikaïlovskoé, on traversa deux villages situés dans des vallées marécageuses; nous entrâmes ensuite dans la plaine qu'arrose le Borysthène, et suivîmes le chemin qui conduit à Blaghové, où devait s'effectuer le passage du fleuve, laissant à notre droite des collines cultivées, sur lesquelles se trouvaient plusieurs villages. La fumée qui sortait des maisons faisait augurer qu'elles n'avaient point été abandonnées; on voyait de loin leurs paisibles habitans courir sur le sommet des monts, et observer avec anxiété si nous ne venions pas troubler la paix de leurs chaumières.

Les sources du Borysthène étant peu éloignées de Blaghové, ce fleuve n'a vers ce point qu'une très-petite largeur; nous le passâmes à gué facilement, et l'artillerie n'éprouva de difficultés qu'à franchir ses bords, qui, comme ceux de toutes les rivières de la Russie, sont extrêmement élevés, afin de contenir les eaux qui surviennent durant la fonte des neiges.

Le Vice-Roi ne s'éloigna de celle-ci que lorsque ses troupes l'eurent traversée. Le quatrième corps, formant l'extrême gauche de la Grande-Armée, était obligé de marcher par des chemins peu frayés. Pour empêcher de s'égarer, le prince ordonna au général Triaire, commandant l'avant-garde, de jaloner la route par des dragons laissés en vedettes : cette sage prévoyance fut salutaire aux détachemens, et surtout aux hommes isolés, qui, n'ayant plus d'incertitude sur la route qu'ils devaient suivre, arrivèrent tous à Agopochina. Auparavant ces malheureux, laissés en arrière, se trouvaient au milieu des forêts ou dans des plaines immenses, toutes entrecoupées par des sentiers d'égale largeur, ne sachant point la langue du pays, et ne trouvant même personne à qui parler; ils erraient dans de vastes solitudes, et tôt ou tard périssaient de misère, ou par le fer des paysans exaspérés contre nous.

Le village d'Agopochina, où l'on s'arrêta (27 août), est remarquable par un vaste château et par une belle église en pierre, dont les quatre façades sont ornées de quatre péristyles; le sanctuaire, construit selon le rit grec, était d'une grande richesse et orné de plusieurs peintures, qui nous rappelèrent celles que les Grecs apportèrent de Constantinople, lorsqu'ils vinrent au quatorzième siècle fonder en Italie des écoles de peinture. Ce fut dans ce village que le commandant Sevelinge, nouvellement arrivé à notre état-major, fut expédié au roi de Naples avec des dépêches importantes. Le Roi n'ayant point reçu ces dépêches, et le commandant n'étant plus reparu, nous eûmes alors la triste certitude qu'il était tombé entre les mains des kosaques.

Le lendemain (28 août), nous continuâmes à flanquer la gauche de la grande route, en marchant toujours à peu près à la même hauteur que les corps du centre. Le chemin que nous suivions ne pouvait jamais avoir été fréquenté par aucune armée; il était étroit, coupé par de fréquens ravins, et souvent si resserré, qu'il ressemblait à un sentier tracé pour diviser les terres. Arrivés à un village inconnu, nous trouvâmes trois directions; l'une devant nous, l'autre à notre droite, et la troisième à gauche; c'est la dernière qu'il fallut suivre : après deux heures de marche, elle nous conduisit à un château abandonné, situé à une lieu en deçà de Béreski.

De grand matin (29 août), on partit des environs de ce château, avec un brouillard très-épais. Les haltes fréquentes que faisait faire le Vice-Roi, et les reconnaissances qu'il envoyait sur sa droite, comme pour entendre si l'on tirait le canon sur la grande route, donnèrent à comprendre qu'il était impatient de savoir si Napoléon n'éprouvait pas d'obstacles dans sa marche.

Nous approchions en effet de Viazma. Cette petite ville, qui en est une grande pour la Russie, était dans une position avantageuse à l'ennemi : située aux sources de la rivière qui porte son nom, elle se trouve entourée de ravins, et assise sur un beau plateau qui domine également la plaine et l'ouverture du défilé par où passe la route de Smolensk. Les

Russes profitèrent peu de ces avantages ; ils ne défendirent la position que faiblement, et après un léger combat, ils mirent le feu aux principaux édifices, et se retirèrent. Nous arrivâmes au moment où Viazma était la proie des flammes. Bien qu'on fût accoutumé aux incendies, on ne put néanmoins s'empêcher de jeter un regard de pitié sur cette malheureuse ville, jadis peuplée de dix mille habitans. Quoique nouvellement fondée, elle avait plus de seize églises; ses maisons, toutes neuves et construites avec élégance, étaient enveloppées dans des tourbillons de fumée, et leur destruction excitait en nous d'autant plus de regrets, que depuis Witepsk nous n'en avions point vu de plus jolies plus agréables.

Le Vice-Roi resta dans la plaine où il fit halte pendant plus de deux heures. Placés sur un tertre, nous distinguions parfaitement les progrès de l'incendie, et entendions les coups de canon réitérés qu'on tirait sur l'ennemi par delà la ville. Une cavalerie nombreuse et qui débouchait de toute part, campait aux environs. Alors le prince Eugène ayant reçu des ordres de l'Empereur, franchit la Viazma, qui sur ce point n'est qu'un faible ruisseau, et appuyant sur sa gauche, fut à la rencontre de ses troupes qu'il avait devancées, et dont la marche avait été retardée par le passage de cette rivière. Nous rencontrâmes ensuite une autre branche dont les approches étaient si fangeuses qu'il était impossible de la passer à gué sur aucun point : il fallut alors la remonter jusqu'à ce qu'on eût trouvé un mauvais pont; de là on parvint au sommet d'une colline, d'où l'on apercevait au loin un fort beau château, formé par quatre pavillons et une belle église. En y entrant, nous apprîmes que ce village s'appelait Novoé, mais le château venait d'être saccagé par la cavalerie légère

Nous séjournâmes dans ce village (30 août), ayant à gauche la garde royale et la quatorzième division; quant à la treizième, elle était en avant; l'artillerie de ces divisions, placée en batterie, faisait front aux différens chemins par où l'on soupçonnait que l'ennemi pouvait se présenter L'Empereur également fit séjour à Wiazma; là il fit marcher en tête le troisième corps pour appuyer le roi de Naples, qui toujours poursuivait l'ennemi sur la route de Moscou sans pouvoir le contraindre à une action sérieuse.

La cavalerie bavaroise du général Preyssing rejoignit le quatrième corps lorsqu'on allait se porter en avant (31 août) : le Vice-Roi et l'état-major firent route avec elle. En chemin, on rencontra deux jolis châteaux, mais entièrement ravagés. Nous fîmes halte au second, et parcourûmes un beau parc, dont les promenades étaient très-agréables; les pavillons avaient été fraîchement décorés, mais ils n'offraient plus que l'image de la plus affreuse destruction; partout on ne voyait que des meubles brisés; des morceaux de porcelaines précieuses étaient épars dans le jardin, et des gravures d'un grand prix, arrachées de leurs cadres, se dispersaient au gré des vents.

Le Vice-Roi avait poussé sa marche bien plus loin que le château de Pakrow; mais voyant que l'infanterie était de beaucoup en arrière, il revint sur ses pas et s'établit dans ce château, où l'on trouva quelques provisions, et surtout quantité d'avoine en paille et de l'excellent fourrage.

Depuis les affaires de Witepsk, le quatrième corps ne s'était plus rencontré avec l'ennemi, et n'avait pas même aperçu de ces détachemens de kosaques, qui, dans la première campagne de Pologne, ne cessèrent de harceler nos troupes et d'intercepter les bagages; mais après avoir dépassé Viazma, il fallut aller d'une manière plus circonspecte.

En effet, nous avions presque la certitude qu'on ne tarderait pas à éprouver de la résistance : le lendemain (1er. septembre), n'étant qu'à moitié de notre marche accoutumée, notre avant-garde fut arrêtée par les kosaques; deux ou trois coups de canon furent le signal de cette rencontre. Aussitôt, le prince Eugène fit ranger en bataille la cavalerie de la garde italienne; éclairée par un grand nombre de tirailleurs, elle chassa devant elle les escadrons ennemis qui se retiraient à mesure que nous avancions. Ils continuèrent d'agir ainsi jusqu'aux environs de Ghiat, dont l'Empereur venait de s'emparer. Au dessus de cette ville était une petite rivière qu'ils traversèrent, et, un instant après, comme pour nous observer, ils se mirent en bataille sur le plateau qui dominait la plaine par laquelle nous arrivions. Le Vice-Roi, après m'avoir fait sonder les gués qui pouvaient faciliter le passage de la rivière, ordonna aux troupes bavaroises de la traverser sur l'endroit qui avait été reconnu, et qui se trouvait précisément entre deux petits villages occupés par les kosaques: ceux-ci n'eurent pas plutôt aperçu ce mouvement, qu'ils abandonnèrent les villages et le plateau, dont la cavalerie bavaroise, suivie de son artillerie, ne tarda pas à prendre possession. Arrivés sur cette hauteur, nous vîmes que de tous côtés l'ennemi prenait la fuite: aussitôt on le poursuivit avec ardeur; mais comme la nuit approchait, notre corps alla s'établir dans le petit

SMOLENSK.

village de Paulovo, situé à une demi-lieue de Ghiat.

Le grand quartier-général ayant passé trois jours dans cette ville, nous nous arrêtâmes à Paulovo et Worémiowo (2 et 3 septembre) : là, on publia un ordre du jour, par lequel l'Empereur, en accordant du repos à l'armée, l'invitait à en profiter pour se procurer des vivres, nettoyer ses armes, et se préparer à une bataille que l'ennemi semblait vouloir accepter. Enfin, on engageait les détachemens envoyés en maraude à rentrer le lendemain au soir, s'ils ne voulaient être privés de l'honneur de combattre.

LIVRE IV.

LA MOSKWA.

Depuis la prise de Smolensk, l'empereur Napoléon n'ignorait point que la Russie, ayant conclu la paix avec les Turcs, aurait bientôt à sa disposition toute l'armée de Moldavie : malgré cette assurance, et contre l'avis de ses meilleurs généraux, il poursuivait toujours ses conquêtes sans s'inquiéter de l'avenir. Mais ce qui aurait dû lui faire concevoir que cette armée ne tarderait pas à l'attaquer, fut la nouvelle qu'il reçut à Ghiat de l'arrivée du général Kutusoff, vainqueur glorieux de la puissance ottomane, et venu du Danube pour prendre le commandement en chef, confié jusqu'alors au comte Barclay de Tolly.

Ce général, désigné par tous les Moscovites comme l'espoir de la patrie, exerça ses nouvelles fonctions le 29 août à Czarévo-Saïmiché. Les officiers et soldats reconnurent pour leur chef ce vieux guerrier si célèbre dans les annales de la Russie; les habitans de Ghiat nous racontèrent que sa vue avait été pour toute l'armée un sujet de joie et d'espérance. En effet, à peine arrivé, il annonça que bientôt on ne rétrograderait plus, et dans la vue de sauver Moscou, dont nous n'étions qu'à quatre journées de marche, il choisit entre Ghiat et Mojaïsk une forte position, où l'on pût livrer une de ces mémorables batailles dont les résultats décident souvent du sort des empires. De part et d'autre, on croyait avoir tout ce qu'il fallait pour vaincre. Les Russes étaient animés pour la défense de leur patrie, de leurs foyers, de leurs enfans; mais nous, accoutumés à triompher, pleins de ces idées de grandeur et d'héroïsme qu'inspiraient nos succès, nous ne demandions qu'à combattre; et par l'effet de cette supériorité que le courage donne sur le nombre, nous calculions la veille de la bataille quels seraient pour le lendemain les fruits de la victoire.

L'état-major venait d'entrer dans le village de Woremiewo où était un beau château, appartenant au prince Kutusoff, lorsque le Vice-Roi, accompagné de plusieurs officiers, voulut aller parcourir les environs. Il avait à peine marché un quart-d'heure qu'il reconnut que toute la plaine était remplie de kosaques; ceux-ci s'avancèrent comme pour charger le groupe qui était autour de sa personne; mais à la vue de quelques dragons qui formaient notre escorte, ils s'enfuirent, et ne reparurent plus autour de Wo-, remiewo.

Tandis que nous séjournions dans ce village, des soldats du 106ᵉ. régiment, allant en maraude, rencontrèrent, dans une chaise de poste, un officier et un chirurgien russes; amenés à l'état-major, le premier déclara qu'il venait de Riga, sa patrie, et qu'il allait rejoindre le quartier-général de Kutusoff, qui, depuis quelques jours, avait remplacé Barclay de Tolly. Quoique cet officier fût décoré et d'une bonne famille de la Livonie, le Prince ne voulut pas le voir, soupçonnant avec raison qu'il s'était exposé à se laisser prendre, dans l'espérance de venir lui-même épier nos manœuvres. Plusieurs paysans, surpris au milieu des champs, et surtout le voisinage de Mojaïsk, où l'on savait que l'ennemi était retranché, semblaient changer ces conjectures en véritables certitudes.

Après avoir passé deux jours dans Woremiewo, nous en partîmes (4 septembre), et traversâmes des forêts, où l'on nous dit que les kosaques avaient été rencontrés. Les rapports de l'avant-garde confirmant cette nouvelle, obligèrent le Vice-Roi à faire faire halte dans une plaine que nous trouvâmes au sortir d'un bois, et où tout notre corps fut rassemblé. Le Prince s'étant mis à la tête de la cavalerie, faisait marcher l'infanterie immédiatement après ; derrière était la garde, placée en réserve : ce fut dans cet ordre que nous allâmes au-devant de l'ennemi. Arrivés près du petit village de Louzos, nous fûmes arrêtés par un ruisseau ; les kosaques, rassemblés sur l'autre rive, semblaient vouloir se former en escadrons pour s'opposer à notre passage : mais notre cavalerie ayant remonté le ravin, les Russes craignirent alors d'être chargés sur leurs derrières, et prirent le parti de battre en retraite.

Pendant toute notre marche, nous n'avions cessé d'entendre sur notre droite une forte canonnade, ce qui semblait annoncer qu'on était peu éloigné du chemin par où marchait Napoléon ; en regardant sur cette direction, on voyait de près la fumée de l'artillerie et plusieurs villages en feu ; auprès de la maison de poste, appelée Ghridneva, était un immense ravin qui coupait la grande route, et du côté opposé au nôtre s'élevait un plateau où les Russes établirent des batteries à la suite d'un combat sanglant, qui avait eu lieu dans la journée.

L'ennemi s'étant aperçu que le quatrième corps débouchait par sa droite, nous fit observer par une nombreuse cavalerie, mais qui se retirait à mesure que le canon tirait sur elle. Cette cavalerie, ayant paru vouloir s'arrêter vers la pointe d'un bois, le Vice-Roi ordonna au colonel Rambourg, du 3e. chasseurs italiens, de marcher sur elle et de la charger. Ces kosaques, qui sans doute faisaient partie des troupes régulières, virent ce mouvement sans s'effrayer; et lorsque les chasseurs étaient sur le point de les déborder, ils sortirent du bois, en criant *hourra! hourra!* cri devenu fameux, et dont les Tartares se servent quand ils courent sur leurs ennemis. Les chasseurs italiens les reçurent sans s'ébranler, la mêlée fut très-vive, mais elle ne dura qu'un instant; les kosaques ayant vu s'avancer les chevau-légers bavarois, lâchèrent prise, et nous laissèrent quelques prisonniers.

Cependant les Russes, conservant leurs positions, du haut d'un plateau faisaient un feu très-vif sur notre corps qui s'avançait; plusieurs boulets tombèrent au milieu d'un groupe d'officiers de notre état-major. Malgré cela nous parvînmes jusqu'au grand ravin, et opérâmes notre jonction avec l'avant-garde de la Grande-Armée, commandée par le roi de Naples. A son aigrette blanche, nous reconnûmes de loin ce monarque, qui, à la tête des siens, se faisait remarquer comme le plus intrépide soldat.

Aussitôt que le prince Eugène se fut assuré que

le roi de Naples était là, il se rendit auprès de lui pour combiner ses manœuvres avec les siennes; le lieu de leur conférence ne fut point changé, et tous deux s'entretinrent paisiblement au milieu des batteries, voyant avec sang-froid tomber, sous les coups de l'ennemi, plusieurs des personnes qui les entouraient.

Aux approches de la nuit, nous retournâmes à Louzos, où nous n'eûmes pour abri que de misérables granges recouvertes en paille. La faim redoublait notre lassitude, et l'on n'avait rien pour la calmer. Cependant nous touchions au camp retranché de Mojaïsk, où Kutusoff prétendait nous vaincre; et certes, il y serait parvenu, si, sans livrer bataille, il eût pu seulement nous arrêter quelques jours devant cette ligne formidable.

La position de Ghridneva, que les Russes avaient défendue la veille, fut évacuée dans la nuit. Le roi de Naples, ardent à les poursuivre (5 septembre), se porta rapidement en avant; le quatrième corps, qui continuait à flanquer la gauche de l'armée, longea la grande route, se tenant toujours à la distance d'environ une lieue. Au sortir d'une forêt, infestée de kosaques, nous traversâmes plusieurs villages qu'ils avaient ravagés. La désolation que ces barbares portaient avec eux pouvait facilement aider à suivre leurs traces. Arrivés au pied d'une colline, nous aperçûmes sur la hauteur quelques-uns de leurs escadrons rangés en bataille, autour d'un très-beau château qui dominait les environs.

Le Vice-Roi fit avancer vers ce point les Bavarois, qui, malgré les difficultés du terrain, arrivèrent sur la hauteur dans le plus grand ordre; mais, à mesure que ces alliés s'avançaient, les ennemis se retiraient, et ce fut en descendant le revers de la colline, que nos artilleurs tirèrent sur eux plusieurs coups de canon, avec les pièces qu'on était parvenu à placer sur la terrasse du château. En les suivant à travers le bois, nous arrivâmes sur un lieu découvert, d'où l'on voyait parfaitement défiler les longues colonnes russes qui, chassées par nos troupes, s'emparaient d'un immense plateau, éloigné d'environ une demi-lieue, et où l'on assurait que le prince Kutusoff voulait enfin tenter le sort des armes. Sur notre droite, on voyait au-dessous de nous l'abbaye de Kolotskoï, dont les grosses tours donnaient à ce bâtiment l'apparence d'une ville. Les tuiles colorées dont il était couvert, frappées par les rayons du soleil, brillaient à travers l'épaisse poussière que faisait notre immense cavalerie, et servaient à faire ressortir davantage la teinte sombre et sauvage répandue sur toute la campagne voisine; car les Russes se proposant de nous arrêter devant cette position, dévastèrent d'une manière horrible toute la plaine où nous devions camper. Les blés en herbe avaient été coupés, les forêts abattues, les villages brûlés; enfin nous n'avions rien à manger, rien pour nourrir les chevaux, rien pour nous abriter.

Nous fîmes halte sur une colline, tandis que le centre de l'armée poursuivait l'ennemi avec ardeur, et l'obligeait à se retirer sur le plateau où il s'était retranché. On resta dans cette inaction jusque vers les deux heures après midi; à cette heure-là, le Vice-Roi, suivi de son état-major seulement, fut reconnaître les approches de la position des Russes. Nous commencions à peine à parcourir la ligne, que nos dragons, placés en tirailleurs, annoncèrent l'arrivée de l'Empereur: aussitôt son nom, volant de bouche en bouche, fit que chacun s'arrêta pour l'attendre: il ne tarda pas à se présenter, suivi de ses principaux officiers, et fut se placer sur une hauteur, d'où l'on pouvait facilement apercevoir le camp ennemi. Napoléon ayant long-temps observé cette position, examina attentivement tous les lieux circonvoisins, et se mit à frédonner quelques paroles insignifiantes; puis il s'entretint avec le Vice-Roi, et remontant à cheval,

9

il partit au galop, et alla se concerter avec les autres chefs de corps d'armée pour commencer l'attaque.

Pendant ce temps-là, le prince Eugène ordonna qu'on fit avancer les divisions Delzons et Broussier; la garde italienne, laissée en arrière, fut placée en réserve. Ces deux divisions étaient à peine arrivées sur le plateau, opposé à celui des Russes, qu'une vive fusillade s'engagea sur notre droite, entre les tirailleurs de la division Gérard (troisième division, premier corps) et ceux de l'ennemi; d'abord les nôtres s'avancèrent assez près du ravin qui séparait les deux armées; mais des forces nombreuses les obligèrent à se retirer.

Les Russes, vers notre extrême droite, avaient une redoute située entre deux bois dont le feu meurtrier portait la consternation dans nos rangs. Ils l'avaient construite pour fortifier l'aile gauche, qui était le côté faible de leur camp retranché. Napoléon le comprit, et dès lors il ne fut plus question que de prendre cette redoute: l'honneur en fut confié aux soldats de la division Compans (cinquième division, premier corps); ces braves marchèrent avec une intrépidité qui nous garantit le succès de l'entreprise. Dans cet intervalle le prince Poniatowski manœuvra sur notre droite avec la cavalerie, pour tourner la position; lorsqu'il fut à la hauteur convenable, la division Compans attaqua la redoute, et parvint à l'enlever après une heure de combat. L'ennemi, complètement battu, abandonna les bois voisins, et courut en désordre vers le grand plateau, rejoindre le centre de son armée.

La division Compans en se rendant digne d'une si belle entreprise, acheta cet honneur par des pertes considérables. Environ mille de nos soldats payèrent de leur sang cette importante position, dont plus de la moitié restèrent morts dans les retranchement qu'ils avaient glorieusement enlevés. Aussi le lendemain L'Empereur, passant en revue le 61°. régiment qui avait le plus souffert, demanda au colonel ce qu'il avait fait d'un de ses bataillons: *Sire*, répondit-il, *il est dans la redoute.*

Cette position enlevée ne décidait en rien du succès de la bataille: avant de la commencer, Napoléon voulait manœuvrer et tourner l'aile gauche des Russes; mais ceux-ci, pour prévenir notre attaque, avaient mis tout le corps de Tutschkoff (troisième) et les milices de Moscou en embuscade derrière d'épaisses broussailles qui couvraient leur extrême gauche, tandis que les 2°. 4°. et 6°. corps ennemis, formaient en arrière deux lignes d'infanterie protégées par les redans qui liaient les bois à la grande redoute. Malgré ces obstacles nos voltigeurs recommencèrent le combat avec un nouvel acharnement, et quoique le jour fût sur le point de finir, le feu de part et d'autre continuait avec une égale furie. En même temps, plusieurs villages incendiés sur la droite répandirent au loin une affreuse clarté; les cris des combattans, le fer et la flamme que vomissaient cent bouches d'airain, portaient partout le ravage et la mort; les soldats de notre corps, tous rangés en bataille, recevaient, l'arme au bras, des coups meurtriers; et tous, sans s'ébranler, resserraient les rangs aussitôt qu'un boulet de canon enlevait quelques-uns de leurs camarades.

La nuit, en devenant plus sombre, ralentit la fusillade sans ralentir notre ardeur; car chacun, incertain des coups qu'il portait, pensa qu'il valait mieux réserver ses forces et ses munitions pour le lendemain. A peine eûmes-nous cessé de tirer, que les Russes, campés comme sur un amphithéâtre, allumèrent des feux nombreux. Leur clarté resplendissante et presque symétrique, donnait à cette colline un aspect enchanteur, et formait un grand contraste avec nos bivacs, où le soldat privé de bois, reposait au milieu des ténèbres, n'entendant autour de lui que le gémissement des malheureux blessés.

Notre quartier-général s'établit à l'endroit même où la garde italienne était placée en réserve. Chacun, couché dans des broussailles, se reposait des fatigues de la journée, et dormait profondément, malgré un vent impétueux et une pluie très-froide. Vers minuit je fus réveillé pour me rendre auprès de notre chef d'état-major, qui me prévint que l'Empereur voulait avoir le plan du terrain où nous étions campés; je le remis au Vice-Roi, qui sur le champ l'expédia à Napoléon. Le lendemain, à la pointe du jour (6 septembre), le Prince m'ordonna de rectifier ce même plan, en parcourant toute la ligne, et en cherchant à me rapprocher de l'ennemi autant que possible, afin de découvrir les accidens du terrain sur lequel il était retranché, et surtout de bien observer s'il n'y avait pas des batteries masquées, ou des ravins qui nous fussent inconnus (1).

D'après ces instructions j'allai en avant, et je reconnus que le camp des Russes était situé derrière la rivière de Kologha, sur un plateau très-resserré; que sa gauche était fort affaiblie par la perte de la redoute que nous

---

(1) Le plan qui se trouve ici, a été gravé d'après celui dont le Vice-Roi fit usage le jour de la bataille.

avions enlevée le jour précédent. Vis-à-vis de nous était le village de Borodino, position extrêmement forte (1), située au confluent que formait un petit ruisseau avec la Kologha. Sur le plateau étaient deux grandes redoutes, éloignées d'environ six cents toises l'une de l'autre. Celle du milieu, la veille, avait fait feu contre nous ; celle de gauche circonscrivait les ruines d'un hameau qu'on avait détruit pour y placer de l'artillerie. Cette dernière communiquait avec Borodino, par trois ponts construits sur la Kologha : ainsi ce village et un petit ruisseau qui le séparait de nous, servaient à l'ennemi de première ligne.

(1) Napoléon dit, dans le bulletin de la bataille de la Moskwa : *Le Vice-Roi, qui formait notre gauche, attaque et prend le village de Borodino, que l'ennemi ne pouvait défendre.* Le prince Kutusoff écrivait au contraire à l'Empereur Alexandre : *la position que j'ai choisie dans le village de Borodino, est une des meilleures que l'on puisse trouver dans un pays de plaine. Il serait à désirer que les Français voulussent m'attaquer dans cette position.* Nous l'attaquâmes effectivement, et elle fut si bien défendue, que le général Plausonne ainsi que le colonel d'artillerie Demay, officiers de notre corps, y furent tués dès le principe de l'action. Les Russes ont donné à cette sanglante journée le nom de *bataille de Borodino.*

Sur notre extrême gauche, la cavalerie italienne avait franchi ce ruisseau; mais Borodino, placé sur une hauteur, restait gardé par un corps nombreux de troupes russes. Tout ce terrain était sous le feu de leurs principales redoutes, et sous celui de plusieurs autres plus petites masquées, le long de la rivière. Quant à notre droite, on sait que nos succès de la veille nous avaient permis de nous approcher de l'extrême gauche de l'ennemi, et de faire avancer la majeure partie de nos troupes tout près du plateau où se trouvait sa grande redoute.

Nous passâmes le reste de la journée à bien reconnaître la position des Russes : le général Danthouard fit reconstruire des fortifications qui avaient été placées trop en arrière; et sur la gauche on construisit aussi des épaulemens propres à mettre des pièces en batterie. Enfin, tout était prêt pour en venir à une affaire décisive, lorsque, vers le soir, l'Empereur envoya aux chefs de corps une proclamation, avec l'ordre de ne la lire aux soldats que le lendemain, en supposant qu'on se battît. Car, quoique la position fût belle et forte, l'ennemi avait éludé si souvent la bataille, qu'il était à craindre qu'il ne fît encore comme il avait fait à Witepsk et à Valontina; mais ici la continuité des marches et l'éloignement de nos réserves avaient égalisé les forces des deux partis (1) : d'ailleurs une nécessité extrême obligeait les Moscovites de combattre, puisqu'il s'agissait de sauver leur capitale, dont nous n'étions qu'à vingt-six lieues de distance. La fatigue de nos soldats, l'épuisement de nos chevaux semblaient promettre aux Russes une victoire facile. De notre côté on la croyait de même assurée, puisque nous nous trouvions dans une situation où il fallait absolument vaincre ou périr, et cette idée, dont nous étions tous convaincus, donnait à tous un tel courage, que, malgré la force de l'armée russe, malgré ses inexpugnables retranchemens, chacun regardait notre entrée à Moscou comme infaillible et prochaine.

Quoique nos travaux, en nous accablant de lassitude, nous fissent un besoin du sommeil, il était cependant parmi nous des hommes qui, passionnés pour la gloire, ne pouvaient prendre du repos qu'autant que leur exaltation les laissait tranquilles ; ceux-là veillaient !..... et dans l'ombre d'une nuit avancée, lorsque les feux presqu'éteints des soldats endormis faisaient encore rejaillir quelques rayons de clarté sur leurs armes rangées en faisceaux ; ces hommes, accoutumés

---

(1) Elles pouvaient s'élever de part et d'autre de 120,000 à 130,000 hommes.

à méditer, réfléchissaient sur le merveilleux de notre expédition, sur les résultats d'une bataille qui pouvait décider du sort de deux empires puissans. Ils comparaient aussi le silence de la nuit au tumulte du lendemain; dans leur imagination, ils croyaient voir la mort planer sur tant de malheureux, mais une épaisse nuit leur empêchait de distinguer quelles en seraient les victimes. Eux-mêmes, un instant, songeaient à leurs parens, à leur patrie; l'incertitude de les revoir les plongeait dans la mélancolie. Tout-à-coup, avant le jour, le bruit du tambour se fait entendre, les officiers crient aux armes, les soldats les saisissent, et tous, rangés en bataille, n'attendent que le signal du combat. Alors les colonels se plaçant au milieu de leurs régimens, firent battre un ban, et chaque capitaine, entouré de sa compagnie, lut à haute voix la proclamation suivante:

« Soldats! voilà la bataille que vous avez tant
« désirée! Désormais la victoire dépend de vous,
« elle nous est nécessaire; elle nous donnera
« l'abondance, de bons quartiers d'hiver, et
« un prompt retour dans la patrie! Conduisez-
« vous comme à Austerlitz, à Friedland, à
« Witepsk, à Smolensk, et que la postérité
« la plus reculée cite avec orgueil votre con-
« duite dans cette journée; que l'on dise de

« vous : il était à cette grande bataille sous les
« murs de Moscou. »

Chacun demeura pénétré des vérités que renfermaient ces paroles énergiques, et l'on y répondit par des acclamations souvent réitérées. Les uns étaient excités par le désir d'acquérir de la gloire, les autres étaient flattés par l'espoir des récompenses, mais tous étaient bien convaincus que l'impérieuse nécessité nous imposait la loi de vaincre ou de mourir. Au sentiment de sa propre conservation se joignent ensuite les idées de devoir, de valeur; à cette seule pensée, l'ame se ranime, s'agrandit, et chacun se figure que ce jour mémorable pourra le placer au rang de ces hommes privilégiés, nés pour exciter l'envie de leurs contemporains et l'admiration de la postérité.

Tel était l'esprit de l'armée, lorsqu'à travers un épais brouillard nous vîmes sortir un soleil radieux qui devait éclairer, pour la dernière fois, un si grand nombre d'entre nous; l'on raconte qu'à cette vue, Napoléon cria à ceux qui l'entouraient : *Voilà le soleil d'Austerlitz!* L'armée agréa cet heureux présage, et se sentit électrisée par ce glorieux souvenir.

Les grandes manœuvres que faisaient, sur notre extrême droite, les premier et cinquième corps, commandés par le prince d'Eckmühl, prouvèrent clairement que le combat allait s'engager : les armées étaient en présence, les canonniers à leurs pièces, et tous n'attendaient pour agir que le signal convenu. Enfin, le 7 septembre, à six heures précises, un coup de canon tiré de notre grande redoute, annonça que l'affaire était commencée (1) : cent vingt pièces de canon mises en position sur notre extrême droite répondent à ce signal. Le général Pernetti, avec une batterie de trente pièces, se met en tête de la division Compans, et, longeant le bois, tourne les retranchemens de l'ennemi. A six heures et demie, le général Compans est blessé; à sept, le prince d'Eckmühl avait son cheval tué sous lui. Le duc d'Elchingen effectuait aussi son mouvement, et attaquait le centre de l'armée russe, sous la protection de soixante pièces de canon que le général Fouché avait mises en batterie la veille.

En même temps, la division Delzons marcha sur Borodino, auquel l'ennemi avait déjà mis le feu; nos soldats sur le champ franchirent le ruisseau et parvinrent au village, qu'ils enlevèrent à la bayonnette. On leur avait donné l'ordre de se borner à occuper la position; mais, emportés par cette ardeur si naturelle aux Fran-

(1) Voyez le plan du champ de bataille.

çais, ils franchirent la rivière de Kologha et s'emparèrent d'un des ponts qui joignait le village au plateau. Ce fut alors que le général Plausonne, voulant modérer le courage du 106e. régiment, courut au pont pour le rappeler : là une balle l'atteignit au milieu du corps. En cette occasion, on ne saurait trop célébrer le dévouement du 92e, qui, voyant que le 106e. s'était aventuré, traversa le pont de Borodino, et parvint à ramener ce régiment, qui, sans ce secours, allait être enlevé.

Pendant que la treizième division s'emparait de Borodino, la division Broussier, traversant la Kologha au dessous du plateau, parvint à se loger dans un ravin voisin de la grande redoute, d'où l'ennemi faisait un feu horrible. Ce jour-là, le Vice-Roi, outre le commandement de son corps, avait encore sous ses ordres les divisions Morand et Gérard (première et troisième du premier corps), ainsi que la cavalerie du général Grouchy. Vers les huit heures, la division Morand, qui était en bataille et formait l'extrême droite du quatrième corps, fut attaquée avec chaleur lorsqu'elle se préparait à marcher sur la redoute, mouvement qui devait être appuyé par celui de la division Gérard.

Le général Morand en soutenant les efforts des lignes ennemies, détacha sur sa gauche le

30e. régiment pour s'emparer de la redoute : cette position, par un prodige de valeur, fut enlevée ; alors notre artillerie couronna les hauteurs et reprit l'avantage que celle des Russes avait eu pendant plus de deux heures. Les parapets tournés contre nous durant l'attaque, nous devinrent favorables ; la bataille était perdue pour l'ennemi qu'il ne la croyait que commencée. Partie de son artillerie est prise, le reste est évacué sur ses dernières lignes. Dans cette extrémité, le prince Kutusoff voit que tout est perdu pour la Russie : voulant la sauver, et soutenir une réputation acquise par un demi-siècle de service, il harangue les généraux, ranime les soldats et renouvelle le combat, en attaquant avec toutes ses troupes les fortes positions qu'il venait de perdre : trois cents pièces de canon françaises placées sur ces hauteurs foudroient ces masses, et leurs soldats vaincus viennent mourir au pied de ces remparts qu'ils avaient élevés, et qu'ils regardaient comme le boulevard de Moscou, ville sainte et sacrée !

Mais le 30e. régiment, attaqué de tous côtés, ne put se maintenir dans la redoute qu'il avait enlevée ; en vain la troisième division, à peine rangée en bataille, accourut pour le secourir, il fallut céder devant des forces supérieures :

ainsi ce brave régiment, conduit par le général Bonnamy, ayant été enveloppé, fut contraint de se faire jour, et de revenir sans son chef rejoindre sa division, qui, toujours sur le plateau, soutenait, avec celle du général Gérard, tous les efforts des Russes.

Kutusoff, encouragé par le succès qu'il venait d'obtenir, avait fait avancer sa réserve pour tenter un dernier coup de fortune : la garde impériale en faisait partie. Avec tous ces secours réunis il attaqua notre centre, sur lequel avait pivoté notre droite; un moment nous craignîmes d'être enfoncés, et de perdre la redoute enlevée la veille, lorsque le général Friant, étant accouru avec quatre-vingt pièces de canon, arrêta et écrasa les colonnes ennemies, qui se tinrent pendant deux heures serrées sous la mitraille, n'osant pas avancer, ne voulant pas reculer; elles étaient dans cette incertitude, dont nous profitâmes sur-le-champ pour leur arracher la victoire qu'elles avaient cru tenir.

Le Vice-Roi saisit cet instant décisif, et vole vers sa droite pour ordonner l'attaque simultanée de la grande redoute, par les première, troisième et quatorzième divisions : les ayant fait ranger toutes trois en bataille, ces troupes s'avancèrent avec calme; elles approchaient même des retranchemens ennemis, lorsque ceux-ci, avec toutes leurs pièces, tirèrent à mitraille, et portèrent dans nos rangs le ravage et la consternation. Nos soldats furent d'abord ébranlés par cette fatale réception; le prince, qui s'en aperçut, ranima leur courage, en rappelant à chacun de ces régimens la gloire dont ils s'étaient couverts dans diverses circonstances, disant à l'un : *Conservez cette bravoure qui vous a valu le titre d'invincible.* Aux autres : *Songez que votre réputation dépend de cette journée;* puis, se tournant vers le 9e. de ligne, il dit avec émotion : *Braves soldats, souvenez-vous qu'à Wagram vous étiez avec moi lorsque nous enfonçâmes le centre de l'ennemi.* Par ces paroles, mais encore plus par son exemple, il enflamma à tel point leur valeur, que tous, en poussant des cris de joie, marchèrent de nouveau sur la redoute. Le Vice-Roi, parcourant la ligne, ordonnait l'attaque avec sang-froid, et la dirigeait lui-même en excitant la division Broussier, tandis que le général Nansouty, à la tête de la première division de grosse cavalerie du général Saint-Germain, chargeait vigoureusement ce qui se trouvait à droite de la redoute, et balayait la plaine jusqu'au ravin d'un village brûlé. La brigade des carabiniers, aux ordres des généraux Paultre et Chouard, marchait également en tête, enfonçant tout ce qui osait lui résister; elle se couvrit de gloire, ainsi que les chasseurs du général Pajol.

A l'instant une brigade de cuirassiers (1), appartenant au corps du général Monbrun, s'élança sur cette même redoute, et offrit à nos regards étonnés un spectacle merveilleux (2); toute cette hauteur qui nous dominait, sembla ne plus former qu'une montagne de fer mouvante : l'éclat des armes, des casques et des cuirasses frappés par les rayons du soleil, se mêlait à la flamme des canons; qui, de tous côtés, vomissant la mort, donnaient à la redoute la forme d'un volcan au milieu d'une armée.

L'infanterie ennemie, placée près de là, derrière un ravin, fit une décharge si terrible sur nos cuirassiers, qu'elle les obligea de se retirer; sur-le-champ, nos fantassins prennent leur place; ils sont soutenus par la cavalerie du comte Grouchy, qui charge et culbute tout ce qui se trouve devant elle; les aides-de-camp, Turenne et Carbonel, sont blessés à côté de ce général; lui-même également ne tarda pas à être atteint; mais la redoute était à nous! nos troupes, en débordant les retranchemens, firent un horrible

(1) Où se trouvait le 5ᵉ régiment, faisant partie de la division Wattier.

(2) Voyez le plan du champ de bataille.

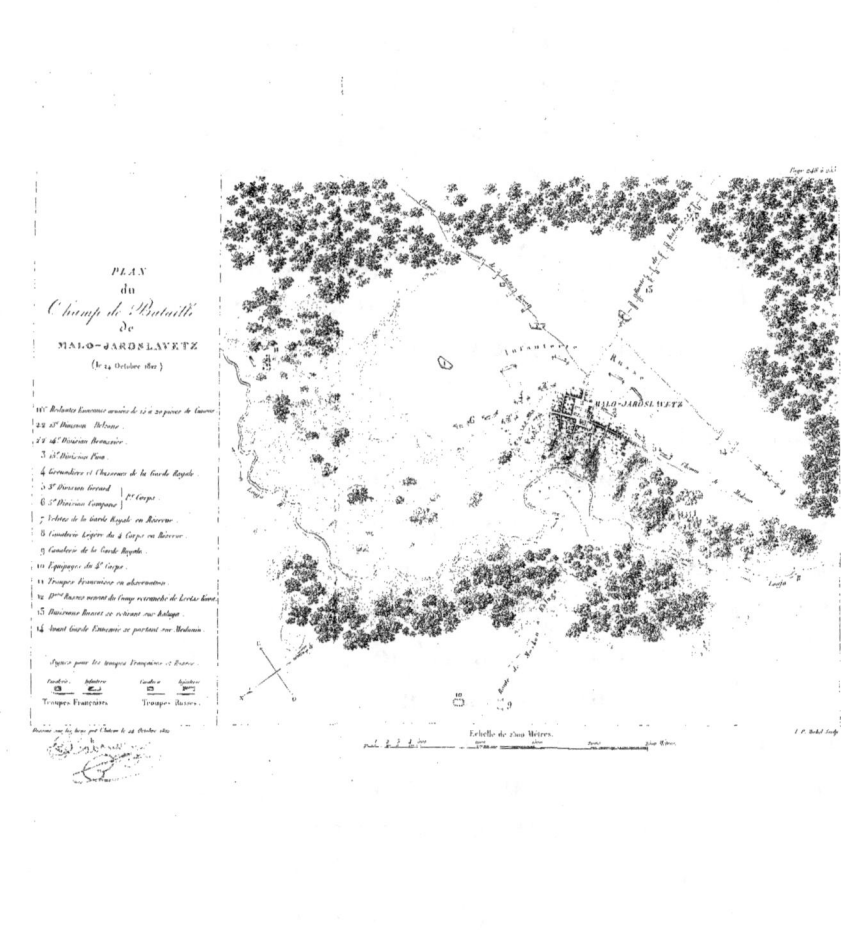

massacre des Russes, qui rivalisaient d'efforts pour empêcher de les reprendre.

Le Vice-Roi et son état-major, malgré le feu épouvantable de l'ennemi, restèrent à la tête de la division Broussier, suivie des 13e. et 30e. régimens, et courant sur la redoute, entrèrent par la gorge, et massacrèrent sur leurs pièces les canonniers qui les servaient. Cependant les Russes, témoins de cette attaque, firent marcher aussitôt les cuirassiers de la garde noble, pour tâcher de reprendre la position; c'était ce qu'ils avaient de meilleur dans toute leur cavalerie. Aussi le choc entre ces cuirassiers et les nôtres fut horrible, et l'on put juger de l'acharnement avec lequel on s'était battu, lorsque l'ennemi, en abandonnant le champ de bataille, le laissa couvert de morts appartenans aux deux partis. C'est au milieu de cette affreuse mêlée, glorieuse à jamais pour l'état-major du quatrième corps, que fut blessé le jeune Saint-Marcelin de Fontanes : il entra un des premiers dans la redoute, et reçut au-dessus de la nuque un grand coup de sabre : cette blessure lui valut la décoration, donnée sur le champ de bataille, récompense pour lui d'autant plus flatteuse, qu'il avait su l'obtenir dans un âge où l'on ne fait qu'entrevoir l'espérance de la mériter un jour.

L'intérieur de la redoute présentait un effrayant tableau; les cadavres étaient jonchés les uns sur les autres, et parmi eux beaucoup de blessés, dont les cris ne pouvaient être entendus; les armes de toute espèce étaient éparses par terre; les parapets à moitié détruits avaient tous leurs créneaux rasés, et l'on ne distinguait plus les embrasures qu'aux canons, mais la plupart des pièces étaient renversées et détachées de leurs affûts brisés. Dans ce désordre extrême, je remarquai le cadavre d'un canonnier, qui, sur sa boutonnière, avait trois décorations; ce brave semblait respirer encore; d'une main il tenait le tronçon d'une épée, et de l'autre serrait étroitement la pièce de canon qu'il avait si bien servie.

Les soldats russes chargés de défendre la redoute, périrent plutôt que de se rendre; il en aurait été de même du général qui la commandait, si sa valeur ne lui eût sauvé la vie. Ce respectable militaire avait promis de mourir à son poste, il voulait tenir parole; resté seul de tous les siens, il se précipita au-devant de nous pour recevoir la mort, et on allait l'égorger, si l'honneur de faire un tel prisonnier n'avait arrêté la cruauté des soldats. Amené devant le Vice-Roi, il en fut reçu avec bonté; ce prince voulant honorer la vertu malheureuse, le remit entre les mains du colonel Asselin, pour le conduire auprès de l'Empereur, qui durant cette journée mémorable, était resté constamment derrière le centre, faisant faire, au premier corps et aux Polonais, de grandes manœuvres sur son extrême droite; le prince d'Eckmühl en tournant les Russes sur ce point, facilita au duc d'Elchingen les attaques sanglantes et réitérées que faisait le troisième corps pour enfoncer le centre de l'ennemi. Bagration, sur sa gauche, soutint nos efforts avec opiniâtreté; et, renforcé par les divisions de grenadiers de Strogonoff et de Woronsow, fit éprouver d'abord des échecs aux Polonais; mais ensuite le duc d'Elchingen les ayant fortement appuyés par les Westphaliens, leur facilita les moyens de reprendre l'offensive, qu'ils avaient momentanément perdue. Ce maréchal, liant la division Ledru avec celle des généraux Morand et Gérard, agissait en même temps que le prince Eugène, et parvint à pénétrer jusqu'au milieu des lignes russes, faisant marcher devant lui de nombreuses batteries qui portèrent l'épouvante dans les rangs ennemis : tant de bravoure et d'intrépidité assurèrent enfin la victoire, et par la suite valurent au duc d'Elchingen un titre glorieux qui l'éternisera.

L'attention du Vice-Roi était toute entière sur son centre, lorsqu'il fut rappelé à sa gauche par un grand mouvement de cavalerie que l'ennemi dirigeait de ce côté. Le général Delzons, qui dès le matin avait été menacé par cette cavalerie, forma sa première brigade en carré (1) sur la gauche de Borodino; plusieurs fois il s'était vu sur le point d'être attaqué, mais l'ennemi voyant qu'il ne pouvait l'entamer, se porta sur notre extrême gauche, et vint charger brusquement notre cavalerie légère, commandée par le comte Ornano, qu'il mit un instant en désordre. Le Prince, qui se trouvait alors non loin de là, se mit au milieu d'un carré formé par le 84e., et se préparait à le faire mouvoir, lorsque les kosaques furent à leur tour ramenés, et prenant la fuite, dégagèrent notre gauche, et tout rentra dans le plus grand ordre.

Cependant le Vice-Roi parcourait la ligne sur toutes les directions, exhortant les généraux et colonels à bien faire leur devoir, leur rappelant que de cette journée devait dépendre la gloire du nom français; allant auprès de chaque batterie, il faisait avancer les pièces à mesure qu'il voyait plier les Russes, et bravant tous les dangers, désignait aux canonniers l'endroit où ils devaient tirer. En visitant ainsi tous ces postes périlleux, depuis le commencement de

---

(1) Voyez le plan du champ de bataille.

la bataille, son aide-de-camp Maurice Méjan, reçut une blessure à la cuisse; lui-même, ainsi que le général Gifflenga et l'écuyer Bellisomi, eurent des chevaux tués sous eux. Ce Prince s'étant placé sur le parapet de la grande redoute, avec ses officiers, remarquait des embrasures les mouvemens de l'ennemi, ne donnant nulle attention aux boulets, qui de tous côtés passaient auprès de lui. Parmi les personnes de sa suite était le colonel de Bourmont, dont le grand mérite peut seul égaler la rare modestie; ce colonel, comme plusieurs autres officiers, avait mis pied à terre, et s'appuyait sur l'encolure de son cheval, lorsque le général Guilleminot, ayant laissé tomber un papier, le colonel se baissa pour le ramasser : ce mouvement lui sauva la vie, car au même instant un boulet de canon traversa le poitrail de son cheval.

Quoique nous nous fussions emparés de deux redoutes, néanmoins l'ennemi en avait encore une troisième, située sur un autre plateau, séparé par un ravin; c'est de là, qu'établissant des batteries bien servies, il faisait un feu terrible sur nos régimens, dont les uns étaient dans des sentiers couverts, d'autres derrière la grande redoute. Durant plusieurs heures nous restâmes dans cette inaction, bien persuadés que Kutusoff battait en retraite; l'artillerie seule vomissait, sur tous les points, la flamme et la mort : c'est alors que fut tué d'un coup de biscayen le général Huard, commandant la deuxième brigade de la treizième division: compagnon d'armes du général Plausonne, ils périrent le même jour; unis pendant leur vie, on ne voulut point les séparer après leur mort, et tous deux furent enterrés sur le champ de bataille témoin de leur valeur.

Le quatrième corps qui, depuis dix heures, soutenait avec intrépidité les attaques de l'ennemi, n'était pas le seul qui eût des pertes à déplorer; car, quoique la bataille ne fût point encore finie, il n'y avait presque pas de division qui n'eût à s'affliger de la mort d'un ou de plusieurs de ses chefs. Ce serait m'éloigner de mon sujet que de rappeler à la mémoire chacun des généraux qui paya de son sang le succès de cette sanglante journée; mais il en est qui, par leur réputation, appartiennent à toute l'armée; et par cet intérêt qu'inspirent les braves, après s'être occupé d'eux pendant leur vie, on réclame avec empressement les circonstances de leur mort. Parmi ceux-là je dois citer le général Auguste Caulaincourt, qui fut tué en entrant dans la grande redoute, à la tête du 5ᵉ de cuirassiers; moissonné à la fleur de son âge, il avait assisté à plus de combats qu'il n'avait d'années. A la valeur du guerrier; il unissait l'urbanité de l'homme du monde, et brillait de toutes les rares qualités d'un véritable chevalier français. Outre les généraux Plausonne et Huard, dont j'ai déjà parlé, nous eûmes encore à regretter les généraux de brigade Compere, Marion et Lanabere, ainsi que le général comte de Lepel, aide-de-camp du roi de Westphalie. N'oublions pas surtout de donner aux mânes de l'intrépide Monbrun, le juste tribut d'éloges que lui mérita son courage. Dès longtemps son audace et sa bravoure nous faisaient pressentir qu'un tel guerrier devait infailliblement périr sur un champ de bataille; digne successeur du général Lasalle, il mourut comme lui, et comme lui fut l'honneur de notre cavalerie légère. Le nombre des généraux blessés s'élevait jusqu'à trente, parmi lesquels étaient les chefs de corps Grouchy, Nansouty, Latour-Maubourg, et les généraux de division Friant, Rapp, Compans, Dessaix, Lahoussaye, etc. Les Russes, de leur côté, eurent environ quarante mille hommes hors de combat, et cinquante généraux tués ou blessés: parmi ces derniers on distinguait les princes Bagration (1) et Charles de Mecklenbourg, et les gé-

---

(1) Il mourut peu de jours après.

néraux Tutschkoff (1), Rajewski, Gotschakoff, Kanoviritzin, Kretoff, Woronsow, Krapowitski, Boehmetieff I*er*. et II.

Quoique la victoire fût à nous, le canon ne cessait de tirer avec violence, et frappait continuellement de nouvelles victimes. Le Vice-Roi, toujours infatigable et méprisant le danger, parcourait le champ de bataille à travers une pluie de mitraille et de boulets; ce feu ne se ralentissait point, et sur le soir il était encore tellement animé, qu'on fut forcé de faire mettre genou en terre à la légion de la Vistule, commandée par le général Claparède, postée derrière la grande redoute. Nous restâmes plus d'une heure dans cette pénible position, lorsque le prince de Neuchatel étant arrivé, eut un entretien avec le Vice-Roi qui se prolongea jusque vers la nuit: leur conférence étant terminée, le prince Eugène expédia différens ordres à ses divisions, et fit cesser le feu. Alors l'ennemi fut plus tranquille; il ne tira plus que quelques coups par intervalle, et le silence de sa dernière redoute nous donna la certitude qu'il se retirait par la route de Mojaïsk.

Le temps, qui avait été magnifique durant la

---

(1) Commandant le 4*e* corps russe.

journée, vers la nuit, devint froid et humide; toute l'armée bivaqua sur le terrain qu'elle avait gagné. Ce bivac fut cruel : hommes et chevaux n'avaient rien à manger, et le manque de bois nous faisait éprouver toute la rigueur d'une nuit pluvieuse et glaciale.

Le lendemain (8 septembre), de très-bonne heure, nous allâmes de nouveau sur le champ de bataille; ce qu'on avait prédit la veille était effectivement arrivé : l'ennemi voyant l'audace avec laquelle nous lui avions enlevé ses redoutes, désespéra de sa position, et pendant la nuit se décida à l'évacuer. C'est alors qu'en parcourant le terrain sur lequel on avait combattu, nous pûmes juger de l'immensité des pertes qu'avaient faites les Russes; sur une étendue d'environ une lieue carrée, il n'y avait pas un endroit qui ne fût couvert de morts ou de blessés; on en voyait même où des éclats d'obus, en brisant une pièce, avaient renversé à la fois les hommes et les chevaux. De pareils coups, souvent répétés, firent un tel ravage, qu'on voyait sur cette plaine des montagnes de cadavres; et le peu d'espace où il n'y en avait pas, était couvert par des débris d'armes, de lances, de casques ou de cuirasses, ou bien par des biscayens aussi nombreux que des grêlons après un violent orage. Le plus effrayant à voir, était l'intérieur des ravins : presque tous les blessés, par un instinct naturel, s'y étaient traînés afin d'éviter de nouveaux coups; c'est-là que ces malheureux, entassés l'un sur l'autre, privés de secours et nageant dans leur sang, poussaient des gémissemens horribles; invoquant à grands cris la mort, ils nous la demandaient pour mettre un terme à leur affreux supplice. Les ambulances étant insuffisantes, notre stérile pitié se bornait à déplorer des maux inséparables d'une guerre si atroce.

Tandis que la cavalerie poursuivait l'ennemi, le Vice-Roi ordonna à ses ingénieurs de démolir la redoute; et comme le quatrième corps demeurait toujours campé sur le champ de bataille, on présuma que nous y passerions la nuit: le Prince avait même ordonné à sa maison de s'établir dans l'église de Borodino, unique bâtiment échappé à la destruction générale; mais elle était remplie de blessés, que les chirurgiens s'occupaient à amputer. Ses équipages voulurent alors se loger dans le village de Novoé, voisin de la route de Mojaïsk, situé sur les bords de la Kologha; ils étaient sur le point d'entrer dans le château, lorsque quelques partis de kosaques les obligèrent à revenir précipitamment.

Sur ces entrefaites, le Vice-Roi ayant appris que la quinzième division, de retour de Witepsk, était enfin réunie à son corps d'armée, reçut l'ordre de se porter en avant. Arrivés au village au dessus duquel était la redoute abandonnée par l'ennemi, nous laissâmes à droite la grande route de Mojaïsk, que suivirent les corps du centre, et longeâmes la Kologha. Dans cette marche, nous nous convainquîmes de l'impossibilité qu'il y aurait eu, la veille, de tourner de ce côté la position des Russes : non-seulement il y avait vers ce point des camps de réserve, mais encore plusieurs redoutes masquées le long de la rivière ; à demi-lieue en deçà du village de Krasnoé, nous en trouvâmes encore quatre grandes de forme carrée qui couvraient Mojaïsk et l'extrême droite du camp retranché de Borodino.

En quittant le champ de bataille, nous y laissâmes, pour le garder, un détachement formé de tous les soldats isolés qu'on put ramasser, et dont on donna le commandement au colonel de Bourmont. Cette ingrate mission fut remplie avec zèle par cet officier, qui, après avoir fait détruire les travaux de l'ennemi, revint quelques jours après nous rejoindre. Durant ce temps il vécut au milieu des morts et des mourans, avec l'obligation d'aller chercher des vivres à plus de cinq lieues aux environs.

Le château de Krasnoé, ainsi que le village de ce nom où notre corps s'arrêta, étaient situés auprès de la Moskwa. Le jour suivant (9 septembre), nous traversâmes cette rivière, et par sa rive gauche feignîmes de vouloir attaquer Mojaïsk; mais le Vice-Roi et son escorte s'avancèrent seulement jusqu'aux faubourgs; de là nous vîmes brûler quelques bâtimens de cette malheureuse ville, dont tous les habitans s'étaient enfuis; nos dragons, en parcourant les maisons placées en deçà de la rivière, ramassèrent des prisonniers. Plusieurs batteries établies sur une hauteur située derrière Mojaïsk, nous prouvèrent que nous en étions les maîtres. On nous apprit effectivement que Napoléon s'en était emparé à la suite d'un combat glorieux, et que l'ennemi, en saccageant la ville, ne l'avait abandonnée qu'après l'avoir bien défendue, laissant les places et les rues remplies de morts et de blessés.

Notre état-major observait les environs de Mojaïsk, tandis que le quatrième corps, prenant à gauche, suivit une grande route à travers un bois épais; en débouchant nous vîmes un assez bon village, plus loin nous en trouvâmes un autre plus grand, appelé Védenskoé, séjour enchanteur, et où était un château dont l'ameublement répondait à la beauté de l'extérieur; mais dans un instant tout fut bouleversé, et l'on ne profita de rien, si ce n'est de quelques milliers de bouteilles de vin dont s'emparèrent les soldats.

De Védenskoé nous prîmes directement à droite, traversant un ruisseau auprès duquel était un joli hameau ; en poursuivant notre route au milieu des broussailles, on arriva à un gros village appelé Vrouinkowo, où l'on nous dit que devait s'arrêter le quartier-général. En y entrant, nous aperçûmes plus loin, et sur une hauteur, de jolies maisons, et quatre clochers construits symétriquement. On allait s'établir dans ce village, où semblait régner l'abondance, si l'on n'eût annoncé que le quatrième corps devait se diriger vers la ville dont on apercevait distinctement les clochers et qu'on appelait Rouza. En sortant de Vrouinkovo, on voyait quantité de paysans, ayant avec eux des voitures attelées, et chargées de tout ce qu'ils pouvaient avoir de plus précieux. Un spectacle aussi nouveau excitait notre étonnement ; m'étant informé auprès du colonel Asselin pourquoi ces paysans se trouvaient ainsi réunis, voici ce qu'il me répondit :

« A mesure que nos armées se sont avancées
« dans l'intérieur de la Russie, l'empereur
« Alexandre, pour seconder les intentions de
« la noblesse, a voulu, à l'imitation de l'Es-
« pagne, faire de cette guerre une guerre na-

« tionale. D'après ce système, les nobles et les
« prêtres des villages ont, par leur argent et
« leurs discours, engagé les paysans qui étaient
« sous leur dépendance, à se soulever contre
« nous. De tous les districts qui ont adhéré à
« ce projet de défense, celui de Rouza s'est
« montré le plus ardent à l'exécuter. La popu-
« lation entière, animée par le seigneur, qui
« était le chef de l'insurrection, s'était organi-
« sée militairement, et se disposait à joindre
« l'armée russe, aussitôt qu'elle en recevrait
« l'ordre.

« Comme Rouza se trouve à cinq ou six lieues
« de la grande route, les habitans avaient con-
« çu l'espoir que nous ne passerions point
« dans leur ville; dans cette persuasion, ils vi-
« vaient heureux et tranquilles. Quelle a été leur
« surprise, ou plutôt leur terreur, reprit le
« colonel Asselin, lorsqu'envoyé par le Prince,
« je me suis présenté devant Rouza avec une
« douzaine de chasseurs bavarois; vous eussiez
« vu alors tous les paysans épouvantés sortir de
« leurs maisons, atteler leurs chevaux aux mê-
« mes voitures que vous voyez, et, les chassant
« devant eux, s'enfuir avec précipitation.

« Cependant les hommes qui avaient été dé-
« signés pour faire partie de l'insurrection,
« s'étant réunis à la voix de leur seigneur, ar-

« més de pieux, de lances ou de faux, se ras-
« semblèrent sur la place, et dans l'instant
« s'avancèrent vers nous; mais cette populace
« timide ne put résister à quelques soldats ac-
« coutumés à combattre, elle prit aussitôt la fuite.
« Le seigneur seul montra plus de fermeté; il
« nous attendit sur la place, et, armé d'un
« poignard, il menaçait tous ceux qui le som-
« maient de se rendre. *Comment pourrai-je
« survivre au déshonneur de ma patrie?* s'é-
« criait-il en écumant de rage; *nous n'avons
« plus d'autels, notre empire est flétri. Arra-
« chez-moi la vie, elle m'est odieuse......*
« On voulut le calmer, et chercher à lui enle-
« ver son poignard; mais devenu plus furieux,
« il en frappa plusieurs de nos soldats, qui,
« n'écoutant alors que la vengeance, le percèrent
« de leurs baïonnettes.

« Cette action était à peine terminée, que
« l'avant-garde du quatrième corps entra dans
« Rouza. Sur mon récit, continua le colonel,
« elle courut sur le champ à la poursuite des
« paysans qui s'étaient sauvés avec tous leurs
« effets et leurs bestiaux; on ne tarda pas à les
« rejoindre, et ceux que vous voyez ici font
« partie des fuyards échappés de Rouza. Mais
« entrez dans cette ville, ajouta-t-il, et vous en
« verrez bien davantage. »

A mesure que nous approchions, on rencontrait quantité de petites voitures ramenées par des cavaliers; un spectacle bien touchant était de les voir chargées d'enfans et de vieillards infirmes; le cœur était navré de douleur en pensant que bientôt on allait se partager ces charrettes et ces chevaux, qui faisaient toute la fortune de ces familles désolées.

Nous entrâmes enfin dans Rouza, et continuâmes à voir, jusqu'au milieu de la place, une foule de soldats qui pillaient les maisons, sans écouter les cris de ceux à qui elles appartenaient, ni les larmes d'une mère qui, pour attendrir les vainqueurs, montrait ses enfans à genoux; les mains jointes et le visage en pleurs, ces innocentes créatures demandaient seulement qu'on leur laissât la vie. Cette ardeur du pillage était légitime pour quelques-uns qui, mourant de faim, ne cherchaient qu'à se procurer des alimens; mais beaucoup d'autres, sous ce prétexte, saccageaient tout, et dérobaient jusque aux hardes dont se couvraient les femmes et les enfans.

Le Vice-Roi, arrivé depuis quelques heures à Rouza avec son état-major seulement, avait laissé, entre la ville et Vrouinkovo, les divisions d'infanterie, ainsi que la garde royale qui, ce jour-là, campait en arrière de nous.

Chacun, enchanté de se trouver dans une ville aussi agréable que Rouza, se livrait à la sécurité, ou plutôt au désordre qu'engendre l'abondance, après de longues privations; lorsque tout à coup quelques chevau-légers bavarois, envoyés en reconnaissance, revinrent bride abattue nous annoncer que des kosaques, marchant par escadrons, s'avançaient vers la ville. Qu'on juge de la sensation que produisit cette nouvelle; la tranquillité dont nous jouissions, opposée à l'imminence du danger, fut pour nous un passage subit de la joie à la plus vive inquiétude. *Les kosaques sont ici !* s'écriait-on. *Les voilà qui arrivent !* racontait un autre tout effrayé. *Qu'avons-nous à leur opposer ?* se demandait-on les uns aux autres. *Rien, si ce n'est quelques misérables soldats venus ici pour piller les paysans....* Cependant c'était là notre unique ressource. Aussitôt on les rassembla sur la place, et il ne s'en trouva guère qu'une soixantaine, dont la moitié était sans armes.

Le Vice-Roi, instruit de ce qui causait cette alerte, monte à cheval, et ordonne à ses officiers de le suivre. Nous courons hors de la ville, entrons dans la plaine; mais quelle fut notre surprise, quand au lieu de trouver plusieurs escadrons, nous n'aperçûmes qu'une douzaine de cavaliers, tellement éloignés qu'on pouvait à peine les distinguer. Les chasseurs bavarois, que nous avions avec nous, s'avancèrent pour les reconnaître, et rapportèrent qu'effectivement c'était des kosaques. D'après leur petit nombre et leur marche timide et réservée, il était facile de voir qu'ils n'entreprendraient rien de bien dangereux.

Comme ces kosaques pouvaient avoir été détachés par un corps considérable, le Prince jugea nécessaire de confirmer l'ordre déjà donné de faire avancer des troupes; mais il le modifia, se bornant à ne faire venir que deux bataillons, au lieu de toute la treizième division qu'il avait d'abord demandée. Ces deux bataillons ayant campé en avant de Rouza, dissipèrent nos craintes. Alors chacun rentra tranquille dans ses logemens, où une table bien servie et des vins exquis nous firent oublier l'alarme survenue vers la fin de la journée.

Le lendemain nous demeurâmes à Rouza. Le Vice-Roi profita de ce repos pour faire rédiger par le général Guilleminot, son chef d'état-major, un rapport très-circonstancié de la fameuse journée du 7 septembre, où le quatrième corps s'était particulièrement distingué.

Tandis que les treizième et quatorzième divisions exposaient à l'Empereur les titres qu'elles avaient à sa bienveillance, la quinzième division, non moins éprouvée que les autres, mais privée de l'honneur de combattre à la bataille de la Moskwa, pouvait aussi revendiquer quelques récompenses en faveur des souffrances sans nombre qu'elle avait éprouvées durant son expédition sur Witepsk. Cette division, continuellement en marche dans des prairies fangeuses, des villages déserts ou saccagés, était toujours au bivac et sans vivres, faisant des courses pénibles pour atteindre l'ennemi qui fuyait en la voyant. Durant près de vingt jours, elle ne fit que parcourir les campagnes que nous avions ravagées; enfin, accablée par la disette, les fatigues et les maladies, cette malheureuse division, digne, ainsi que son chef, d'une meilleure destinée, ne put arriver vers Borodino que le lendemain de la bataille; sa lassitude, et surtout ses grandes pertes, obligèrent le Vice-Roi à la laisser en réserve; c'était la plus haute marque d'estime que le Prince pût lui accorder, que de la confondre avec les braves de la garde royale, dont la plupart étaient sortis de cette division.

En partant de Rouza, il fut décidé qu'on garderait cette position d'autant plus importante, qu'il s'y trouvait encore des vivres en abondance, et qu'une espèce de château, placé sur un mamelon, entouré de larges fossés, pouvait servir de refuge à la garnison, et la mettre à l'abri d'un coup de main; cet honorable commandement fut donné au capitaine Maison-Neuve, et cette confiance ne fut point trompée; car pendant tout le temps que dura sa mission, cet officier, actif et intelligent, se rendit aussi utile à l'armée par sa prévoyance, que par la sagesse de ses dispositions.

LIVRE V.

MOSCOU.

Depuis la bataille de la Moskwa, notre armée triomphante marchait en trois colonnes sur la capitale de l'empire de Russie. Napoléon, impatient de s'en emparer, poursuivit l'ennemi par la grande route de Smolensk, avec son impétuosité accoutumée, tandis que le prince Poniatowski, à la tête du cinquième corps, prenant sur la droite, allait par celle de Kaluga. Le Vice-Roi, avec le quatrième corps, continua à flanquer la gauche, et par la route de Zwenighorod, se dirigeait sur Moscou, où toute l'armée devait se réunir.

On pouvait juger de la consternation qui régnait dans cette capitale, par la terreur que nous inspirions aux paysans. A peine fut-on informé de notre arrivée dans Rouza (9 septembre), et de la manière impitoyable avec laquelle nous avions traité la population, que tous les villages placés sur la route de Moscou furent à l'instant abandonnés. Partout nous portions l'épouvante, et beaucoup de ceux qui fuyaient, par une espèce de désespoir, brûlaient leurs maisons, leurs châteaux, les blés et les fourrages à peine recueillis. Chacun de ces malheureux, terrifiés par l'inutile et fatale résistance de la milice de Rouza, jetaient par terre les piques dont on les avait armés, pour courir plus promptement se cacher, avec leurs femmes et leurs enfans, dans d'épaisses forêts éloignées de notre route.

On espérait cependant qu'aux approches de Moscou, la civilisation qui énerve les ames, et surtout l'amour de la propriété, si naturel aux habitans des grandes villes, aurait engagé les gens de la campagne à ne point quitter leurs demeures, convaincus que le pillage des soldats était provoqué par l'état d'abandon où nous trouvions les villages. Mais les terres, voisines de Moscou, ne sont point réparties entre les particuliers de cette capitale; elles étaient la propriété des seigneurs déclarés contre nous; et leurs paysans, aussi soumis, aussi esclaves que ceux du Dniéper et du Volga, obéissaient aux ordres de leurs maîtres, qui, sous peine de mort, leur avaient recommandé de fuir à notre approche, et d'enterrer ou de cacher dans les bois tout ce qui pouvait nous être utile.

Nous reconnûmes l'exécution de cette fatale mesure en entrant dans le village d'Apalchtchouïna; les maisons étaient désertes, le château abandonné; les meubles brisés, et les provisions gaspillées, offraient l'image d'une désolation sans exemple; tous ces ravages nous montrèrent à quelles extrémités peut se porter un peuple, lorsqu'il est assez grand pour préférer son indépendance à ses richesses.

Auprès de Karinskoé, village situé à moitié chemin de Zwenighorod, où nous devions aller, on signala les kosaques. Selon leur coutume, ils ne tinrent point devant notre avant-garde, et se bornèrent à nous observer, en parcourant sur notre gauche une colline parallèle à la grande route. Du sommet de cette colline, et à travers des bouleaux épais, s'élevaient les murs grisâtres et les clochers d'une antique abbaye. Au pied du mont était la petite ville de Zwenighorod, construite aux bords de la Moskwa. C'est sur ce point que les kosaques se réunirent, et, formant plusieurs groupes, tiraillèrent pendant quelque temps avec nos voltigeurs; peu à peu on les délogea des embuscades qu'ils avaient choisies, et nous prîmes position autour de Zwenighorod.

L'abbaye, placée au dessus de cette petite ville, domine le cours de la Moskwa. Ses murs crénelés, hauts de plus de vingt pieds, et larges de cinq à six, sont aux quatre coins flanqués de grosses tours ayant toutes des embrasures. Cet édifice, construit au treizième ou quatorzième siècle, rappelle le temps où les Moscovites, pleins de vénération pour leurs prêtres, souffraient que l'autorité sacerdotale surpassât celle des nobles; et que le Czar, dans les jours de cérémonie, marchât devant le patriarche de Moscou en tenant la bride de son cheval. Mais ces moines, si puissans et si redoutables avant Pierre Ier., furent ramenés à la simplicité des apôtres, lorsque ce grand monarque, en fondant son empire, eut confisqué leurs biens, et diminué leur nombre.

Pour se faire une idée des changemens qu'avait opérés cette réforme, il suffisait d'entrer dans l'abbaye de Zwenighorod. A la vue de ces hautes tours et de ces larges murailles, nous crûmes que l'intérieur renfermait des bâtimens spacieux et commodes, et qu'on trouverait, chez ces religieux, l'abondance accoutumée de toutes les abbayes richement dotées. Une porte en fer, fortement barricadée, nous confirma dans la persuasion où nous étions que ce couvent possédait de grands approvisionnemens. On se disposait à en forcer l'entrée, lorsqu'un vieillard, dont la longue barbe était blanche comme sa robe, vint nous ouvrir. Aussitôt on lui demanda à nous conduire vers le supérieur du couvent. En entrant dans la cour, nous fûmes bien surpris de voir que ce vaste édifice ne répondait point à la haute idée qu'on s'en était formée ; et que le guide, au lieu de nous introduire dans les appartemens du supérieur, nous conduisait dans une petite chapelle, où nous trouvâmes quatre religieux prosternés au pied d'un autel construit à la manière des Grecs. En nous voyant, ces vénérables vieillards embrassèrent nos genoux, nous suppliant, au nom du Dieu qu'ils adoraient, de faire respecter leur église et les tombeaux de quelques évêques dont ils étaient les fidèles gardiens. « A notre misère, nous « firent-ils répondre par un interprète, vous « pouvez juger que nous n'avons point de tré-« sors cachés ; et nos alimens sont si grossiers, « que beaucoup de vos soldats dédaigneraient « d'en manger. Nous n'avons d'autres biens que « nos reliques et nos autels, veuillez les res-« pecter par déférence pour notre religion si « semblable à la vôtre. » Nous le leur promîmes, et cette assurance fut confirmée par l'arrivée du prince Vice-Roi, qui, en se logeant dans cette abbaye, préserva l'église et le couvent du pillage dont ils étaient menacés.

Pendant que cet asile, autrefois si tranquille, était en proie au tumulte inévitable dans de pareilles circonstances, j'aperçus un des pieux cénobites, qui, pour s'y dérober, allait se réfugier dans une cellule presque souterraine, et dont l'austère simplicité la mettait à l'abri de nos recherches. Ce religieux, sensible à mes bons procédés, voulut m'en récompenser en m'avouant qu'il parlait français, et qu'il aurait plaisir à s'entretenir avec moi. Touché de sa franchise, j'en profitai pour m'instruire, par sa conversation, de tout ce qui pouvait avoir rapport à l'esprit public et au caractère d'une nation dont nous avions conquis plus de deux cent cinquante lieues de pays sans pouvoir la connaître. Lorsque je lui parlai de Moscou, il me dit que c'était sa patrie; et je m'aperçus que de profonds soupirs interrompaient ses paroles. A sa douleur muette, je compris qu'il gémissait sur les malheurs auxquels cette capitale allait être exposée. Je m'en affligeais avec lui; mais enfin, curieux de savoir par moi-même ce qui s'y passait, au moment où nous étions sur le point d'y entrer, je me hasardai à lui en demander des nouvelles.

« Les Français ont envahi avec de grandes
« forces le territoire de la Russie, me dit ce
« vénérable religieux; ils viennent ravager notre
« chère patrie, et s'avancent même vers cette
« ville sainte, centre de l'empire et source de
« notre prospérité; mais, ignorant nos mœurs
« et notre caractère, ils croyent que nous fléchirons sous le joug, et que, forcés d'opter

« entre nos foyers et notre indépendance, nous
« irons, à l'imitation de tant d'autres, languir
« dans leurs fers et renoncer à cet orgueil na-
« tional, qui fait la puissance des peuples. Non,
« Napoléon s'abuse : trop éclairés pour sup-
« porter sa tyrannie, nous ne sommes pas
« assez corrompus pour préférer la servitude
« à la liberté. En vain espère-t-il, par ses in-
« nombrables armées, nous réduire à deman-
« der la paix ; il se trompe encore, notre nation
« est une nation nomade, et les grands de notre
« empire pouvant à volonté faire émigrer des peu-
« plades entières, ordonneront à leurs paysans
« de fuir dans des déserts pour se soustraire à
« l'invasion, et même, s'il le faut, de détruire
« les villes et les campagnes plutôt que de les
« livrer à un véritable barbare, dont la do-
« mination nous est bien plus cruelle que la
« mort.

« Nous savons aussi, poursuivit-il, que Na-
« poléon compte beaucoup sur les dissentions
« qui, jadis, se sont élevées entre le monarque
« et la noblesse ; mais l'amour de la patrie étouffe
« tous les anciens ressentimens : il se flatte en-
« core de pouvoir armer la nation contre les
« grands : vains efforts ! Le peuple, par reli-
« gion, est soumis à ses maîtres, et ne croira
« point aux trompeuses promesses de celui qui

« brûle ses chaumières, égorge ses enfans, dé-
« vaste les campagnes et renverse ses autels.
« D'ailleurs l'Europe entière n'a-t-elle pas sous
« les yeux des exemples frappans de sa perfidie?
« N'est-il pas le fléau de l'Allemagne dont il se
« dit le protecteur? L'Espagne, pour avoir cru
« à sa sincère alliance, est en proie aux plus
« vives douleurs! Le pontife qui l'a couronné,
« et qui, de simple citoyen, en a fait le premier
« monarque du monde, pour prix de ce brillant
« diadême, qu'a-t-il reçu? une dure captivité!
« Et votre patrie, qui semble avoir oublié la race
« de saint Louis en faveur d'un étranger, quelle
« récompense retire-t-elle de sa soumission. Sans
« cesse de nouveaux impôts pour salarier des
« courtisans, ou pour satisfaire au luxe d'une
« famille insatiable de plaisirs. Outre cela, vous
« avez des proscriptions sans nombre, des exé-
« cutions secrètes; on enchaîne même vos pen-
« sées; des générations entières sont dévorées;
« enfin vos mères aujourd'hui se voyent réduites
« à déplorer leur fécondité. Voilà, me dit ce
« respectable vieillard, la position où vous a
« placés votre tyran; tyran d'autant plus vain
« et d'autant plus odieux, qu'élevé dans une
« classe obscure, où il avait à peine un domesti-
« que pour le servir, il prétend aujourd'hui que
« l'univers entier soit à ses pieds, et que les rois

« même languissent dans son antichambre. Ah!
« si je ne craignais de souiller la majesté du
« monarque que nous aimons comme il nous
« aime, je ferais le parallèle de votre Empereur
« avec le nôtre....... Mais une telle comparaison
« n'offrirait qu'un contraste choquant, et ce
« serait toujours mettre en opposition le crime
« et la vertu. »

Frappé de l'énergie de ce religieux, dont la force d'esprit n'était point affaiblie par l'âge, je demeurai interdit, et en même temps charmé de sa sincérité. Touché de la confiance dont il m'honorait, je crus pouvoir m'ouvrir à lui, et retirer de sa conversation des renseignemens utiles. « Puisque vous venez de citer l'empereur Alexandre, lui dis-je, apprenez-moi ce qu'il est devenu? Depuis notre passage à Wilna, nous n'en entendons plus parler; et à Witepsk, dans une audience publique, Napoléon a annoncé d'un air satisfait que ce monarque avait fini comme son père, ayant été victime à Wéliki-Luki, de la perfidie de ses courtisans. »

« Il faut avoir peu de grandeur d'ame, me répondit le vieillard, en souriant, pour faire de la mort d'un de ses ennemis un sujet de triomphe. Mais afin de vous prouver, ajouta-t-il, la fausseté de cette nouvelle, et vous donner à connaître combien il règne dans ce moment critique d'union entre toutes les classes de citoyen, et d'amour pour notre souverain, je vais vous lire une lettre authentique qui m'a été envoyée de Moscou quelques jours après qu'Alexandre, ayant quitté l'armée, arriva dans cette capitale. » A ces mots, il me montra cette lettre, et à mesure qu'il la lisait, il en faisait la traduction.

Moscou, 27 juillet (1).

« Ce jour ajoutera un nouvel éclat à nos annales, et le souvenir en passera à la postérité la plus reculée, comme un témoignage éternel d'esprit de patriotisme, de fidélité et d'attachement à notre Empereur de la part de notre illustre noblesse et de toutes les autres conditions. D'après une notification publiée la veille, le corps de la noblesse et celui des marchands se rassemblèrent à huit heures du matin dans les salles du palais de la Slobode, pour y attendre l'arrivée de notre gracieux souverain. Quoique le but de ce rassemblement n'eût pas été annoncé d'avance, cependant chacun s'y rendit, rempli des sentimens qu'avait inspirés dans

---

(1) Cette lettre ayant été insérée dans les journaux français, on la reproduit ici telle qu'elle a été publiée par le Moniteur.

leurs cœurs l'appel du père de la patrie à ses enfans de la première capitale. Le silence qui régnait dans une assemblée aussi nombreuse, annonçait clairement l'union et la disposition à tous les sacrifices; et, dès qu'on eut fait, en présence du gouverneur en chef de Moscou, lecture du manifeste de S. M. I., qui appelle tout le monde en général, et un chacun en particulier, à la défense de la patrie contre un ennemi qui, « l'astuce dans le cœur et la séduc- « tion sur les lèvres, apporte des fers et des « chaînes éternelles à la Russie, » alors l'illustre postérité des Pojarsky et de ses pareils, animée du zèle le plus ardent, témoigna son empressement sans bornes à faire le sacrifice de ses biens et même de sa vie, et résolut définitivement de lever dans le gouvernement de Moscou, pour former une force armée intérieure, dix hommes sur cent, de les armer comme on le pourrait, et de leur fournir l'habillement et les vivres. Après quoi le manifeste fut pareillement lu dans l'assemblée des marchands; et ce corps, animé du zèle général, décida qu'il serait prélevé sur tous ses membres une somme proportionnée au capital de chacun d'eux, pour subvenir aux frais de l'armement intérieur. Non contens de cela, la majeure partie du même corps témoigna aussitôt le désir de faire encore des sacrifices particuliers et demanda la permission d'ouvrir à cet effet une souscription volontaire avant de se séparer. On y procéda sans délai, et en moins d'une heure, la somme souscrite passa un million et demi de roubles (1).

« Telle était la disposition des deux corps, quand S. M., après avoir assisté au service divin dans l'église du palais, se rendit auprès des nobles assemblés. L'Empereur, en prononçant une courte harangue, leur dit « qu'il regardait le zèle de la noblesse comme le plus ferme appui du trône : qu'elle s'était montrée dans tous les temps et dans toutes les circonstances, le gardien et le fidèle défenseur de l'intégrité et de la gloire de la chère patrie. » Ensuite il daigna leur donner un aperçu de l'état des circonstances militaires, circonstances qui exigeaient des mesures extraordinaires de défense. Instruit du résultat unanime de l'assemblée des deux corps, qui fournissent, habillent et arment à leurs frais quatre-vingt mille hommes pour le gouvernement de Moscou (2), l'Empereur accueillit cette nouvelle preuve de dévouement à sa personne

(1) Environ six millions.

(2) La population de ce gouvernement n'était que de 700,000 ames.

et d'amour de la patrie, avec les sentimens d'un père qui aime ses enfans, et qui s'énorgueillit de leur courage ; et dans la plénitude de l'attendrissement de son cœur, il s'écria : « Je n'en at- « tendais pas moins ; vous avez pleinement con- « firmé l'opinion que j'avais de vous. »

« De-là S. M. I. se rendit dans la salle où le corps des marchands était rassemblé, et dès qu'il fut instruit du zèle que ses membres avaient montré en formant la résolution de lever une somme d'argent sur tout le corps, l'Empereur leur en témoigna son contentement impérial en termes inspirés par la sagesse elle-même, termes qui furent accompagnés des exclamations générales : « Nous sommes prêts à sacrifier à notre « père, non-seulement notre fortune, mais en- « core notre vie. » Voilà les paroles des descendans de l'immortel Minin. Le spectacle de cette matinée demanderait la plume d'un nouveau Tacite, et le pinceau d'un second Apelles : spectacle qui offrait pour tableau le monarque, le père de la patrie, radieux de bonté, recevant de ses enfans, serrés autour de lui, les sacrifices qu'ils viennent faire sur l'autel de la patrie !

Puisse tout cela venir à la connaissance de notre ennemi ! de cet homme orgueilleux qui se joue du sort de ses sujets : puisse-t-il l'apprendre et frémir ! Nous marchons tous contre lui; nous sommes guidés par la religion, par un amour fidèle pour notre souverain et notre patrie. Nous périrons tous ensemble, ou nous serons victorieux. »

Après la lecture de cette lettre, le respectable ecclésiastique m'annonça que l'archimandrite Platon, métropolitain de Moscou, quoique dans un âge avancé et languissant, veillait encore en esprit et dans la prière, pour le salut du souverain et de l'Empire, et qu'il venait d'envoyer à sa majesté impériale la précieuse image de saint Serge, évêque de Radouègue. Le Monarque, ajouta-t-il, en acceptant cette relique sacrée, en a fait don à la force armée de Moscou, espérant qu'elle serait garantie par la protection de ce saint, qui, par sa bénédiction, prépara jadis le victorieux *Dmitri Douskoï* au combat contre le cruel *Mamaï*.

Voici la lettre de son éminence Platon, datée de l'abbaye de Troïsta (1), 26 juillet :

« La ville de Moscou, la première capitale de
« l'Empire de la nouvelle Jérusalem, reçoit son
« Christ comme une mère dans les bras de ses
« fils zélés, et, à travers le brouillard qui s'é-
« lève, prévoyant la gloire brillante de sa puis-
« sance, elle chante dans ses transports : Ho-

---

(1) Distante de Moscou d'environ quinze lieues.

« sanna, béni soit celui qui arrive! Que l'ar-
« rogant, l'effronté Goliath apporte, des limites
« de la France, l'effroi mortel aux confins de la
« Russie! la pacifique religion, cette fronde du
« David russe, abattra soudain la tête de son
« sanguinaire orgueil. Cette image de saint
« Serge, antique défenseur du bonheur de
« notre patrie, est offerte à V. M. I. »

Surpris d'une coutume si éloignée des nôtres, je demandai s'il était bien vrai que l'empereur Alexandre eût donné cette bannière à ses soldats. J'en suis si certain, ajouta le cénobite, qu'en douter serait un sacrilége; et les nouvelles de Moscou nous ont annoncé que l'évêque Augustin, vicaire de cette capitale, ayant réuni (1) toutes les troupes qui se trouvaient dans la ville, chanta un *Te Deum*, et, en leur remettant l'image de saint Serge, prononça un discours qui arracha des larmes à tous les auditeurs. Nous-mêmes, ajouta-t-il, avons vu passer, sous les murs de cette abbaye, les milices allant à la bataille de la Moskwa; pleines de vénération pour cet étendard sacré, elles marchaient au combat en vrais soldats chrétiens, dévoués à leur reli-

---

(1) Samedi 18 août, ou, selon notre calendrier, 29 août, qui, comme on sait, anticipe de douze jours sur celui des Russes.

gion, à leur patrie et à leur prince. Ces sentimens étaient peints sur tous les visages : la joie céleste de combattre l'ennemi brillait dans leurs yeux enflammés; chaque guerrier, quoiqu'il ne fît qu'entrer au service, brûlant de la valeur des vieux soldats, témoignait une soumission illimitée à ses chefs, et observait la discipline, qui est le devoir et le signe certain d'un bon militaire. Le peuple des campagnes, en les voyant passer, implorait, du fond du cœur, la protection du ciel sur ces braves, sortant de l'ancienne capitale de la Russie, elle qui, avec ses seules forces, terrassa les insolens ennemis venus jadis dans leur aveuglement, pour s'en emparer et la détruire.

Hélas! la fortune n'a point favorisé leur courage; vous les avez vaincus à Borodino, et depuis ce jour la consternation est répandue dans toutes ces contrées; les routes sont couvertes de fugitifs qui vont chercher un asile sur les frontières de l'Asie; nous seuls sommes restés; mais vous devez juger quel a été notre effroi, lorsque hier, aux approches de la nuit, votre arrivée nous a été annoncée par le feu de vos bivacs qui couvraient les collines voisines, et surtout par l'incendie des villages, dont les flammes de toute part éclairaient l'horizon.

Rempli d'étonnement sur les choses extraordinaires que m'avait contées ce bon vieillard, j'étais plein de respect pour une nation si grande dans ses malheurs; et je disais en moi-même : Il est invincible le peuple qui, ferme dans sa morale, ne se laisse point abattre à la vue du danger, et qui fait dépendre sa conservation de la conservation de ses mœurs !

Le lendemain nous quittâmes cette abbaye. En m'éloignant je jetai un regard en arrière, et vis les premiers rayons du soleil naissant colorer le sommet de ces hautes murailles, construites pour être l'asile de la paix, et qui, après notre départ, devinrent un lieu de tumulte et de désordre. Je me livrais à ces pénibles pensées, et prenant la route parallèle à la Moskwa, je m'aperçus que, devant Zwenighorod, on avait fait construire des ponts sur la rivière, sans doute dans l'intention de communiquer avec la Grande-Armée qui marchait sur Moscou par la rive opposée.

Nous suivions toujours la route de la Moskwa, lorsque les kosaques parurent de nouveau, manœuvrant de la même manière que la veille. Au-dessous d'Aksinino, ils voulurent un instant arrêter les chevau-légers bavarois; mais ayant eu quelques hommes blessés, ils s'enfuirent, et se retirèrent par de là la rivière que nous traversâmes au-dessous du village de

Spaskoé; sur ce point la Moskwa, étant peu profonde, les hommes et les chevaux la passèrent à gué facilement. Les kosaques, qui nous attendaient à l'entrée d'un bois, se dispersèrent, en voyant qu'on avait franchi la barrière qui les séparait de nous. De là on continua à marcher jusqu'à Buzaïevo, où il n'y a que la maison de la poste, et au-dessus d'une hauteur très-escarpée, un château entouré de bois, où logea le prince Eugène.

Le jour suivant (14 septembre), empressés d'arriver à Moscou, nous partîmes de bonne heure, et trouvâmes des villages déserts; vers notre droite, étaient, sur les bords de la Moskwa, plusieurs châteaux magnifiques que les Tartares saccageaient, pour nous priver des commodités que ces lieux pouvaient nous offrir; car la récolte, prête à être cueillie, avait été foulée ou mangée par les chevaux, et les meules de foin qui couvraient les campagnes étant livrées aux flammes, répandaient dans les airs une épaisse fumée. Enfin, arrivés auprès du village de Tschérepkoya, du temps que notre cavalerie allait en avant, le Vice-Roi se porta sur une hauteur, placée à notre droite, et examina long-temps si l'on voyait la ville de Moscou, objet de tous nos vœux, puisqu'on la regardait comme la fin de nos fatigues et le terme de notre expédition; plusieurs collines la dérobaient encore à nos regards, et nous n'aperçûmes que des tourbillons de poussière, qui, parallèles à notre route, indiquaient la marche que suivait la Grande-Armée. Quelques coups de canon, tirés dans le lointain et à de longs intervalles, nous firent juger que nos troupes approchaient de Moscou sans éprouver beaucoup de résistance.

En descendant de cette hauteur, nous entendîmes des cris épouvantables; c'était plusieurs pulsks de kosaques sortis d'un bois voisin, et qui, en chargeant nos chasseurs avec leur manière accoutumée, voulaient arrêter la marche de notre avant-garde. Nos braves, loin d'être intimidés par cette attaque inattendue, reçurent avec courage les vains efforts que faisait une horde impuissante pour retarder notre entrée dans la capitale. Ces efforts, d'une valeur désespérée, furent en effet les derniers, et les Russes, battus et dispersés, se virent contraints de fuir sous les murs du Kremlin, comme ils l'avaient fait sur les bords de la Kologha.

L'on distinguait de loin et à travers la poussière, de longues colonnes de cavalerie russe, marchant toutes sur Moscou, et toutes se retirant avec ordre derrière cette ville à mesure que nous en approchions. Pendant que le quatrième corps construisait un pont pour traverser la Moskwa, l'état-major, vers les onze heures, s'établit sur une haute colline, d'où nous aperçûmes, par un temps superbe, un millier de clochers dorés et arrondis, qui, brillant des rayons du soleil, ressemblaient de loin à autant de globes lumineux. Il était de ces globes, qui, posés sur le sommet d'une colonne ou d'un obélisque, avaient la forme d'un aréostat suspendu dans les airs. Nous fûmes transportés d'étonnement à la vue d'un si beau coup-d'œil, devenu plus séduisant encore par le souvenir des tristes objets dont nous avions été témoins : aussi personne ne put concentrer sa joie, et par un mouvement spontané, nous criâmes tous *Moscou! Moscou!* A ce nom tant désiré, on courut en foule sur la colline, et chacun, en faisant des remarques de son côté, découvrait à tout moment des merveilles nouvelles. L'un admirait un magnifique château placé sur notre gauche, et dont l'architecture élégante nous reppelait celle des orientaux; un autre portait son attention sur un palais, sur un temple; mais tous étaient frappés du superbe tableau que présentait cette grande ville. Située au milieu d'une plaine fertile, on voit la Moskwa couler à travers de riantes prairies; après avoir fécondé les campagnes, cette rivière passe au milieu de la capitale, et sépare un groupe immense de maisons en bois, en pierre, en briques, construites dans un style où se mêle à la fois le gothique avec le moderne, et où l'on trouve réunis les différens genres d'architecture particuliers à chaque nation. Enfin les murs, différemment colorés, les coupoles dorées, ou couvertes en plomb et en ardoises, répandaient la plus piquante variété, tandis que les terrasses des palais, les obélisques des portes de la ville, et surtout les clochers, construits en forme de minarets, offraient à nos yeux et en réalité, une de ces cités fameuses d'Asie, qui jusqu'alors nous paraissaient n'avoir existé que dans la riche imagination des poètes arabes.

Nous étions occupés à contempler une aussi belle vue, lorsqu'à travers des sentiers détournés, on vit un homme bien vêtu venant de Moscou, et qui s'avançait vers nous; aussitôt chacun courut à lui, et déjà nos esprits soupçonneux songeaient à lui faire payer cher son indiscrète curiosité; mais le calme avec lequel il nous aborda, la facilité avec laquelle il parlait notre langue, et surtout l'impatience où l'on était d'avoir des nouvelles, firent que chacun de nous l'écouta avec plaisir et intérêt.

« Je ne viens point ici, nous dit-il, pour
« observer vos manœuvres, ni pour vous don-

« ner de fausses informations ; je suis un mal-
« heureux marchand, étranger à toutes les
« affaires de la guerre, et quoique j'en sois la
« victime, je n'ai jamais cherché les motifs qui
« ont forcé nos souverains à l'entreprendre.
« Aujourd'hui, à midi, votre Empereur est
« entré dans Moscou, à la tête de ses invincibles
« légions, après avoir reçu un parlementaire
« qui l'a supplié d'épargner la ville qu'on allait
« évacuer (1). Mais il a trouvé les rues déser-
« tes ; quelques hommes échappés de prison,
« et de viles prostituées, sont les seuls êtres
« qui en troublent la solitude. Courez, s'il
« se peut, arrêter leurs excès, puisque la li-
« berté leur a été donnée dans l'espérance que
« tous les crimes qu'ils commettront seront at-
« tribués à l'armée française. Prévoyant les
« malheurs dont nous sommes menacés, je
« viens chercher parmi vous un homme assez
« humain pour protéger ma famille ; car, mal-
« gré les ordres de notre gouverneur, je ne
« puis consentir à abandonner ma maison pour
« aller traîner dans les déserts une vie errante

(1) Les Russes effectivement, avant de quitter Moscou, envoyèrent un parlementaire à Napoléon, pour le prier *d'épargner* la ville. Sans doute ils employèrent cette ruse pour mieux dissimuler leur projet, et nous inspirer une plus grande sécurité.

« et malheureuse. Je préfère recourir à la gé-
« nérosité française, et chercher un protecteur
« parmi ceux qu'on nous a dépeints jusqu'à ce
« jour comme nos plus cruels ennemis. Les
« grands de notre empire, trompés par une
« politique sauvage et destructive, vont sans
« doute aigrir votre loyal caractère, en fai-
« sant émigrer une population entière, et en
« ne laissant à votre disposition qu'une ville
« déserte, pour pouvoir ensuite la livrer aux
« flammes.... » A ces mots, chacun se récria
qu'il était impossible qu'un peuple voulût d'a-
bord consommer sa ruine, dans l'espérance
douteuse d'entraîner celle son ennemi.

« Il est trop vrai que cette résolution est
« prise, nous dit cet infortuné; et si vous en
« doutez encore, apprenez que le comte Ras-
« topchin, notre gouverneur, est parti ce matin,
« quelques heures avant l'entrée des Français;
« la police l'a suivi, emmenant avec elle les
« pompes, et tout ce qui pouvait être de quel-
« que secours contre les incendies. C'est lui
« qui, en quittant la ville, a confié au rebut de
« l'espèce humaine le soin de seconder sa fu-
« reur; je ne sais jusqu'où elle pourra s'étendre;
« mais je frémis en songeant qu'il a menacé plu-
« sieurs fois de faire brûler Moscou si les Fran-
« çais en approchaient. Une telle barbarie vous

« paraîtrait atroce et même incroyable, si vous
« ne saviez à quel degré de haine vos victoires
« inouies ont porté la noblesse. Elle sait que
« l'Europe entière est sous votre domination,
« et, par un sentiment d'orgueil, elle préfère
« anéantir la patrie, plutôt que de la voir à son
« tour subjuguée.

« Ah! si cette même noblesse, honteuse de
« ses défaites, n'a pas médité la ruine de cette
« capitale, pourquoi s'est-elle enfuie avec ses
« richesses? Pourquoi les négocians eux-mêmes
« ont-ils été forcés de les suivre, emportant avec
« eux leurs marchandises et leurs trésors? Pour-
« quoi enfin ne reste-t-il plus dans cette ville
« désolée aucun magistrat qui puisse implorer
« la clémence du vainqueur? Tous ont pris la
« fuite, et semblent par-là exciter vos soldats à
« disposer de tout, puisque l'autorité légitime,
« notre unique sauve-garde, en abandonnant
« son poste, leur a tout abandonné. »

En disant ces mots, ce malheureux Moscovite
versait des larmes amères; pour calmer sa douleur, nous lui promîmes ce qu'il nous demanda,
et cherchâmes à le rassurer, en dissipant les
craintes trop fondées qu'il avait sur le sort de son
pays. Ensuite on l'interrogea sur l'endroit où se
retiraient les Russes, ce qu'ils avaient fait depuis
la bataille de la Moskwa; enfin, sur ce qu'étaient

devenus l'empereur Alexandre et son frère Constantin? Il répondit à toutes nos demandes d'une manière fort satisfaisante, et qui me confirma les nouvelles que m'avait déjà données le religieux de Zwenighorod. Voyant que cet infortuné commençait à devenir plus tranquille, et qu'il était en secret très-flatté de la surprise agréable que nous causait la vue de Moscou et de ses environs, il ne put se refuser à la prière que je lui fis, de nous donner quelques détails sur une ville dont la conquête semblait devoir combler nos espérances. Voici ce qu'il me rapporta :

« Moscou, bâti à la manière asiatique, a
« quatre enceintes qui s'enveloppent les unes
« dans les autres. Ces hautes tours, et la mu-
« raille crénelée que vous voyez s'élever du mi-
« lieu de la cité, tracent la première enceinte
« appelée *Kremlin*. Cette forteresse qui a la
« forme d'un triangle parfait, est célèbre dans
« nos annales, et depuis sa fondation n'a jamais
« été prise (1). Le plan en fut donné, vers le

(1) Le peuple de Moscou croyait que la conservation de l'empire était attachée aux tours de cette ancienne forteresse. Une fausse tradition faisait croire qu'elle n'avait jamais été prise. Aussi, pour exprimer qu'on pouvait être tranquille, on disait communément : *être en sûreté comme dans le Kremlin.*

« quatorzième siècle, par des architectes ita-
« liens (1). L'intérieur du Kremlin se divise en
« deux parties; dans l'une, appelée *Krépots* ou
« *Citadelle*, il n'y a que les bâtimens royaux et
« des églises, dont chacune est surmontée de
« cinq dômes : d'ici même vous les distinguez
« parfaitement, autant par leur élévation que
« par la dorure des clochers et la bizarrerie de
« leur architecture. Dans la seconde enceinte
« sont des rues fort marchandes, ainsi que la
« place connue sous le nom de *Ville Chinoise*
« ou *Kitaye-Gorod*, nom donné par les Tar-
« tares qui en furent les fondateurs. Le *Beloye-*
« *Gorod* ou *Ville-Blanche*, forme une troisième
« circonférence autour du Kitaye-Gorod. Ce
« quartier renfermait de belles maisons en
« pierre; mais, depuis quelques années, le *Zem-*
« *lenoye-Gorod* le surpasse en magnificence;
« c'est là où sont les plus beaux hôtels de la
« ville : la circonférence y compris les faubourgs,
« peut avoir environ trente werstes (2). En
« hiver, la population s'élève à 300,000 âmes;
« aux approches de la belle saison, où chacun

(1) Voltaire, *Histoire de Russie*, tom. 1, pag. 50, éd. stéréot.

(2) Sept lieues. Le werste est de 104 et demi au degré.

« se retire dans ses terres, cette population
« diminue d'un tiers.

« Fœdor, frère aîné de Pierre-le-Grand, com-
« mença à policer Moscou; il fit construire plu-
« sieurs bâtimens en maçonnerie, sans aucune
« architecture régulière. C'est à lui que l'on
« doit les premiers haras de beaux chevaux, et
« quelques embellissemens utiles (1). Quoique
« Pierre eût une affection particulière pour Pé-
« tersbourg, néanmoins son génie qui embrassa
« tout ne négligea point Moscou ; il la fit paver,
« l'orna de superbes édifices, et l'enrichit par
« des manufactures; enfin, sous Élisabeth, on
« créa une université (2).

« L'arsenal renfermé dans le Krépots, est re-
« marquable par six couleuvrines montées sur
« des affûts immobiles, et dont la plus grande
« peut avoir vingt-quatre pieds de long. Outre
« cela, il y a du côté de la porte principale un
« énorme obusier, ayant au moins trois pieds
« de diamètre. Plus loin est l'ancien palais des
« Czars; c'est celui où nos Empereurs font leur
« résidence; le vôtre maintenant s'y est établi.
« Derrière est le palais du sénat; à côté de ce
« bâtiment est la cathédrale de Saint-Iwan, au-

(1) Voltaire, *Histoire de Russie*, t. 1, p. 52.
(2) Voltaire, *idem*.

« près de laquelle sont les fondemens d'une
« ancienne tour, et où se trouve enterrée la fa-
« meuse cloche qui fut coulée à Moscou, vers
« le milieu du seizième siècle, sous le czar
« Boris Godono, ouvrage surprenant, et qui
« prouve que, même à cette époque reculée, les
« Russes avaient fait de grands progrès dans les
« beaux-arts et la civilisation ; cette cloche,
« justement admirée pour la beauté des figures
« qui s'y trouvent empreintes, surpasse en gros-
« seur les plus célèbres qui soient en Europe (1).

« Du Krépots, on jouit d'une vue superbe :
« à droite est un beau pont en pierre, construit
« sur la Moskwa, et qui conduit au faubourg de
« Kaluga ; par de-là la rivière sont des palais
« somptueux ; au fond est une campagne riante,
« embellie par plusieurs maisons de plaisance. »

Mais, interrompant le Moscovite : apprenez-
nous, lui dis-je, quel est cet immense édifice
percé d'une infinité de fenêtres sur chaque fa-
çade, et qui, par sa masse imposante, semble
dominer toute la ville ?

« C'est l'hôpital Sheremitow, me répondit-il,
« construit par l'illustre famille de ce nom ; l'un
« de ses ancêtres fut le glorieux compagnon d'ar-
« mes de Pierre-le-Grand ; et les richesses qu'il

---

(1) Voltaire, *Histoire de Russie*, t. 1, p. 51.

« acquit furent toujours consacrées à la félicité
« et à la gloire de la nation. C'est dans ce bâti-
« ment que l'on élevait les orphelins et les en-
« fans de ceux qui défendaient la patrie. Au-
« jourd'hui, les enfans ont fui derrière le Volga,
« et il ne reste plus que leurs pères, qui, au
« nombre de douze mille, ont été glorieusement
« blessés en avant de Mojaïsk : ces malheureux
« sont abandonnés ; la mort est présente à leurs
« yeux, et si votre générosité ne peut, dans ce
« moment de calamité, venir à leur secours, ils
« n'auront plus alors qu'à mourir dans les tour-
« mens les plus horribles.

« Depuis la porte de Pétersbourg jusqu'à celle
« de Kaluga, on voit quantité de palais qui, par
« la richesse de leurs ornemens, attirent les
« regards du voyageur. Tous ces palais sont
« nouvellement construits, et annoncent la for-
« tune prodigieuse que faisait la Russie depuis
« peu d'années. Le plus étonnant de tous est
« celui d'Orlow ; il appartient à l'unique héri-
« tière de ce nom ; ses revenus se portent à plus
« de six millions de roubles (1). L'étendue de
« ce palais est immense, et la beauté de l'inté-
« rieur répond à celle du dehors, où sont des
« cours spacieuses et des jardins enchanteurs.

(1) Vingt-quatre millions.

« Vous trouverez encore dans ma patrie, ajouta
« l'habitant de Moscou, un grand nombre d'édi-
« fices justement renommés pour être les plus
« beaux de l'Europe : il est inutile de vous les
« décrire, puisque bientôt vous les verrez vous-
« même. Ah ! puissiez-vous longtemps les ad-
« mirer ; mais un funeste pressentiment me dit
« que cette grande et superbe ville, justement
« regardée comme le marché de l'Europe et de
« l'Asie, va consterner le monde par la plus
« effrayante de toutes les catastrophes. »

En achevant ces mots, cet infortuné parut
avoir le cœur oppressé ; je respectai sa douleur : mais je ne pus me séparer de lui sans demander comment s'appelait ce vaste bâtiment
en briques rouges et blanches, qu'on voyait au
nord de la ville ; il m'apprit que c'était là l'ancien château de Péterskoé, où les souverains de
Russie avaient coutume de résider pendant les
jours qui précédaient la cérémonie de leur cou-
ronnement.

Quoique le pont à construire sur la Moskwa
ne fût point encore terminé, le Vice-Roi ordonna
aux troupes de son corps de passer la rivière ; la
cavalerie l'avait déjà traversée, et avait pris position en avant du village de Khorechévo ; ce
fut là que nous apprîmes officiellement l'entrée
de nos troupes dans Moscou : le quatrième

corps y reçut l'ordre de s'arrêter jusqu'au lendemain, où l'on fixerait l'heure à laquelle nous entrerions dans la capitale de l'empire de Russie.

Le 15 septembre, ce corps, dès la pointe du jour, partit du village où il avait campé, et marcha sur Moscou. En approchant de cette ville nous vîmes qu'elle n'avait point de murailles, et qu'un simple parapet en terre était l'unique ouvrage qui déterminât sa première enceinte. Jusqu'alors rien ne prouvait que cette capitale fût habitée, et l'endroit par lequel nous arrivions était si désert, que non-seulement on ne voyait pas un Moscovite, mais même un soldat français. Aucun bruit, aucun cri ne s'élevait au milieu de cette imposante solitude; l'anxiété seule guidait nos pas: elle redoubla lorsque nous aperçûmes une épaisse fumée, qui, en forme de colonne, s'élevait du centre de la ville. On crut d'abord que c'était seulement quelques magasins que les Russes, selon leur habitude, avaient brûlés en se retirant. Cependant, nous rappelant le récit de l'habitant de Moscou, nous conçûmes des craintes, en pensant que sa prédiction allait peut-être s'accomplir. Intéressés à connaître la cause de cet incendie, nous cherchâmes vainement quelqu'un qui pût rassurer notre inquiète curiosité; l'impossibilité de la

13.

satisfaire, en redoublant notre impatience, augmentait nos alarmes.

Nous n'entrâmes point par la première barrière qui s'offrit à nos yeux; mais remontant sur la gauche, nous continuâmes à marcher tout autour de la ville. Enfin, d'après les ordres du prince Eugène, j'allai mettre en position les troupes du quatrième corps, pour garder la grande route de Pétersbourg; ainsi, la treizième et la quinzième divisions campèrent autour du château de Péterskoé; la quatorzième s'établit au village situé entre Moscou et ce château; la cavalerie légère bavaroise, aux ordres du comte Ornano, était à une lieue en avant de ce village.

Ces positions étant établies, le Vice-Roi entra dans Moscou, et alla loger au palais du prince Momonoff, dans la belle rue de Saint-Pétersbourg. Ce quartier, assigné à notre corps, était l'un des plus beaux de la ville, entièrement formé de superbes édifices et de maisons qui, quoiqu'en bois, nous parurent d'une grandeur et d'une richesse surprenantes. Les magistrats ayant abandonné la ville, chacun pouvait à volonté s'établir dans l'un de ses palais : ainsi le simple officier se trouvait logé au milieu de vastes appartemens richement décorés, et dont il pouvait se croire le maître, puisqu'il ne voyait auprès de lui qu'un portier humble et soumis, qui, d'une main tremblante, lui donnait toutes les clés de la maison.

Quoique Moscou eût été occupé la veille par nos troupes, néanmoins on ne trouvait dans le quartier où nous devions nous établir, ni soldats ni habitans, tant la ville était grande et dépeuplée. Aussi les ames les plus intrépides étaient émues d'un pareil isolement. La longueur des rues était telle que d'une extrémité à l'autre les cavaliers ne pouvaient se reconnaître entre eux; ignorant s'ils étaient amis ou ennemis, on les voyait s'avancer lentement; puis, saisis par la crainte, ils fuyaient l'un devant l'autre, quoique tous fussent sous les mêmes étendards. A mesure qu'on prenait possession d'un quartier nouveau, des éclaireurs allaient en avant pour le reconnaître, et faisaient des recherches dans les palais et dans les églises; mais on ne trouvait dans les uns que des enfans, des vieillards, ou des officiers russes, mutilés aux précédentes batailles; et dans les autres, les autels étaient parés comme pour un jour de fête; mille flambeaux allumés, brûlant en l'honneur du saint protecteur de la patrie, attestaient que jusqu'au moment de leur départ, les pieux Moscovites n'avaient pas cessé de l'invoquer. Cet appareil imposant et religieux rendait puissant et respectable le peuple que nous avions vaincu, et nous pénétrait de cette terreur que cause une grande injustice; nous n'osions plus marcher que d'un pas timide au milieu de cette effrayante solitude; souvent on s'arrêtait pour regarder en arrière, quelquefois même, nous prêtions une oreille attentive; car l'imagination effrayée de notre immense conquête, partout nous faisait entrevoir des piéges, et au moindre bruit, nos sens troublés croyaient entendre le tumulte des armes ou les cris des combattans.

En approchant vers le centre de la ville et surtout aux environs du bazar (1), nous commençâmes à voir quelques habitans rassemblés autour du Kremlin; ces malheureux, égarés par une tradition bien trompeuse, croyant cette citadelle inviolable, cherchèrent, la veille, à la disputer un instant à notre avant-garde commandée par le Roi de Naples. La valeur de nos troupes les eut promptement dissipés. Consternés de leur défaite, ils regardaient, les yeux mouillés de pleurs, ces hautes tours, qu'ils avaient cru jusqu'alors être le *palladium* de leur ville. En avançant davantage, nous vîmes une

(1) Grande place renfermée dans le Kitaye-Gorod; elle est entourée de galeries construites en briques et où sont une infinité de petites boutiques.

foule de soldats qui vendaient publiquement et échangeaient quantité d'objets qu'ils avaient pillés; car ce n'était seulement qu'aux grands magasins de comestibles que la garde impériale avait placé des sentinelles. En approchant davantage, le nombre des soldats se multipliait, et tous revenaient en masse, emportant sur leur dos des pièces de draps, des pains de sucre, et des ballots entiers de marchandises. Nous ne savions à qui attribuer cet affreux désordre, lorsque des fusiliers de la garde nous apprirent enfin que la fumée que nous avions vue, en entrant dans la ville, provenait d'un vaste bâtiment rempli de marchandises, appelé *la Bourse*, et que les Russes avaient incendié en se retirant. « Hier, nous dirent ces soldats, nous
« entrâmes dans Moscou vers midi, et aujour-
« d'hui dans la matinée, le feu s'est manifesté ;
« nous avons d'abord cherché à l'éteindre (1),
« persuadés que cet événement était causé par
« l'imprudence de nos bivacs; mais à présent
« nous y renonçons, puisqu'on vient de nous

(1) Il est très-vrai que beaucoup de nos sapeurs et soldats cherchèrent à éteindre le feu en coupant les solives embrasées, et par ce moyen empêcher l'incendie de se communiquer; les flammes sortant de tous côtés purent seules arrêter ce mouvement généreux.

« apprendre que le gouverneur a ordonné de
« brûler la ville, et d'enlever toutes les pompes
« pour nous empêcher d'y remédier ; espérant
« par cette dévastation, nuire à notre disci-
« pline, et ruiner le corps des négocians qui s'op-
« posait fortement à l'abandon de Moscou. »

Une curiosité naturelle me porta en avant : plus j'avançais, et plus les avenues de la bourse étaient obstruées de soldats et de mendians, emportant avec eux des effets de toutes les espèces; dédaignant les moins précieux, ils les jetaient par terre. C'est ainsi que les rues furent en peu d'instans jonchées de quantité de marchandises. Je pénétrai enfin dans l'intérieur de l'édifice; mais, hélas! ce n'était plus ce bâtiment si renommé par sa magnificence, c'était plutôt une vaste fournaise d'où tombaient de tous côtés des poutres embrasées; on ne pouvait plus circuler qu'au dessous des portiques où il y avait encore de nombreux magasins, et c'est-là que les soldats, en enfonçant les caisses, se partageaient un butin au-delà de toutes leurs espérances. Aucun cri, aucun tumulte ne se faisait entendre dans cette horrible scène, tant chacun trouvait de quoi satisfaire largement sa cupidité; on n'entendait rien, si ce n'est le pétillement des flammes, le bruit des portes qu'on enfonçait, puis tout-à-coup l'épouvantable fracas que faisait une voûte en s'écroulant. Les cotons, les mousselines, enfin les étoffes les plus riches d'Europe et de l'Asie brûlaient avec violence; dans les caves on avait entassé du sucre, des huiles, de la résine et du vitriol : toutes ces matières se consumant à la fois, dans des magasins souterrains, exhalaient des torrens de flammes à travers d'épais grillages. Spectacle à la fois touchant et horrible, puisqu'un si grand malheur devait faire pressentir, même aux ames les plus endurcies, que la justice divine ferait un jour éclater sa colère sur les premiers auteurs de cette effroyable dévastation.

Les renseignemens que je cherchai à prendre sur les causes de cet incendie, me satisfirent peu; mais le soir, en rentrant au palais où notre état-major était établi, j'y trouvai un Français, jadis instituteur des enfans d'un prince russe. Cet homme à beaucoup d'instruction joignait des vues très-saines en politique, d'autant plus précieuses à recueillir, qu'ayant vécu longtemps avec la noblesse russe, il en connaissait parfaitement l'esprit; de plus, les événemens survenus à Moscou depuis la bataille de la Moskwa, s'étaient passés sous ses yeux; et, quoique Français, il était du petit nombre de ceux qui, par leur sagesse et leurs talens, avaient toujours été dans l'intimité du comte Rastopchin. Cette rencontre me parut heureuse pour savoir ce que je désirais tant d'apprendre, et surtout pour bien connaître le caractère de ce gouverneur qui, malgré les plus noires calomnies, sera vénéré de ses concitoyens, et cité chez les races futures comme un modèle de courage et de vertu patriotique.

« Quoique les Français, depuis la bataille de Borodino (1), marchassent en trois colonnes sur Moscou, me dit l'instituteur, néanmoins il n'y avait que la noblesse ou les personnes attachées au gouvernement qui fussent informées des maux dont la ville était menacée. Le comte Rastopchin croyant prudent de cacher au peuple la vérité, fit annoncer que les Français avaient été battus. Cet artifice contribuait à prolonger ses illusions; mais lorsqu'on vit revenir dans ces murs l'armée russe, précédée de vingt mille blessés, entraînant avec elle toute la population des campagnes; alors les citoyens renoncèrent à leurs paisibles occupations et s'abandonnèrent à la plus affreuse agitation : les sociétés furent dissoutes, les maisons publiques désertes, les artisans même, renonçant au travail qui devait alimenter leur famille, fermèrent leurs boutiques, et partageant

(1) On sait que les Russes appellent ainsi la bataille de la Moskwa.

la douleur commune, se mêlaient à une foule immense qui, courant les rues, allait chez le gouverneur, pour demander s'il fallait fuir ou rester.

» Placé dans cette circonstance critique et douloureuse, le comte Rastopchin fit publier qu'il marcherait contre les Français, à la tête de cent mille hommes, et ordonna de construire des redoutes en avant de la ville (1). Il fit même forger des lances, des sabres, et distribuer des armes aux citoyens qui en demandaient. Ayant ensuite réuni tout ce que la noblesse avait de plus illustre, et tout ce qu'il y avait de riche et de plus estimé dans le corps des négocians, il rappela à ces illustres citoyens les promesses solemnelles qu'ils avaient faites à leur Empereur, et remit sous leurs yeux cette scène touchante où le souverain, père de la patrie, recevait de ses enfans l'hommage de leur fortune et de leur vie. A ce souvenir le comte Rastopchin, ému par les sentimens dont il était agité, se sentit suffoqué par un excès d'attendrissement, et perdit l'usage de la parole : cette scène muette dura plusieurs minutes, et fit répandre plus de larmes qu'un discours éloquent.

(1) Sur la *montagne des Moineaux*. Cette position fut faiblement défe...

» Mais l'intérêt de l'état ayant réprimé cette sensibilité naturelle, un noble faisant partie de l'assemblée, et qui par ses relations diplomatiques connaissait les motifs de cette guerre désastreuse, prit la place du gouverneur et dit à ceux qui l'écoutaient : « Si vous saviez combien
« le cœur paternel de notre monarque a souf-
« fert, et combien il a employé de détours pour
« assurer le repos et le bonheur de l'Empire;
« si vous saviez même combien son amour pour
« la paix et le maintien d'une alliance oné-
« reuse, lui a fait négliger les intérêts de sa
« gloire, vous auriez alors une idée de ce mo-
« dèle des princes, qui nous disait, il y a en-
« viron six semaines : Je n'ai rien négligé pour
« assurer le repos de ces contrées; plus je fai-
« sais de sacrifices, plus Napoléon en exigeait
« de nouveaux; pour notre justification aux
« yeux de la postérité, il faut avouer que nous
« n'avons pris les armes qu'à la dernière extré-
« mité et au moment où notre glorieux empire
« a été placé entre l'infamie de laisser flétrir ses
« lauriers ou de courir les chances de la guerre.....
« Mais enfin, puisque l'injustice nous force à
« la faire, pourquoi la redouterions-nous? De-
« puis plus d'un siècle elle nous a toujours été
« favorable et glorieuse. Funeste bouleverse-
« ment de l'esprit humain! jadis le Nord était

« la terreur du Midi, et aujourd'hui que le
« Nord se civilise et qu'il aspire à une pacifi-
« cation universelle, le Midi, aveuglé par une
« fureur insensée, abandonne ses riches pro-
« vinces pour venir opprimer nos contrés gla-
« ciales. Faudra-t-il donc toujours être oppres-
« seurs pour n'être point opprimés! Et faut-il
« que mes sentimens pacifiques fassent aujour-
« d'hui le malheur de mon règne. Envain le
« fléau du monde allègue qu'il fait une *guerre*
« *politique*, et que c'est la lutte de la civi-
« lisation contre la barbarie; piége grossier dont
« il se sert pour abuser ceux qui ne connaissent
« point nos mœurs et nos principes. Cette ci-
« vilisation tant vantée, et qui veut aujourd'hui
« nous anéantir, qu'a-t-elle donc à craindre de
« nous qui épuisons nos trésors, qui traversons
« les mers et courons les deux hémisphères
« pour la cultiver et la naturaliser dans nos
« climats. Et ceux-là même qui nous voyent
« allant chez eux pour nous instruire, et qui
« s'enrichissent en nous vendant le fruit de leur
« industrie, ceux-là même osent nous appeler
« barbares ! Non, non, ce n'est point là le mo-
« tif de la guerre que l'ingrat Napoléon nous a
« suscitée; il craint plus nos progrès rapides
« que notre rudesse. En effet, quelle nation au-
« rait assez de vertu pour n'être pas jalouse de

« la protection miraculeuse que Dieu accorde à
« notre empire. Il y a à peine un siècle que
« Pierre, d'illustre mémoire, l'a mis au rang
« des grandes puissances, et depuis ce temps
« combien de peuples domptés, de provinces
« soumises, de places enlevées!...... Mais non!
« comptons plutôt pour véritables trophées, les
« villes fondées, les gouvernemens policés, les
« universités, les colléges et les institutions
« créés, et vous verrez que dans un court espace
« de temps nous avons effacé la ligne qui sépa-
« rait l'Europe civilisée de l'Europe barbare.
« C'est notre esprit de civilisation, si conforme
« à celui dont les Français font vanité, qui,
« dans ce jour, nous attire leur haine; ils nous
« reprochent nos conquêtes sur les Persans et
« sur les Turcs, feignant d'ignorer que c'est par
« la terreur que nous inspirons aux Musulmans
« que l'Europe a cessé d'être envahie par ces in-
« fidèles; la Hongrie nous doit sa sûreté et l'Ita-
« lie sa conservation: en cela bien différens de
« nos ennemis, dont les conquêtes ne sont pour
« leurs voisins qu'un nouveau sujet de guerre et
« de discordes. »

» Tel est le sens des paroles mémorables que
l'empereur Alexandre avait prononcées lors de la
première assemblée de la noblesse, et que l'orateur crut devoir rappeler pour animer davantage

les esprits de ceux qui n'y avaient point assisté; mais le comte Rastopchin, rendant à son caracractère toute son énergie, dédaigna l'éloquence populaire dont il avait fait usage dans ses proclamations, et profita de l'impression que ce discours avait produite dans l'assemblée pour s'exprimer à-peu-près en ces termes :

« Braves Moscovites!

« Notre ennemi s'avance, et déjà vous enten-
« dez sa foudre qui gronde non loin de nos fau-
« bourgs. Le méchant veut renverser un trône
« dont l'éclat offusque le sien. Nous avons cédé
« le terrain, mais nous n'avons pas été vaincus.
« Vous le savez, notre empire, à l'imitation de
« nos ancêtres, réside dans notre camp. Nos ar-
« mées sont presque intactes, se renforcent
« chaque jour de nouvelles levées; celles du per-
« fide, au contraire, arrivent épuisées, anéan-
« ties. L'insensé! il croyait que son aigle victo-
« rieuse, après avoir erré des rives du Tage aux
« sources du Volga, pourrait détruire celle qui,
« nourrie au sein du Kremlin, a pris son vol
« rapide, et planant sur nos têtes, étend une aile
« jusqu'au pôle, et l'autre par de là le Bosphore.
« Soyons persévérans, et j'ose vous assurer que
« la patrie, du sein de ses ruines, ressortira plus
« grande et plus majestueuse. Pour parvenir à
« un si beau résultat, songez, amis, qu'il faut

« faire de grands sacrifices, et renoncer à ses
« plus chères affections. Prouvez aujourd'hui
« que vous êtes les dignes émules des Pojarski,
« des Palitsire et des Minine, qui, dans les
« temps les plus malheureux, à force de courage,
« établirent la croyance que le Kremlin était
« sacré; maintenez cette pieuse tradition, et
« pour la soutenir, que chacun de vous arme son
« bras contre l'ennemi dangereux qui veut
« anéantir notre empire et renverser nos autels.
« Pour obtenir la victoire, sacrifiez tout, puis-
« que sans elle vous perdez votre honneur,
« votre fortune, votre indépendance. Mais si,
« par l'effet de la colère céleste, Dieu veut,
« pour un instant, faire triompher le crime,
« rappelez-vous que votre devoir le plus sacré
« sera de fuir dans les déserts, et d'abandonner
« une patrie qui ne sera plus la vôtre, sitôt
« qu'elle aura été souillée par la présence de
« vos oppresseurs. Les habitans de Sarragosse,
« ayant sans cesse sous les yeux le courage im-
« mortel de leurs ayeux, qui, pour éviter le
« joug des Romains, firent un bûcher où ils
« ensevelirent leur fortune, leur famille et eux-
« mêmes, ont préféré mourir sous les ruines de
« leur ville, plutôt que de plier sous l'injustice.
« Aujourd'hui la même tyrannie menace de
« nous accabler. Eh bien! prouvez à l'Univers

« que l'exemple mémorable de l'Espagne n'a
« point été perdu pour la Russie. »

A ce discours succéda la plus violente agitation : tous les sénateurs l'applaudirent avec transport, et tous, à l'exception de sept, votèrent qu'il fallait brûler Moscou. Aussitôt que la populace fut informée de cette résolution, elle se répandit dans les principales rues, et à l'instigation de la noblesse, cria qu'il valait mieux périr que de survivre à sa patrie, à sa religion. Ceux à qui la nature avait refusé le courage, coururent chez eux pour soustraire leur famille au danger. Les uns prenant la fuite, allèrent dans les bois braver les horreurs de la faim et les rigueurs de la mort; d'autres juraient au contraire de défendre la ville, ou se réunissaient à l'armée qui battait en retraite. Le reste de la population prenant les armes, alla se réfugier dans le Kremlin, tandis que les plus exaspérés, tenant des flambeaux en main, furent brûler la bourse, qui, comme vous savez, renfermait des richesses immenses, et où l'armée française pouvait trouver à subsister pendant tout l'hiver. »

Tel fut le récit que me fit cet estimable instituteur, de tout ce qui s'était passé à Moscou, jusqu'au moment de notre arrivée. Nous gémissions ensemble sur tant de malheurs, et comme le temps était fort calme, nous espérions que Moscou n'aurait à déplorer que la perte de la bourse; mais le lendemain, au point du jour (16 septembre), quel fut notre saisissement, lorsque nous vîmes que le feu était aux quatre coins de la ville, et que le vent soufflant avec furie, faisait voler de tous côtés des brandons enflammés.

Alors s'offrit à mes yeux le spectacle le plus lamentable que mon imagination ait jamais pu se figurer, même à la lecture du morceau le plus affligeant de toutes les histoires anciennes et modernes. Une grande partie de la population de Moscou, par la crainte que causa notre arrivée, était demeurée cachée dans l'intérieur des maisons; elle en sortit du moment que l'incendie eût pénétré dans ses asiles. On voyait tous ces infortunés tremblans, sans proférer la moindre imprécation, tant la frayeur rendait leur douleur muette! sortir de leur retraite, emportant avec eux leurs effets les plus précieux; mais les ames sensibles, agitées par le seul sentiment de la nature, ne portaient dans leurs bras que leurs plus jeunes enfans; derrière, elles étaient suivies par d'autres un peu plus grands, qui, pour ne pas se perdre, doublaient le pas en appelant leur mère. Les vieillards, encore plus accablés par la douleur que par les années, rarement pouvaient suivre leur famille, et beaucoup pleurant sur la ruine de leur patrie, se laissaient mourir auprès de la maison qui les avait vus naître. Les rues, les places publiques, et surtout les églises, étaient remplies de ces malheureux, qui, couchés sur le reste de leur mobilier, gémissaient sans donner le moindre signe de désespoir; on n'entendait aucun cri, aucune querelle : le vainqueur et le vaincu étaient également abrutis, l'un par l'excès de fortune, l'autre par l'excès de misère.

L'embrasement poursuivant ses ravages, eut bientôt atteint les plus beaux quartiers de la ville. En un instant, tous ces palais, que nous avions admirés par l'élégance de leur architecture et le goût de leur ameublement, furent ensevelis sous des torrens de flammes. Leurs superbes frontons, décorés de bas-reliefs et de statues, venant à manquer de supports, tombaient avec fracas sur les débris de leurs colonnes. Les églises, quoique couvertes en tôle et en plomb, tombaient aussi, et avec elles, ces dômes superbes que nous avions vus la veille tout resplendissans d'or et d'argent. Les hôpitaux où se trouvaient plus de douze mille blessés, ne tardèrent pas à être incendiés; le désastre qui en résulta révoltait l'ame et la glaçait d'effroi. Presque tous ces infortunés périrent, et l'on voyait le peu de vivans qui respiraient encore, se traîner à moitié brûlés, sous des cendres fumantes; d'autres gémissant sous des monceaux de cadavres, les soulevaient avec peine pour chercher à revoir la lumière.

Comment dépeindre le mouvement tumultueux qui s'éleva, lorsque le pillage fut toléré dans toute l'étendue de cette ville immense; les soldats, les vivandiers, les forçats et les prostituées courant les rues, pénétraient dans les palais déserts, et en arrachaient tout ce qui pouvait flatter leur cupidité. Les uns se couvraient d'étoffes tissues d'or et de soie; d'autres mettaient sur leurs épaules, sans choix ni discernement, les fourrures les plus estimées: beaucoup se couvraient de pelisses de femmes et d'enfans, et les galériens même cachèrent leurs haillons sous des habits de cour! Le reste, allant en foule vers les caves, enfonçait les portes, et buvant les vins les plus précieux, emportait d'un pas chancelant son immense butin.

Cet affreux saccage ne se borna point aux seules maisons abandonnées; les malheurs de la ville et l'avidité de la populace les firent toutes confondre, et facilitèrent aux pillards des dévastations aussi grandes que celles de l'incendie. Aussi tous ces asiles ne tardèrent pas à être violés par une soldatesque insolente; ceux qui avaient chez eux des officiers, purent un instant concevoir la pensée d'échapper au malheur commun : vaine illusion ! le feu s'avançant progressivement détruisit bientôt toutes leurs espérances.

Ce fut vers le soir que Napoléon ne se croyant plus en sûreté dans une ville dont la ruine paraissait inévitable, abandonna le Kremlin, et fut avec sa suite s'établir au château de Péterskoé. En le voyant passer, je ne pus regarder sans frémir le chef d'une expédition barbare qui, pour se dérober aux justes cris de l'indignation publique, recherchait sur son passage les lieux les plus ténébreux. C'était en vain : de tous côtés les flammes semblaient le poursuivre, et volant sur sa tête coupable, me rappelèrent les torches des Euménides poursuivant les criminels dévoués aux Furies.

Les généraux reçurent aussi l'ordre de sortir de Moscou. Alors la licence devint effrénée, et les soldats n'étant plus retenus par la crainte qu'inspire toujours la présence des chefs, se livrèrent à tous les excès imaginables : aucune retraite ne fut assez sûre, aucun lieu assez saint, pour se préserver de leurs recherches avides. Mais rien ne devait autant exciter la cupidité comme l'église de Saint-Michel, destinée à la sépulture des empereurs de Russie. Une fausse tradition faisait croire qu'il s'y trouvait des richesses immenses. Dans cette croyance, des grenadiers pénètrent dans l'église, et tenant en main des flambeaux, descendent dans de vastes souterrains pour troubler la paix et le silence des tombeaux. Au lieu de trésors ils ne trouvèrent que des cercueils en pierre, couverts de velours rouge, et de très-minces plaques en argent, sur lesquelles on lisait les noms des Czars, le jour de leur naissance et celui de leur décès. Mécontens de voir leurs espérances trompées, ils fouillèrent les cercueils, et en arrachèrent les offrandes consacrées par la piété, moins précieuses par elles-mêmes que par les sentimens dont elles sont le gage.

A tous les excès de la cupidité se mêlèrent toutes les dépravations de la débauche; ni la noblesse du sang, ni la candeur du jeune âge, ni les larmes de la beauté ne purent être respectées; licence cruelle, mais inévitable dans une guerre monstrueuse, où seize nations réunies, différentes de mœurs et de langage, se croyaient tout permis, dans la persuasion que leurs désordres ne seraient jamais attribués qu'à l'une d'elles.

Consterné par tant de calamités, j'espérais que les ombres de la nuit en couvriraient l'effrayant tableau; elles ne servirent au contraire qu'à rendre l'incendie plus terrible, et à faire ressortir davantage la violence des flammes qui s'étendaient du nord au midi; agitées par les vents, elles sillonnaient le ciel rembruni par une épaisse fumée. On apercevait aussi les fusées incendiaires que les malfaiteurs lançaient du haut des clochers, et qui ressemblaient de loin à des étoiles tombantes. Mais rien ne glaçait d'effroi comme la terreur qui régnait au fond des cœurs, et qui, dans le silence des ténèbres, ne faisait que s'accroître par les cris des malheureux qu'on égorgeait, ou par les pleurs des jeunes filles, qui se réfugiaient dans le sein palpitant de leurs mères, et dont les vains efforts ne servaient qu'à enflammer la rage des ravisseurs. A ces affreux gémissemens se joignaient les hurlemens des chiens qui, selon l'usage de Moscou, enchaînés aux portes des palais, ne pouvaient échapper au feu dont ils étaient entourés.

Saisi d'épouvante, je me flattais que le sommeil dissiperait ces scènes révoltantes; loin de dormir, une foule de pensées, assiégeant ma mémoire, me retraçaient toujours les horreurs dont j'avais été le témoin; un instant mes sens fatigués parurent obtenir du repos, lorsque la lueur de ce vaste embrasement me réveilla en sursaut, et d'abord me fit croire qu'il était grand jour; puis, me rappelant les événemens de la veille, je crus que ma chambre même était la proie des flammes.

Cette fois l'apparence ne fut point un songe: en me mettant à la fenêtre, je vis notre quartier en feu, et la maison où j'étais sur le point d'être brûlée. Les étincelles tombaient dans notre cour et sur la toiture en bois de nos écuries. Je courus alors auprès de mes hôtes; connaissant toute l'étendue de leur malheur, ils avaient déjà abandonné leur demeure accoutumée pour se retirer dans un lieu souterrain qui leur offrait plus de sûreté; et là, couchés avec leurs domestiques, ils ne voulaient pas sortir, craignant nos soldats, disaient-ils, autant que l'incendie; seulement le père, placé sur le seuil de la porte, voulait s'exposer le premier à tous les maux qui semblaient menacer sa famille; deux de ses filles, dont les larmes relevaient la beauté, pâles et échevelées, lui disputaient l'honneur de ce dévouement; et je ne pus les arracher de l'asile sous lequel ils allaient être engloutis qu'à force de violence. Mais ces infortunés, rendus à la lumière, contemplaient avec sang-froid la perte de toutes leurs richesses; ils ne s'étonnaient que de ce qu'on les laissait vivre; et quoiqu'ils eussent bien reconnu qu'on ne voulait point leur nuire, néanmoins ils n'en témoignèrent aucune reconnaissance: semblables à ces malheureux, qui, conduits au supplice, demeurent stupéfaits lorsqu'on leur fait grâce, tant les angoisses de la mort les rendent insensibles au présent de la vie.

Afin d'abréger le récit de cette effrayante catastrophe pour laquelle l'histoire manquera d'expressions, je passerai rapidement sur une foule de circonstances affligeantes pour l'humanité; je vais me borner à dépeindre l'effroyable confusion qui se manifesta dans notre armée lorsque le feu eut gagné la totalité des quartiers de Moscou, et que la ville entière ne forma plus qu'un immense bûcher.

On ne distinguait plus les endroits où il y avait eu des maisons que par quelques piliers en pierres calcinées et noircies. Le vent, soufflant avec violence, formait un mugissement semblable à celui que produit une mer agitée, et faisait tomber sur nous, et avec un fracas épouvantable, les énormes lames de tôle qui couvraient les palais. De quel côté qu'on tournât la vue, on ne voyait que des ruines ou des flammes. Le feu prenait comme s'il eût été mis par une puissance invisible; des quartiers immenses s'allumaient, brûlaient et disparaissaient à la fois.

A travers une épaisse fumée, se présentait une longue file de voitures, toutes chargées de butin; forcées, par l'encombrement, de s'arrêter à chaque pas, on entendait les cris des conducteurs, qui, craignant d'être brûlés, poussaient, pour avancer, des imprécations effroyables; partout on ne voyait que des gens armés qui, quoiqu's'en allant, enfonçaient les portes dans la crainte de laisser une maison intacte; et si des objets nouveaux étaient préférables à ceux qu'ils avaient d'abord, ils abandonnaient les premiers pour se saisir de la dernière capture; beaucoup, ayant même des voitures bien chargées, emportaient, sur leur dos, le reste de ce qu'ils avaient pillé; mais l'incendie, en obstruant le passage des principales rues, les obligeait à revenir sur leurs pas; ils erraient ainsi de quartier en quartier, cherchant, dans une ville immense, qu'ils ne connaissaient point, une issue favorable pour pouvoir sortir d'un labyrinthe de feu. On en voyait qui s'éloignaient au lieu de se rapprocher du petit nombre de portes par lesquelles on pouvait sortir. C'est ainsi que plusieurs périrent victimes de leur cupidité. Malgré ce péril extrême, cette même cupidité faisait braver tous les dangers; les soldats, excités par l'ardeur du pillage, se précipitaient au milieu des vapeurs embrasées, au travers des armes étincelantes; ils marchaient dans le sang, foulant aux pieds des cadavres, tandis que des ruines et des charbons ardens tombaient sur leurs bras homicides: tous auraient peut-être péri, si une chaleur insupportable ne les eût enfin forcés à se sauver dans leur camp.

Le quatrième corps ayant aussi reçu l'ordre de sortir de Moscou, nous nous acheminâmes (17 septembre) pour aller auprès de Péterskoé où nos divisions se trouvaient campées : ce fut dans ce moment, qui me parut être la pointe du jour, que j'aperçus un spectacle à la fois terrible et touchant : une foule de malheureux habitans traînaient sur de mauvaises voitures tout ce qu'ils avaient pu sauver de leurs maisons incendiées ; et comme les soldats leur avaient enlevé leurs chevaux, on voyait des hommes, et des femmes même, attelés à ces charrettes sur lesquelles étaient une mère infirme, ou un vieillard paralytique. Des enfans presque nus suivaient ces groupes intéressans ; la tristesse, si éloignée de leur âge, était empreinte sur leur figure ; et si les soldats s'approchaient d'eux, ils couraient en pleurant se jeter dans les bras de leur mère. Hélas! quelle demeure pouvait-on leur offrir qui ne leur retraçât sans cesse l'objet de leur terreur? Sans asiles, sans secours, ces infortunés erraient dans les campagnes, se réfugiaient dans les bois, et partout ils retrouvaient les vainqueurs de Moscou qui, souvent en les maltraitant, vendaient sous leurs yeux les effets enlevés dans leur propre maison.

SECONDE PARTIE.

LIVRE VI.

MALO-JAROSLAVETZ.

L'arrivée d'une armée française victorieuse dans l'ancienne capitale des Czars, dans la ville la plus riche et la plus centrale de Russie, et qu'une croyance religieuse avait regardée jusqu'alors comme sainte et sacrée, était un des événemens les plus extraordinaires de l'histoire moderne. A la vérité nos précédentes conquêtes avaient depuis quelques années accoutumé l'Europe à voir couronner du succès les plans de campagne les plus vastes et les plus surprenans. Mais de toutes nos expéditions, aucune n'avait eu, comme celle-ci, à un si haut degré l'apparence de grandeur propre à séduire les ames passionnées pour le merveilleux, et aucune ne pouvait davantage, par la difficulté de l'entreprise, assimiler nos travaux à tout ce que les Perses, les Grecs et les Romains avaient conçu de plus prodigieux. La distance de Paris à Moscou, à peu près égale à celle qui séparait la capitale d'Alexandre de celle de Darius; la nature des lieux et des climats qui passaient pour inaccessibles aux armées de l'Europe; le souvenir de Charles XII qui, voulant tenter un semblable projet, n'osa dépasser Smolensk; la frayeur des nations asiatiques, étonnées de voir arriver chez elles les peuples qui fuyaient devant nous; enfin, tout concourait à donner aux progrès de la Grande-Armée un air de prodige qui rappelait les expéditions les plus admirées de l'antiquité.

Telle était la couleur qu'offrait le tableau de nos conquêtes lorsqu'on l'envisageait sous le point de vue le plus brillant; mais dès que la saine raison nous faisait entrevoir l'avenir, on n'y trouvait que le coloris le plus triste et le plus rembruni. L'affreuse extrémité à laquelle les Moscovites avaient été réduits, nous prouvait qu'il n'y avait plus moyen de traiter avec un peuple déterminé à faire de si grands sacrifices, et que la vaine gloire de signer un traité de paix à Moscou, avait allumé un incendie dont les ravages s'étendraient sur toute l'Europe, et donneraient à la guerre un caractère tellement envenimé, qu'elle ne pourrait finir que par la ruine entière d'un peuple généreux, ou par la chute de ce génie malfaisant que Dieu, dans sa colère, semblait avoir créé pour châtier les hommes, et

s'en servir comme d'un nouvel ange extermi-
nateur.

Aussi les gens sages et doués d'un esprit judicieux, ne voyaient qu'avec terreur la destruction
d'une ville qui, depuis cinq jours, était la proie
des flammes, et dont la lueur venait chaque nuit
éclairer notre camp. « D'ailleurs, quelles peuvent
« être nos espérances, disaient-ils, en suppo-
« sant que nous soyons toujours vainqueurs?
« Après la prise de Moscou, ne faut-il pas
« tourner nos armes contre Pétersbourg; et
« quand même nous viendrions à bout de sou-
« mettre la Russie entière, quel sera le terme
« de nos conquêtes? Ne nous parlera-t-on pas
« alors de marcher sur l'Euphrate ou sur le
« Gange? Ainsi, notre dévouement et nos suc-
« cès ne serviront qu'à prolonger les maux de
« notre patrie en inspirant des désirs plus vastes
« encore à une ambition qui ne connaît point
« de limites? »

Quoique la ruine de Moscou fût une grande
perte pour les Russes, néanmoins cette perte
était encore plus sensible pour nous, en ce qu'elle
donnait à nos ennemis l'assurance de retirer tout
le fruit qu'ils s'étaient promis de la rigueur de
leur climat. En vain, parmi nous, objectait-on
que l'incendie de cette capitale était inutile, et
que l'armée française devait au contraire s'ap-

plaudir d'être débarrassée d'une population immense, dont le naturel ardent et fanatique pouvait y préparer les élémens d'une insurrection dangereuse : mais en y réfléchissant beaucoup, je me suis convaincu qu'avec le caractère astucieux et suborneur de notre chef, il était à craindre pour le gouvernement russe que cette même population, loin de se révolter contre nous, ne devînt au contraire un instrument à nos projets, et que la plupart des grands, entraînés par un aussi dangereux exemple, ou séduits par de brillantes promesses, n'abandonnassent les intérêts de la patrie. Ce fut sans doute pour prévenir cette calamité, que le comte Rastopchin fit le sacrifice de toute sa fortune, en incendiant Moscou, pensant que ce grand exemple était l'unique pour ranimer l'énergie de la noblesse, et nourrir dans la nation cette haine violente qui la souleva, en nous rendant l'objet de son exécration. D'ailleurs, cette ville étant approvisionnée pour huit mois, l'armée française, en l'occupant, pouvait attendre jusqu'au retour du printemps, et rentrer en campagne avec les armées de réserve qui campaient à Smolensk et sur le Niémen ; tandis qu'en brûlant Moscou, on nous forçait au contraire à une retraite précipitée, au milieu de la saison la plus rigoureuse de l'année. Les espérances fondées sur ce calcul paraissaient assurées; car notre formidable armée, venue pendant la belle saison, avait perdu le tiers de son monde par la seule rapidité des marches (1); il n'y avait pas à craindre non plus que nous prissions position nulle part, puisque l'indiscipline avait fait un désert de toutes nos conquêtes, et que l'imprévoyance du chef n'avait rien ménagé pour faciliter le retour. Enfin, pour achever de peindre notre détresse, au milieu de notre apparente victoire, il suffit de dire que l'armée entière était découragée et lasse de marcher : la cavalerie touchait à sa ruine, et les chevaux d'artillerie, épuisés par la mauvaise nourriture, ne pouvaient plus traîner les pièces. Aussi, quoique nous ayons été les déplorables victimes de l'incendie de Moscou, nous ne pouvons néanmoins nous empêcher d'admirer ce généreux dévouement, et de rendre justice aux habitans de cette ville, qui, à l'exemple des Espagnols, se sont, par leur courage et leur persévérance, élevés à ce haut degré de véritable

---

(1) Le quatrième corps, en partant de Glogau, était d'environ quarante-huit mille hommes, et lorsque nous sortîmes de Moscou, il n'y avait que vingt mille fantassins et deux mille cavaliers. La quinzième division qui avait treize mille hommes en entrant en campagne, était alors réduite à quatre mille.

gloire qui caractérise la grandeur d'une nation.

Lorsqu'on se rappelle les souffrances que nous avions endurées, et les pertes que la fatigue seule nous avait fait éprouver avant d'arriver à Moscou, et à une époque où la terre, couverte de ses productions, nous offrait d'abondantes ressources, on ne peut alors concevoir comment Napoléon fut assez aveugle, ou assez obstiné, pour ne pas abandonner la Russie; quand il vit surtout que la capitale, sur laquelle il avait compté, n'existait plus, et que l'hiver approchait. Il fallait que la puissance divine, voulant le punir de son orgueil, l'eût frappé de vertige, puisqu'il pût se refuser à une pareille évidence, et oser penser que les mêmes hommes qui avaient eu assez de courage pour détruire leur patrie, auraient ensuite la faiblesse d'accepter ses dures propositions, et de signer la paix sur les ruines fumantes de leur ville. Aussi les moins prévoyans pronostiquaient nos malheurs, et en passant sous les murs du Kremlin, ils croyaient entendre ces paroles prophétiques qu'une voix divine prononçait à Nabuchodonosor, lors de ses plus grandes prospérités : « *Ton empire passera en* « *d'autres mains; tu seras chassé de la com-* « *pagnie des hommes; tu vivras dans l'exil* « *et dans l'abrutissement, jusqu'à ce que tu* « *reconnaisses que le Très-Haut a un pouvoir*

« *absolu sur les royaumes, et qu'il les donne*
« *à qui il lui plaît.* »

Le jour où nous entrâmes dans Moscou, les troupes russes se retirèrent sur la grande route de Wladimir; ensuite la majeure partie de leur armée revint, suivit le cours de la Moskwa pour aller à Kolomna, où elle prit position le long de la rivière. L'on raconte à ce sujet que cette armée, accompagnée d'une population fugitive, passa sous les murs de Moscou deux jours après notre arrivée, lorsque la ville brûlait encore; elle fut éclairée par la lueur de l'incendie; le vent même, soufflant avec violence, apportait jusque dans les rangs des débris de la patrie réduite en cendres, et annonçait aux habitans qu'ils n'avaient plus d'asiles. Malgré tant de maux, cette troupe observa le plus grand ordre, et garda un profond silence : une telle résignation, à la vue d'un tableau si douloureux, donnait à cette marche un air imposant et religieux.

Pendant les quatre jours (17, 18, 19 et 20 septembre) que nous demeurâmes auprès de Péterskoé (1), Moscou ne cessa de brûler. Cependant la pluie tombait par torrent, et le petit nombre de maisons qu'il y avait auprès de ce palais, pour la grande multitude qui s'y trou-

(1) Ce palais impérial, dont on a déjà parlé, n'est qu'à un quart de lieue de Moscou.

vait campée, rendait fort difficile la possibilité d'obtenir un abri : ainsi hommes, chevaux et voitures bivaquaient au milieu des champs. Les états-majors, placés autour des châteaux où se trouvaient leurs généraux, étaient établis dans des jardins anglais, et se logeaient sous des grottes, des pavillons chinois, des kiosques, ou des cabinets de verdure, tandis que tous les chevaux, attachés sous des acacias ou des tilleuls, étaient séparés les uns des autres par des charmilles ou des plate-bandes. Ce camp, vraiment pittoresque, l'était encore davantage par le costume nouveau qu'adoptaient les soldats : la plupart, pour se mettre à l'abri des injures du temps, avaient endossé les mêmes vêtemens qu'on voyait jadis à Moscou, et qui, dans le bazar de cette ville, offraient la plus piquante variété. On voyait ainsi promener dans notre camp des soldats vêtus à la tartare, à la kosaque, à la chinoise; l'un portait la toque polonaise, l'autre le haut bonnet des Persans, des Baskirs ou des Kalmouks. Enfin notre armée, à cette époque, offrait l'image du carnaval, et c'est ce qui fit dire, par la suite, que notre retraite ayant commencé par une mascarade, avait fini par un enterrement.

Mais l'abondance dont jouissait l'armée lui faisait oublier ses fatigues; on se consolait d'avoir la pluie sur le dos, et les pieds dans la boue, par la bonne chère et le bénéfice que chacun retirait en trafiquant les objets apportés de Moscou. Car, quoiqu'il fût défendu d'aller dans cette ville, les soldats, attirés par l'appât du gain, violaient les consignes, et continuellement revenaient chargés de vivres et de marchandises. Sous le prétexte d'aller à la maraude, ils retournaient auprès du Kremlin, et fouillant sous les ruines et les cendres, découvraient des magasins intacts, dont ils retiraient avec profusion des objets de toute espèce. Ainsi notre camp ne ressemblait plus à une armée, mais bien à une grande foire où chaque soldat, métamorphosé en marchand, vendait, à vil prix, les choses les plus précieuses; et quoique campé dans les champs, exposé aux injures du temps, par un contraste singulier, il mangeait dans des assiettes de porcelaine, buvait dans des vases d'argent, et possédait tout ce que le luxe avait imaginé de plus riche et de plus élégant pour les commodités de la vie.

Le séjour de Péterskoé et de ses jardins devenant aussi malsain qu'incommode, Napoléon retourna s'établir au Kremlin qui n'avait point été brûlé; alors la garde et les états-majors reçurent l'ordre de rentrer dans la ville (20 et 21 septembre). D'après le relevé qu'en firent les ingénieurs-géographes, le dixième des maisons subsistait encore; elles furent réparties selon les quartiers, entre chacun des corps de la Grande-Armée. On nous donna le même que nous avions auparavant, c'est-à-dire le faubourg de Pétersbourg.

Cette fois nous n'eûmes plus l'embarras du choix pour nos logemens. En rentrant dans la ville, nous éprouvâmes un serrement de cœur en voyant qu'il ne restait aucune trace de ces beaux hôtels où nous nous étions établis; ils avaient tous disparu, et leurs décombres, encore fumans, exhalaient des vapeurs sur toute l'atmosphère qui, en forme de nuages, obscurcissaient le soleil, et nous faisaient croire que son disque était rouge et sanglant. On ne distinguait plus l'alignement des rues, les seuls palais en pierre conservaient quelques traces de ce qu'ils avaient été : isolés sur des amas de charbons et de cendres, noircis par la fumée, ces débris d'une ville nouvelle ressemblaient à des restes d'antiquités.

Chacun cherchait à se loger, mais rarement trouvait-on des maisons réunies, et pour abriter quelques compagnies, il fallait occuper un vaste terrain qui n'offrait des habitations que de distance en distance. Les églises, moins combustibles que les autres bâtimens, ayant encore conservé leur toiture, furent transformées en casernes et en écuries. Ainsi les hennissemens des chevaux et les horribles blasphêmes du soldat, remplacèrent les hymnes saints et harmonieux qui, jadis, retentissaient sous ces voûtes sacrées.

Curieux de voir en quel état se trouvait la maison où j'avais logé, je la cherchais envain; une église voisine, encore existante, me la fit enfin retrouver; dans l'état où je la vis, j'avais peine à la reconnaître; elle était entièrement brûlée, il n'en restait que les quatre murailles, toutes lézardées par la violence du feu. Je contemplais avec horreur tant de ravages, lorsque les malheureux domestiques de cette maison sortirent du fond d'une cave; maigris par la misère, j'aurais trouvé leurs traits bien changés si les cendres et la fumée ne les eussent rendus méconnaissables : ils me parurent des spectres. Mais de quelle sensation pénible ne fus-je pas frappé, en reconnaissant mon ancien hôte parmi ces misérables, caché sous des haillons que lui avaient prêtés ses domestiques; il vivait maintenant comme eux, tant le malheur avait égalé les conditions! En me voyant, il ne put s'empêcher de verser des larmes, surtout en me présentant ses enfans à demi nus, et mourant de faim. Sa douleur muette fit sur mon ame une impression profonde, et par les signes de cet infortuné je compris que les soldats, après avoir spolié sa demeure, pendant qu'elle brûlait, lui avaient encore arraché les habits qu'il portait. A la vue d'un tableau si déchirant, j'eus le cœur navré; et cherchant à soulager ses peines, je craignais de n'avoir à lui donner que des consolations stériles; mais le même homme qui, peu de jours auparavant, m'avait donné un repas splendide, accepta un morceau de pain avec reconnaissance.

Quoique la population de Moscou eût entièrement disparu, néanmoins il restait beaucoup de ces êtres malheureux que la misère force à regarder tous les événemens avec indifférence. Ceux-là couraient les rues avec les soldats, leur servaient de domestiques, s'estimant très-heureux d'avoir pour récompense les effets que ceux-ci dédaignaient. On voyait aussi beaucoup de filles publiques, et cette classe fut la seule qui retira quelque fruit du sac de Moscou; car chacun, empressé d'avoir une femme, accueillait avec plaisir ces créatures qui, introduites dans nos maisons, en devenaient sur le champ les maîtresses, et gaspillaient tout ce que les flammes avaient épargné. Il en était d'autres qui réellement méritaient des égards par leur éducation, et surtout par leur malheur : la faim et la misère souvent forcèrent leurs mères à venir nous les présenter. Cette immoralité dans une telle circonstance, retombait sur ceux qui n'avaient pas assez de vertu pour triompher d'une passion brutale, et assez corrompus pour chercher du plaisir sur une bouche que la faim décolore. Car cet empire que les mères nous donnaient sur leurs filles, était l'effet d'une calamité publique.

Il y avait encore, dans Moscou, une classe d'hommes, qui était la plus méprisable de toutes, puisqu'elle racheta ses crimes par de nouveaux crimes plus grands encore; c'était celle des forçats. Aussi longtemps que dura l'embrasement de cette capitale, ils se signalèrent par l'audace avec laquelle ils exécutèrent les ordres qu'ils avaient reçus : munis de briquets phosphoriques, ils rallumèrent l'incendie sur tous les points où il paraissait s'éteindre, et se glissaient furtivement dans les maisons habitées, pour y mettre le feu. Plusieurs de ces êtres abjects furent arrêtés la torche à la main; mais leur supplice, trop prompt, produisit peu d'effet (24 septembre). Le peuple, qui toujours déteste ses vainqueurs, regarda ces exécutions comme un calcul de notre politique; ces victimes, en effet, étaient trop obscures pour l'expiation d'un tel crime; leur procédure surtout manquant d'appareil, ne jeta aucun jour sur un si grand événement, et ne pouvait nous justifier d'une manière éclatante aux yeux de ceux qui persistaient à croire que nous en étions les auteurs.

Beaucoup de Moscovites, cachés dans les forêts voisines, voyant cesser l'incendie, crurent n'avoir plus rien à craindre et rentrèrent dans la ville; les uns cherchaient leurs maisons et ne la trouvaient plus; d'autres, voulant se réfugier dans le sanctuaire de leur dieu, virent, avec douleur, qu'on l'avait profané : les promenades offraient un spectacle révoltant; à chaque instant on rencontrait des hommes morts; et sur plusieurs arbres à demi brûlés, était suspendu le cadavre d'un incendiaire. C'est au milieu de ces horreurs qu'on voyait les infortunés habitans, restés sans asile, ramasser la tôle qui couvrait les toits, pour se construire des cabanes qu'ils élevaient dans des quartiers éloignés, ou dans des jardins entièrement ravagés. N'ayant rien à manger, ils fouillaient la terre pour arracher la racine des légumes que nos soldats avaient cueillis; ou bien, errant au milieu des décombres, ils remuaient les cendres refroidies pour y chercher les alimens que le feu n'avait pas entièrement consumés; pâles, décharnés et presque nus, la lenteur de leur démarche annonçait l'excès de leurs souffrances. Enfin, plusieurs se rappelant qu'on avait coulé des barques chargées de grains, plongèrent dans la rivière pour se nourrir d'un blé en fermentation, dont l'odeur était repoussante.

Pour soulager le cœur affecté de tant de calamités, je crois devoir rappeler le beau trait d'un soldat français qui trouva dans un cimetière une femme nouvellement accouchée; comme elle était sans secours, sans alimens, ce généreux militaire, touché de la position de cette infortunée, lui donna tous ses soins, et pendant plusieurs jours la nourrit en partageant avec elle le peu de vivres qu'il put se procurer (1).

Tandis que le gros de l'armée russe prenait différentes positions, les seigneurs des provinces voisines de Moscou profitèrent de l'exaspération où les malheurs de la guerre avaient réduit la population, pour la soulever et l'armer contre nous. Beaucoup firent des levées à leurs frais, et se mirent à la tête de leurs paysans insurgés. Ces forces réunies aux kosaques, interceptaient sur les grandes routes les convois qui nous arrivaient. Mais le but principal de ces armemens était de harceler nos fourrageurs, et surtout de leur enlever toutes les ressources qu'on pouvait encore retirer des villages voisins. Quant à nos différens corps d'armée, se trouvant très-éloignés et au milieu d'une plaine immense,

(1) Voyez *Moscou avant et après l'incendie*, par G. T. D. L., témoin oculaire; page 125.

couverte de bois, il leur était impossible de s'opposer à des agressions qui nous préparaient un avenir si funeste.

En fouillant sous les ruines de Moscou, on trouvait souvent des magasins de sucre, de vin ou d'eau-de-vie. Ces découvertes précieuses dans des temps plus heureux, n'étaient pas d'un grand soulagement pour une armée qui avait consommé tous les légumes de la campagne, et qui touchait au moment de n'avoir plus ni pain ni viande. Le manque de fourrage faisait dépérir nos bestiaux, et pour nous en procurer de nouveaux, il fallait chaque jour livrer des combats toujours désavantageux; car, à un aussi grand éloignement de notre patrie, la plus petite perte était pour nous très-sensible.

Notre misère réelle était masquée par une abondance apparente; nous n'avions ni pain ni viande, et nos tables étaient couvertes de confitures et de bombons. Le café, le thé et les vins de toutes espèces, servis dans de la porcelaine ou dans des vases de cristaux, faisaient voir que chez nous le luxe était voisin de la pauvreté. L'étendue de nos besoins rendait presque nulle la valeur de l'argent, et c'est là que prit naissance la coutume des échanges; celui qui avait du drap, l'offrait pour du vin, et celui qui avait une pelisse pouvait en retirer beaucoup de sucre et de café.

Napoléon se nourrissait toujours du ridicule espoir de ramener, par des proclamations pleines de douceur, ceux qui, voulant s'affranchir de son joug, avaient fait de leur patrie un immense bûcher. Pour les séduire et leur inspirer quelque confiance, il avait divisé les restes de la ville en quartiers, nommé des commandans pour chacun, et institué des magistrats, afin de rendre au peu de citoyens qui restaient encore, la justice qui leur était due. Le consul-général Lesseps, nommé gouverneur de Moscou, fit publier une proclamation, pour annoncer aux habitans les *intentions paternelles* de Napoléon : mais ces promesses *généreuses et bienfaisantes* ne parvinrent point aux Moscovites; et lors même qu'elles seraient arrivées jusqu'à eux, la rigueur des circonstances les aurait fait regarder comme la plus sanglante des ironies. D'ailleurs, la plupart avaient fui derrière le Volga, et les autres, réfugiés au milieu de l'armée russe, et animés par une haine légitime, ne respiraient que le sentiment de la vengeance.

Cependant le prince Kutusoff ayant porté la plupart de ses forces sur Lectaskova, entre Moscou et Kaluga, afin de couvrir les provinces méridionales, resserra étroitement Napoléon, si bien que celui-ci, malgré ses différentes manœuvres, ne pouvait se dégager de sa pénible position, et se voyait toujours contraint à se replier sur lui-même. Il lui était impossible de se porter sur Pétersbourg sans attirer sur ses derrières l'armée russe, et compromettre notre sûreté en renonçant à toute communication avec la Pologne. Il ne pouvait point non plus marcher vers le Volga, car de nouvelles invasions sur ce point n'auraient fait que l'affaiblir et l'éloigner de ses ressources. Par conséquent, rien n'était aussi critique que la situation de l'armée française, puisque, campée sur les routes de Twer, de Jaroslaw, de Wladimir, de Riasan et de Kaluga, elle était toujours contrainte de rester dans Moscou, cernée de toutes part, ayant peu de cavalerie et forcée de faire face à une ligne d'environ cent lieues de circonférence. D'ailleurs cette capitale, jadis si brillante, n'était plus qu'un séjour infect où on ne voyait que des ruines, et la campagne aurait été déserte sans les paysans et les kosaques qui, parcourant le pays, nous enlevaient nos transports, arrêtaient nos courriers, et massacraient nos fourrageurs, enfin nous causaient des maux irréparables. Dès lors notre état devint de plus en plus pénible, la pénurie et le mécontentement des soldats augmentaient chaque jour, et pour comble de maux, la paix, chez les esprits sensés, était hors de toute probabilité.

Ce serait un récit singulier que celui de tous les projets extraordinaires qui, dans cette circonstance, furent mis à l'ordre de l'armée; les uns parlaient d'aller en Ukraine, les autres de marcher sur Pétersbourg ; mais les gens sages répétaient qu'on aurait dû depuis longtemps retourner à Wilna. Napoléon, toujours plus opiniâtre contre les difficultés, et passionné pour les choses surnaturelles, persistait à se maintenir dans un désert, et croyait obliger l'ennemi à signer la paix en feignant de vouloir passer l'hiver à Moscou. Pour assurer le succès de son stratagême, il forma le plan d'armer le Kremlin et de faire même une citadelle de la grande maison de force, située dans le quartier de Pétersbourg, connue sous le nom d'*Ostrog*, et que nous autres appelions *maison carrée*. Enfin, lorsque tout était épuisé et qu'on n'avait rien pour vivre, il nous ordonna de faire des provisions pour deux mois.

(6 Octobre.) Tandis qu'on s'occupait à méditer sur toutes ces choses, et surtout à faire des provisions sans avoir aucune ressource, des bruits de paix, accrédités par cela seul qu'ils étaient vivement désirés, en comblant nos cœurs de joie, nous firent croire qu'on n'aurait pas besoin de recourir à des mesures impraticables. Cette nouvelle acquit de la condistance par l'accord qui régnait entre les kosaques et les avant-postes du roi de Naples. Leur inaction et des procédés réciproques faisaient augurer qu'il y avait espérance de raccommodement entre les deux Empereurs; de plus, on savait que le général Lauriston avait été envoyé au quartier-général du prince Kutusoff, et qu'à la suite de son entretien avec ce général en chef, un courrier avait été expédié à Saint-Pétersbourg, pour décider de la paix ou de la guerre.

En attendant, Napoléon, avec son activité naturelle, sans cesse passait ses troupes en revue, et par un examen sévère, obligeait les colonels à maintenir leurs régimens dans une tenue rigoureuse. Le temps, à notre grand étonnement, était toujours magnifique et contribuait beaucoup à rendre ces revues imposantes. Une chose aussi rare dans une saison si avancée, était une espèce de phénomène pour les Moscovites qui, accoutumés à voir la neige dès le mois d'octobre, ne contemplaient qu'avec surprise les beaux jours dont nous jouissions; le peuple, naturellement superstitieux, et qui, depuis longtemps, attendait l'hiver comme son vengeur, dans son impatience, désespérait des secours de la Providence, et commençait à regarder un tel prodige comme l'effet de la protection manifeste que Dieu accordait à Napoléon.

Mais cette apparente protection fut précisément la cause de sa perte, en ce qu'elle l'aveugla au point de lui faire croire que le climat de Moscou ressemblait à celui de Paris; dans sa folle vanité, il espérait commander aux saisons comme il commandait aux hommes; et, par un abus de son heureuse étoile, il croyait que le *soleil d'Austerlitz* l'éclairerait jusqu'au pôle, ou qu'à sa voix, comme à celle d'un autre Josué, cet astre s'arrêterait pour protéger sa course vagabonde.

Tandis qu'on parlait de négociation, on préparait tout pour recommencer la guerre; mais on ne faisait rien pour prévenir les rigueurs de l'hiver. Cependant l'avenir était effrayant: plus notre séjour dans Moscou se prolongeait, plus il devenait pénible. A mesure que nous épuisions les villages voisins, il fallait aller dans des lieux qui toujours s'éloignaient davantage. Leur distance rendait nos courses aussi périlleuses que fatigantes: partis dès l'aurore, rarement nos fourrageurs rentraient avant la nuit. De pareilles courses, chaque jour répétées, en lassant les hommes, exterminaient la cavalerie, et particulièrement les attelages de l'artillerie; les plus forts régimens n'avaient pas cent chevaux, et il ne restait plus aux hommes pour se nourrir que la chair de ces animaux. Au milieu de toutes ces angoisses, l'audace des kosaques redoublait à mesure que notre épuisement nous rendait plus timides.

Ils en donnèrent une preuve en attaquant aux environs de Moscou le village où les dragons de la garde étaient cantonnés; ceux-ci, quoiqu'assaillis par des forces nombreuses, néanmoins se défendirent avec beaucoup de courage, et l'affaire eût été glorieuse pour eux, si un officier supérieur, et une cinquantaine des siens, n'étaient tombés au pouvoir des Russes; quelques jours après, ces derniers prirent également un convoi d'artillerie venu de Viazma, et amené par deux majors. Napoléon crut ces officiers coupables, et ordonna à une commission d'examiner leur conduite. L'un d'eux, plus par l'affront, sans doute, d'avoir perdu ses pièces, que par la crainte de se trouver répréhensible, se brûla la cervelle. Pour prévenir de semblables pertes, la division Broussier et la cavalerie légère, commandée par le comte Ornano, reçurent l'ordre d'aller s'établir aux environs du château de Galitzin, situé entre Mojaïsk et Moscou. Ces troupes délivrèrent les pays circonvoisins de la présence des kosaques, qui toujours évitaient leur rencontre ; mais le moindre intervalle laissé par nos troupes était sur-le-champ occupé par ces hordes de Tartares, qui profitaient des avantages que leur offrait le terrain, pour tenter les coups les plus hardis.

Ils renouvelèrent leurs entreprises en attaquant un autre convoi d'artillerie, venu d'Italie, sous les ordres du major Vivés. On raconte à ce sujet, que l'escorte, ayant pris la fuite, livra aux kosaques toute l'artillerie qui lui avait été confiée. Ceux-ci emmenaient les pièces et les chevaux, lorsque le comte Ornano, informé de cette attaque, se mit à la poursuite des ennemis, et parvint à les atteindre au milieu des bois. A la vue de notre cavalerie, ils prirent la fuite, abandonnant sans résistance tout le fruit de leur victoire. On voulut mettre en jugement le major Vivés; mais notre départ, et, par la suite, des malheurs plus grands encore, forcèrent Napoléon à se relâcher de sa sévérité accoutumée.

Dans le temps que la quatorzième division assurait la route de Viazma, la treizième était sur celle de Twer; cette dernière était tranquille dans ses cantonnemens, lorsqu'on fut informé que le comte Saltikof, favori de l'empereur Alexandre, et seigneur du village de Marfino, voisin de Dimitrow, avait armé tous ses paysans, et que dans son château même il se réunissait à plusieurs autres seigneurs, pour former le plan d'une insurrection plus vaste. Afin d'étouffer ce dangereux exemple, et en prévenir les résultats, il fut ordonné à une brigade de la treizième division de se rendre au château de Marfino. Le général qui la commandait fit d'exactes recherches pour se convaincre qu'il y avait eu des rassemblemens; elles furent toutes infructueuses : mais, forcé de se conformer aux ordres qu'il avait reçus, ce général livra aux flammes un palais justement renommé pour être un des plus beaux de la Russie. Ce prétendu rassemblement fit soupçonner que Napoléon, dans cette expédition, n'avait eu en vue que de se venger du comte Saltikof, dont il était l'ennemi, par cela seul que ce seigneur était fidèle à son souverain.

(15 Octobre.) Les différentes incursions que les corps d'armée faisaient tour-à-tour, confirmaient l'impossibilité où nous étions de pouvoir nous maintenir plus long-temps dans notre position. Tout présageait notre prochain départ, et ce soupçon se changea en certitude en voyant qu'on avait évacué les hôpitaux sur Minsk et Wilna, et que la plupart des généraux blessés faisaient partie de ce convoi, escorté par environ mille hommes d'infanterie. Nous apprîmes aussi que la cavalerie de la garde italienne quittait ses bons cantonnemens des environs de Dimitrow, pour revenir sur Moscou, et de là aller occuper

la position de Charopovo, petit village situé sur la route de Borovsk, éloigné de Moscou d'environ six lieues. En même temps le Vice-Roi ordonnait le retour de la treizième division, et faisait avancer la quatorzième, et la cavalerie du général Ornano, vers Fominskoé, où tout le quatrième corps semblait devoir se diriger. Les kosaques, informés de ce mouvement, épièrent l'instant où les bagages de notre cavalerie légère n'avaient qu'une faible escorte, pour assaillir le convoi aux environt d'Osighovo ; mais voyant arriver la division Broussier, ils abandonnèrent une partie de leur butin, et, à la faveur des bois, se dérobèrent à la poursuite de nos soldats.

On attendait avec la plus vive anxiété le retour du courrier expédié à Pétersbourg, lorsque le général Lauriston partit de nouveau pour aller auprès de Kutusow, mais avec une si grande précipitation, qu'il fut forcé de se servir des relais de l'Empereur. Dans la persuasion que toutes ces conférences auraient une issue favorable, notre armée se gardait mal, et restait dans la plus parfaite sécurité. L'ennemi profita de cette faute pour attaquer (18 octobre) à Winkovo, auprès de Taroutina, la cavalerie du roi de Naples, et enlever un parc de vingt-six pièces qu'il emmena. Cette attaque, faite au moment où la cavalerie allait fourrager, fut fatale à cette arme, qui déjà était dans un grand dépérissement. Mais il est faux que notre armée ait pris la fuite. Le roi de Naples, qui était à pied au moment de cette surprise, en fut à peine informé, que sur-le-champ il monta à cheval, et se porta, avec son état-major, au milieu de l'action qu'il dirigea avec intrépidité, à mesure que notre cavalerie se formait. Les kosaques, obligés de fuir, abandonnèrent les vingt-six pièces de canon; l'infanterie russe s'avança pour les soutenir, alors le combat devint général, et, de part et d'autre, on se battit avec acharnement. Les carabiniers et quelques régimens polonais, moins fatigués que le reste de la cavalerie, contribuèrent à venger l'honneur de nos armes, et, dans cette journée, acquirent une gloire digne de leur brillante réputation. Le général Bagawout, commandant le second corps russe, fut tué dans l'action, et le général Bennigsen reçut un coup de feu. De notre côté, plus de deux mille hommes furent l'objet de nos regrets : on déplora particulièrement la mort du général Déry, aide-de-camp du roi de Naples, qui dans toutes les occasions avait fait preuve d'un grand courage et d'une haute capacité.

L'Empereur était au Kremlin, occupé à passer ses troupes en revue, lorsqu'il reçut cette nouvelle inattendue ; aussitôt il devint furieux, et, dans les transports de sa colère, il s'écria que c'était une trahison, une infamie; qu'on avait attaqué le roi de Naples au mépris de toutes les lois de la guerre, et qu'il n'y avait que des barbares qui pussent ainsi violer les conventions (1). Sur-le-champ la parade fut dissoute, les espérances de paix évanouies, et l'ordre du départ donné pour le soir même. Tous les corps devaient quitter Moscou et se porter sur la grande route de Kaluga. On espérait qu'on irait dans l'Ukraine chercher, sous un ciel plus doux, des contrées moins ravagées et beaucoup plus fertiles. Mais ceux qui paraissaient les mieux informés, assuraient que notre mouvement sur Kaluga n'était qu'une fausse manœuvre, faite dans l'intention de masquer à l'ennemi notre projet de retraite sur Smolensk et Witepsk.

Quiconque n'a point vu l'armée française sor-

---

(1) Il n'y eut jamais de trêve entre les deux armées, seulement les avant-postes de Milloradowitch témoignèrent, à ceux du roi de Naples, le désir et l'espérance qu'ils avaient de conclure la paix. Toutes ces fausses démonstrations nous abusèrent, et firent croire à l'armée qu'on attendait le retour du courrier expédié à Pétersbourg. Ce courrier devait arriver le 20 octobre. Les Russes nous surprirent le 18, et c'est ce qui fit dire qu'ils avaient attaqué trois jours avant l'expiration de l'armistice.

tir de Moscou, ne peut avoir qu'une bien faible idée de ce qu'étaient les armées grecques et romaines lorsqu'elles abandonnèrent les ruines de Troye ou de Carthage. Tous ceux qui dans ce moment observèrent la nôtre, virent la répétition des mêmes scènes avec lesquelles Virgile et Tite-Live ne cessent ne nous émouvoir. Ces longues files de voitures qui, sur trois ou quatre rangs, s'étendaient à plusieurs lieues, chargées de l'immense butin que les soldats avaient arraché aux flammes; ces paysans moscovites, devenus nos domestiques, nous représentaient les esclaves que les anciens traînaient à leur suite. D'autres, emmenant avec eux des femmes, des enfans, ou des filles, rappelaient ces guerriers à qui des captives étaient échues en partage. Enfin, plusieurs caissons remplis de trophées, où se trouvaient des drapeaux turcs ou persans, enlevés des voûtes du palais des Czars, et surtout la fameuse croix de saint Iwan, fermaient glorieusement la marche d'une armée qui, sans l'imprudence de son chef, aurait un jour tiré vanité d'avoir presqu'atteint les limites de l'Europe, et d'avoir fait entendre aux peuples de l'Asie le bruit des mêmes bronzes qui retentirent vers les colonnes d'Hercule.

Comme on était parti fort tard, on ne fut camper qu'à un mauvais village, éloigné seulement d'une lieue de Moscou. La cavalerie de la garde italienne qui se trouvait toujours à Charopovo, en partit le jour suivant (19 octobre), et vint nous rejoindre à Batoutinka, non loin du château de Troitskoé, où Napoléon avait établi son quartier-général. Presque toute l'armée était réunie sur ce point, à l'exception de la cavalerie qui était en avant, et de la jeune garde, restée à Moscou pour fermer notre marche. Aussi éprouvait-on beaucoup de difficultés pour vivre, mais on pouvait encore bivaquer, et les voitures que chaque officier traînait avec lui, fournissaient des provisions.

Le lendemain, la cavalerie de la garde royale devait se diriger vers Charopovo, et être suivie par tout le quatrième corps; au moment où elle allait partir, elle fut rappelée, et le Prince ordonna à ces troupes de continuer à marcher par la même route que nous avions suivie la veille. On traversa la Pakra auprès de Gorki; ce beau village avait cessé d'exister, et la rivière, encombrée de tous les débris des maisons consumées, ne roulait plus qu'une eau bourbeuse et noirâtre; au dessus était le beau château de Krasnoé entièrement saccagé, mais l'élégance de l'édifice contrastait encore avec les collines agrestes sur lesquelles il est bâti. Arrivé sur ce point, nous fîmes halte, et une heure après, nous abandonnâmes la grande route pour chercher vers notre droite un passage qui nous conduisît à Fominskoé, où le général Broussier et notre cavalerie se trouvaient depuis quatre à cinq jours, en présence de l'ennemi. Notre marche, par ce chemin peu fréquenté, fut très-pénible, mais nous procura l'avantage de trouver quelques villages qui, quoiqu'abandonnés, étaient moins ravagés que ceux de la grande route. On passa la nuit à Inatowo, où se trouvait un château placé sur une élévation qui dominait la campagne par laquelle nous étions arrivés.

En continuant notre marche, toujours dans l'intention de rejoindre le chemin de Charopovo, nous parvînmes auprès du village appelé Bouïkasovo. Ces détails géographiques, sur lesquels je m'appesantis, ne paraîtront point fastidieux, si l'on songe qu'ils sont nécessaires pour faire connaître les difficultés que nous éprouvions dans nos opérations. Nous n'avions que des cartes insuffisantes; marchant sans guides, nous ne pouvions pas même prononcer à nos interprètes les noms des villages désignés sur ces cartes. Etant parvenus à découvrir un paysan, nous nous en saisîmes et le gardâmes pendant deux jours; mais il était si stupide, qu'on ne put tirer de lui que le nom de son village. Cependant cette marche était très-importante pour l'Empereur qui, avec le gros de l'armée, devait nous suivre : aussi chaque jour le Prince m'en faisait dessiner l'itinéraire, pour l'envoyer au major-général.

Tous les obstacles étant surmontés, nous rejoignîmes enfin la vieille route de Kaluga. Une heure après, nous arrivâmes à Fominskoé. La division Broussier était campée aux environs de ce village, et la cavalerie, placée en avant, fut emmenée par le Vice-Roi qui, sans s'arrêter, alla reconnaître le plateau qu'occupaient les kosaques ; mais, à sa vue, ils se retirèrent, et lui cédèrent le terrain sur lequel il s'attendait de combattre.

La position de Fominskoé, sous le rapport militaire, eût été avantageuse pour les Russes s'ils avaient voulu la défendre : au milieu du village, dominé par une colline, passe la rivière de la Nara, qui, vers ce point, renfermée par le rétrécissement de la vallée, forme un petit lac dont les alentours sont très-marécageux. Cependant toute l'armée devait franchir ce défilé, où il n'y avait qu'un seul pont, qui parut insuffisant ; on le réserva pour les voitures, et l'on en fit un autre, expressément consacré à la seule infanterie.

Pour exécuter ce travail et laisser passer une partie de l'armée, on nous donna un jour de repos (22 octobre). Dans cet intervalle, les Polonais, conduits par le prince Poniatowski, marchaient sur Vereïa, où l'hetman Platow se trouvait avec ses kosaques; vint ensuite Napoléon avec son cortège accoutumé, et dans l'instant tout le village fut encombré d'hommes, de voitures et de chevaux. Mais, grâce aux sages dispositions qu'on avait prises, tout se passa sans confusion; ce ne fut pas sans étonnement, car les *cohues de Xercès* (1) n'eurent jamais plus de bagages que nous.

« Ce jour-là même le capitaine Evrard, qui avait été envoyé en mission à Charopovo, nous annonça qu'il avait entendu du côté de Moscou une détonation effrayante; nous apprîmes alors qu'elle avait été produite par l'explosion de la mine qui fit sauter le Kremlin. La destruction de cette célèbre citadelle et des beaux édifices qu'elle renfermait, fut consommée par la jeune garde impériale, commandée par le duc de Trévise. Ce maréchal, en quittant Moscou, reçut l'ordre formel de renverser tout ce que la flamme avait épargné. Ainsi finit cette ville célèbre, fondée par des Tartares, et détruite par

(1) Expression de Napoléon, et dont il se servit dans les bulletins de la campagne de 1809, en parlant des armées autrichiennes.

des Français! Comblée de toutes les faveurs de la fortune, et située au centre du continent, elle éprouva, par les seules passions d'un soldat parvenu, tout ce que les vicissitudes humaines peuvent offrir de plus lamentable; et dans cette occasion, l'historien ne saurait trop remarquer que le même homme qui affectait de nous sacrifier pour les progrès de la civilisation, s'enorgueillissait dans ses bulletins de l'avoir, sur son passage, reculée de cent ans (1).

Moscou ne fut point repris par les Russes, mais bien évacué par la jeune garde, dont le mouvement rétrograde se liait aux plans de nos opérations. Le général Winzingerode, qui commandait en chef le corps qui observait Moscou pendant que nous l'occupions, voulut y rentrer avec tant de précipitation, qu'il fut fait prisonnier avec le jeune Narishkin, son aide-de-camp. Honteux de son imprudence, il en ressentit une telle confusion, qu'il prétendit être parlementaire. Pouvait-on considérer comme tel un général en chef, qui, pour exciter ses soldats, s'avançait sans communications préliminaires, et sans avoir fait aucun des signaux d'usage?

Une partie de l'armée ayant passé la Nara, le quatrième corps la traversa également vers

(1) Voyez les bulletins de la campagne de Russie.

les cinq heures du matin (23 octobre), et se dirigea sur Borovsk. L'ennemi ne parut point devant nous, sans doute pour courir annoncer au général en chef que nous avions trompé sa vigilance en le laissant sur la nouvelle route de Kaluga, pour prendre l'ancienne qui passe par Borovsk.

L'ennemi, informé de notre marche, abandonna aussitôt son camp retranché de Lectaskova; mais il nous laissa dans l'incertitude de savoir s'il déboucherait par Borovsk ou par Malo-Jaroslavetz. Napoléon occupait cette première ville, placée sur une éminence, autour de laquelle coule la Protva dans un lit très-profond.

Le prince Eugène qui avait campé une demi-lieue plus loin que Borovsk, dans un petit village à droite de la route, fit marcher la division Delzons sur Malo-Jaroslavetz, avec l'ordre d'occuper la position avant que les Russes s'en emparassent. Ce général l'ayant trouvée sans défense, en prit paisiblement possession avec deux bataillons seulement, laissant le reste en arrière dans la plaine. Ainsi l'on croyait que cette position nous était assurée, lorsque le lendemain (24 octobre), au point du jour, nous entendîmes en avant de nous, le bruit d'une forte canonnade; le Vice-Roi en soupçonnant la cause, sur-le-champ monte à cheval avec son état-major, et court au galop vers Malo-Jaroslavetz. En approchant de cette ville, le bruit du canon redoublait, les tirailleurs se faisaient entendre de tous côtés, enfin nous aperçûmes distinctement les colonnes russes, qui venaient de la nouvelle route de Kaluga, pour prendre position sur celle où nous étions.

On arrivait au pied du plateau de Malo-Jaroslavetz (1), lorsque le général Delzons venant à nous, s'avança près du Prince, et lui dit : « Hier au soir en arrivant, je m'emparai de la « position, et rien ne semblait me la disputer, « lorsque, vers les quatre heures du matin, « j'ai été attaqué par une nombreuse infante- « rie ; aussitôt deux bataillons ont pris les « armes ; mais repoussés par des forces de « beaucoup supérieures, ils ont été obligés de « descendre du plateau et d'abandonner Malo- « Jaroslavetz (2). » Le Vice-Roi, sentant l'im-

(1) Voyez le plan du champ de bataille de Malo-Jaroslavetz.

(2) Le général Delzons s'était conduit sagement et conformément à ses instructions, en ne mettant en position que deux bataillons. Le pont de la Louja, qui passe sous Malo-Jaroslavetz, avait été coupé ; par conséquent

portance de cette perte, sur-le-champ voulut la réparer, et ordonna à ce général de faire marcher toute sa division. Alors un combat opiniâtre s'engagea; des troupes fraîches s'étant avancées pour secourir les Russes, nos soldats plièrent un instant; le général Delzons, voyant qu'ils battaient en retraite, courut les ranimer au fort de la mêlée : au moment qu'il défendait avec obstination la barrière de la ville, des tirailleurs ennemis, retranchés derrière le mur d'un cimetière, firent feu sur lui, et une balle, en lui perçant le front, le renversa sans vie. Le Prince, informé de ce triste événement, parut fort affecté de la perte d'un général si digne de son estime, et, après avoir donné de justes regrets à sa mémoire, envoya sur-le-champ pour le remplacer le général Guilleminot, dont le courage et les bonnes dispositions, rallièrent la division, découragée par la mort de son chef. On se battait avec acharnement dans les rues de la ville, lorsque la division Broussier entra en ligne pour secourir celle qui depuis si long-

---

il ne convenait pas de faire passer une division entière par delà cette rivière; de plus, l'incertitude où l'on était de savoir par où l'ennemi déboucherait, avait fait donner l'ordre au général Delzons, de se tenir prêt à battre en retraite, dans la supposition qu'il entendit tirer le canon du côté de Borovsk.

temps était engagée ; nos soldats reprenaient l'offensive ; mais de nouvelles colonnes russes venant toujours par le chemin de Lectaskova, parvinrent à les culbuter ; nous les vîmes même descendre avec précipitation du haut de la colline, et courir se jeter vers le pont, comme pour vouloir repasser la rivière de Louja qui coulait au dessous du plateau.

Nos braves, ranimés par le colonel Forestier, et se voyant soutenus par les chasseurs et les grenadiers de la garde royale, commandés par le général Lecchi, reprirent leur attitude accoutumée, et montèrent de nouveau sur la position. Cependant le grand nombre de blessés qui abandonnaient le champ de bataille, et surtout la difficulté qu'on avait à se maintenir dans Malo-Jaroslavetz, firent juger au Vice-Roi qu'il fallait envoyer d'autres troupes contre celles, sans cesse renaissantes, que l'ennemi mettait en bataille. La division Pino, qui, pendant toute la campagne, avait toujours cherché l'occasion de faire connaître l'ardeur dont elle était animée, saisit cette circonstance pour obéir avec transport aux ordres du Prince : dirigée par plusieurs officiers d'état-major, elle se porta sur la hauteur au pas de charge, et poussant des cris de joie, parvint à s'établir dans tous les lieux d'où l'ennemi nous avait chassés. Ce succès fut chèrement acheté : grand nombres d'intrépides Italiens périrent victimes de leur émulation pour la valeur française, et ce ne fut pas sans regrets que nous apprîmes la mort du général Levié, à qui le sort ne permit de jouir que huit jours de son nouveau grade. Nous fûmes également affligés, en voyant revenir le général Pino, tout ensanglanté : malgré la douleur de sa blessure, elle était pour lui moins sensible que la perte d'un frère qui venait de mourir à ses côtés. Pendant ce temps, le canon de l'ennemi tirait toujours, et ses boulets venaient porter le ravage et la mort jusque dans les rangs des vélites royaux, placés en réserve, et dans les groupes que formait l'état-major du Vice-Roi. Ce fut alors que le général Gifflenga, homme d'un grand mérite et d'une rare intrépidité, reçut dans la gorge une balle qui l'obligea à s'éloigner du champ de bataille.

Le succès de la journée était décidé : nous occupions la ville et toutes les hauteurs, lorsque la cinquième division du premier corps vint prendre position à notre gauche, et la troisième division du même corps, venue aussi après l'affaire, occupa un bois, situé à notre droite (1). Jusqu'à neuf heures du soir, nos batteries et

---

(2) Voyez le champ de bataille de Malo-Jaroslavetz.

nos fantassins ne cessèrent de tirer, et à une distance très-rapprochée de l'ennemi; enfin la nuit et la lassitude mirent fin à ce combat acharné, et ce fut seulement vers dix heures du soir que le Vice-Roi et l'état-major purent prendre du repos, nécessaire après tant de fatigues. Nous campâmes au dessous de Malo-Jaroslavetz, entre la ville et la rivière de Louja. Quant aux troupes, elles bivaquèrent dans toute l'étendue des positions qu'elles avaient si glorieusement enlevées.

Le lendemain nous reconnûmes que l'obstination des Russes à nous disputer Malo-Jaroslavetz, provenait de l'intention où ils étaient d'effectuer leur mouvement sur notre droite, afin d'arriver à Viazma avant nous, bien persuadés que notre marche sur Kaluga n'était qu'une manœuvre faite dans le dessein de masquer notre retraite. Vers les quatre heures du matin le Vice-Roi monta à cheval; nous parcourûmes le plateau sur lequel nous avions combattu, et nous vîmes la plaine couverte de kosaques dont l'artillerie légère faisait feu sur nos troupes; nous reconnûmes aussi sur la gauche trois grandes redoutes. La veille, elles étaient armées de quinze à vingt pièces de canon, et défendaient le flanc droit de Kutusoff, en supposant qu'on eût voulu, de ce côté, tourner sa position. Vers les dix heures le feu se ralentit, et à midi il cessa tout à fait.

L'intérieur de Malo-Jaroslavetz nous présenta le spectacle le plus horrible; en y entrant, nous vîmes avec douleur la place où avait péri le général Delzons, et chacun regretta qu'une mort prématurée eût mis fin à sa glorieuse carrière. On donna également des éloges à l'héroïsme de son frère, qui reçut une blessure mortelle en voulant l'arracher des mains de l'ennemi. Un peu plus loin, on nous montra l'endroit où le général Fontane avait été blessé; et au dessous du plateau, nous vîmes les grenadiers du 35º. régiment de ligne, qui rendaient les honneurs funèbres à leur brave colonel.

La ville où l'on avait combattu n'existait plus; on ne distinguait l'alignement des rues que par les nombreux cadavres dont elles étaient jonchées; de tous côtés l'on ne voyait que des membres épars, et des têtes humaines écrasées par les pièces d'artillerie qu'on avait fait manœuvrer. Les maisons ne formaient qu'un monceau de ruines, et sous leurs cendres brûlantes paraissaient des squelettes à demi consumés. Il y eut aussi des malades et des blessés, qui, en quittant le combat, furent se réfugier dans ces mêmes maisons; le petit nombre de ceux qui échappèrent aux flammes se montraient devant nous, ayant la figure noircie, les habits et les cheveux brûlés : d'une voix mourante et lamentable, ils poussaient les cris les plus douloureux; en les voyant, l'homme le plus féroce était attendri, et détournant les yeux, ne pouvait s'empêcher de répandre des larmes. A ce tableau chacun frémissait des maux auxquels le despotisme nous expose, et se croyait ramené à ces temps de barbarie, où l'on ne pouvait apaiser les dieux qu'en offrant des victimes humaines sur des autels ensanglantés.

Vers l'après-midi Napoléon étant arrivé avec une suite nombreuse, parcourut froidement le champ de bataille, et entendit sans s'émouvoir les cris douloureux des malheureux blessés qui demandaient à être secourus. Cet homme, accoutumé depuis vingt ans aux maux de la guerre, dont il était si follement épris, ne put, en entrant dans la ville, s'empêcher d'être étonné de l'acharnement avec lequel on avait combattu. En supposant même qu'il eût voulu marcher sur Tula et Kaluga, l'expérience de ce combat l'en aurait détourné; dans cette circonstance, son insensibilité fut forcée de rendre justice à ceux qui l'avaient méritée. Il en donna un témoignage éclatant, en louant la valeur du quatrième corps, et en disant au Vice-Roi : *L'honneur de* cette belle journée vous appartient tout entier (1).

Pendant qu'on était aux prises avec l'ennemi, pour lui disputer la position de Malo-Jaroslavetz, plus de six mille kosaques fondirent sur le quartier-général de l'Empereur établi à Ghorodnia, et enlevèrent six pièces parquées non loin de ce village. Aussitôt le duc d'Istrie se porta au galop avec toute la cavalerie de la garde, soutenu par la quatrième division (2) et par le corps du général Latour-Maubourg; il parvint à reprendre l'artillerie qui avait été surprise. Les kosaques, sabrés et dispersés, effectuèrent leur retraite, et se jetèrent de l'autre côté de la Protva; mais en fuyant, un de leurs nombreux détachemens vint également attaquer les équipages du quatrième corps, et s'en serait peut-être emparé, si la cavalerie de la garde italienne ne l'eût reçu avec la même intrépidité que la garde

(1) Dernièrement, étant à Mantoue, j'ai entendu dire à sir Robert Wilson, témoin oculaire du combat de Malo-Jaroslavetz, que le prince Eugène, avec 20,000 hommes, avait ce jour-là soutenu le choc de neuf division russes, fortes de 10,000 hommes chacune.

(2) Elle était alors commandée par le général Frédéric, en remplacement du comte Dessaix, qui, ne pouvant, à cause de ses blessures, continuer la campagne, fut nommé gouverneur de Berlin.

impériale. Dans cette circonstance, on loua le sang-froid de l'ordonnateur en chef Joubert, qui, seul contre plusieurs kosaques, eut assez de courage pour se défendre jusqu'à ce qu'on fût venu à son secours.

Depuis l'ouverture de la campagne, le fils de l'hetman Platow, monté sur un superbe cheval blanc de l'Ukraine, était le fidèle compagnon d'armes de son père, et marchant toujours à la tête des kosaques, s'était fait remarquer de nos avant-gardes, par une rare intrépidité. Ce jeune homme était l'idole de son père, et l'espoir de la nation guerrière qui devait un jour lui obéir. Dans un choc violent de cavalerie, qui eut lieu auprès de Vereïa, entre le prince Poniatowski et l'hetman Platow, les Polonais et les Russes, animés par une haine violente, se battirent avec acharnement. Excités par l'ardeur du combat, ils s'arrachaient mutuellement la vie, et de toutes parts tombaient des braves, échappés à de grandes batailles.

Platow, qui voyait succomber sous les coups des Polonais ses meilleurs soldats, oubliait le péril, et d'un œil inquiet cherchait son fils; mais ce père infortuné touchait au moment terrible où il devait éprouver que la vie est souvent une grande disgrace. L'objet de sa plus chère affection, revenu du fort de la mêlée, se préparait à porter de nouveaux coups, lorsqu'il reçut une blessure mortelle d'un hulan polonais. Au même instant le père, qui volait à son secours, paraît, et se précipite sur lui. En le voyant, le fils pousse un profond soupir, veut lui parler et lui exprimer le dernier témoignage de sa tendresse; mais en ouvrant la bouche, il rendit le dernier soupir

Le lendemain, à la pointe du jour, les chefs des kosaques, en exprimant leur douleur, demandèrent en suppliant, qu'on leur permît de rendre au fils de leur hetman les honneurs de la sépulture. Chacun d'eux, en voyant cet intéressant jeune homme, étendu sur une peau d'ours, baisait respectueusement la main d'un guerrier qui, sans une mort prématurée, eût peut-être égalé par sa valeur et ses vertus les plus grands capitaines. Après avoir, selon leur rit, fait des prières ferventes pour le repos de son ame, ils l'enlevèrent aux regards de son père, pour le porter solennellement sur un tertre couvert de cyprès, et où l'on devait l'enterrer. Tout autour, les kosaques, rangés en bataille, observaient un silence religieux, et baissaient leur tête, sur laquelle se peignait la tristesse. Au moment où la terre allait pour toujours les séparer du fils de leur prince, ils firent à-la-fois un feu de mousqueterie. Ensuite, tenant en main leurs chevaux, ils défilèrent tous auprès du tombeau, en renversant contre terre la pointe de leurs lances (1).

(1) Cet épisode paraît romanesque, en ce qu'il peint des mœurs différentes des nôtres. Les journaux allemands, d'où il est tiré, l'ont raconté d'une manière très-poétique. Ceux de France ont également rapporté, sur l'hetman Platow, des choses si extraordinaires qu'elles autoriseront les historiens à faire de ce guerrier un personnage éminemment dramatique.

LIVRE VII.

DOROGHOBOUI.

La victoire de Malo-Jaroslavetz nous démontra deux tristes vérités : la première, que les Russes, loin d'être affaiblis, avaient été renforcés par de nombreuses milices, et que tous se battaient avec un acharnement qui nous faisait désespérer d'obtenir de nouvelles victoires. Encore deux combats comme celui-ci, disaient les soldats, et Napoléon n'aura plus d'armée. La deuxième vérité nous prouvait qu'il n'y avait plus l'espoir de faire une retraite paisible, puisque l'ennemi, à la suite de ce combat, nous ayant débordés, empêchait nos colonnes de se retirer par la route de Medouïn, de Ioukhnov et de Elnïa, et nous réduisait à la fâcheuse nécessité de revenir précipitamment sur la grande route de Smolensk, c'est-à-dire, par le désert que nous nous étions créé. Outre ces craintes bien fondées, nous avions encore la certitude que les Russes allaient envoyer au-devant de nous l'armée de Moldavie, tandis que le corps de Wittgenstein s'avancerait aussi pour s'unir à cette armée.

Après ce mémorable combat, tous ceux qui ne jugeaient que sur les apparences et les bruits populaires, crurent qu'on se porterait sur Kaluga et Tula; cependant, on s'étonnait de voir une forte avant-garde ennemie, au lieu de prendre cette même direction, déborder notre droite en filant sur Medouin; alors ceux qui avaient l'expérience des manœuvres, comprirent que les Russes avaient pénétré les desseins de Napoléon, et que, pour les prévenir, il nous fallait faire une marche précipitée sur Viazma, afin d'y arriver avant eux. Dès-lors, il ne fut plus question de Kaluga et de l'Ukraine, mais bien de revenir sur la route de Borovsk. Aussitôt que notre retraite fut décidée, le quatrième corps effectua son mouvement rétrograde, laissant à Malo-Jaroslavetz tout le premier corps, et la division de cavalerie du général Chastel: ces troupes devaient former l'arrière-garde, en marchant loin de nous à la distance d'une journée.

(26 Octobre.) Sur notre route nous vîmes à quoi se réduisait la triste et mémorable victoire de Malo-Jaroslavetz; de toutes parts on ne voyait que des caissons abandonnés faute de chevaux pour les traîner. Il y avait aussi les débris de plusieurs voitures et fourgons, brûlés pour la même cause. De pareilles pertes, dès le commencement de notre retraite, nous faisaient

entrevoir l'avenir sous les couleurs les plus sombres. Aussi ceux qui emportaient avec eux le butin de Moscou, tremblèrent pour leurs richesses. Mais chacun était inquiet en voyant l'état déplorable où se trouvaient déjà les restes de notre cavalerie, surtout en entendant l'explosion de nos caissons que chaque corps faisait sauter, et qui retentissait au loin comme des coups de tonnerre.

Il commençait à faire nuit lorsque nous arrivâmes à Ouvarovskoé (26 octobre) : surpris de voir les villages en flammes, on voulut en connaître la cause, et l'on apprit que l'ordre avait été donné de brûler tout ce qui se trouverait sur notre chemin. Il y avait dans le village où nous étions, un château, qui, quoiqu'en bois, était d'une grandeur et d'une magnificence égales à celles des plus beaux palais d'Italie. La richesse de l'ameublement répondait à la beauté de l'architecture : on y voyait des tableaux estimés, des candelabres d'un grand prix, et quantité de lustres en cristal de roche, qui faisaient de ses appartemens, lorsqu'ils étaient éclairés, un véritable séjour enchanté. Tant de richesses ne furent point épargnées, et le lendemain on nous raconta que nos soldats ayant trouvé trop lent d'y mettre le feu, avaient imaginé de le faire sauter, en plaçant au rez-de-chaussée des caissons remplis de poudre.

Les villages qui, quelques jours auparavant, nous avaient abrités, brûlaient lorsque nous les revîmes. Sous leurs cendres encore chaudes, que le vent poussait vers nous, étaient les cadavres de plusieurs soldats ou paysans; on y voyait aussi des enfans égorgés, et des jeunes filles massacrées à l'endroit même où elles avaient été violées. Nous laissâmes à notre droite la ville de Borovsk, qui était également la proie des flammes, pour remonter la Protva, et chercher un gué favorable à notre artillerie. On en avait trouvé un au-dessus de cette ville, qui, quoique très-mauvais, devait être frayé par tout notre corps; mais plusieurs caissons, restés dans la rivière, encombrèrent à tel point le passage, qu'il fallut en chercher un nouveau. Ayant été reconnaître le pont de Borovsk, je trouvai qu'il existait encore, et qu'il offrait à l'armée de grandes facilités pour les bagages. Aussitôt le Prince fit rétrograder la treizième division qui marchait en tête, et qui, par le moyen de ce pont, ouvrit à notre corps une route meilleure et beaucoup plus courte. Le seul danger à craindre était de faire passer des caissons chargés de munitions, au milieu d'une ville dont toutes les maisons étaient en feu.

Le quatrième corps fila à travers ce vaste incendie sans éprouver aucun accident ; le soir, après avoir franchi plusieurs défilés très-pénibles, nous arrivâmes au mauvais village d'Alféréva (27 octobre), où les généraux de division eurent peine à trouver une grange. Celle même du Vice-Roi était si affreuse, qu'on plaignait le sort de ceux qui étaient destinés à l'habiter. Pour comble de maux, le manque d'alimens redoublait nos souffrances ; les provisions de Moscou étaient sur le point de finir, et chacun, avare de ce qu'il avait, commençait à se retirer pour manger dans la solitude le morceau de pain que son industrie lui avait procuré. Nos chevaux étaient encore plus à plaindre ; de la mauvaisse paille, arrachée de la toiture des maisons, était leur unique nourriture. Aussi quantité de ces animaux succombant à la fatigue, obligeaient l'artillerie de renoncer à ses équipages, et chaque jour redoublait d'une manière effrayante la détonation des caissons que l'on faisait sauter.

(28 Octobre.) Le jour suivant nous repassâmes la Protva au dessous de Vereïa. Cette ville brûlait au moment de notre passage, et les flammes dévorantes, s'élevant en tourbillons, dans un instant la réduisirent en cendres : cité d'autant plus malheureuse qu'étant hors de la grande route, elle avait pu se flatter un instant d'échap-

per aux maux dont elle était entourée ; car, à l'exception du combat livré entre les Russes et les Polonais, elle avait faiblement ressenti les horreurs de la guerre : ses champs n'étaient point ravagés, et ses jardins bien cultivés étaient couverts de légumes de toute espèce qui, dans un instant, furent enlevés par nos soldats affamés.

Le troisième corps et la jeune garde laissée à Moscou nous rejoignirent par le chemin direct. Ce dernier corps avait emmené avec lui le trésor, l'intendance, et quantité de bagages : il continua ensuite sa route et marcha en tête. C'est à Vereïa qu'on présenta à l'Empereur le général Winzingerode et son aide-de-camp, faits prisonniers dans Moscou par le duc de Trévise. Napoléon le reçut fort mal et le traita sévèrement, lui disant qu'étant Saxon il le ferait juger par une commission militaire comme sujet rebelle de la confédération du Rhin. Heureusement pour lui il fut repris dans la retraite, aux environs de Minsk, par le colonel Czernichew, qui, avec un nombreux détachement de kosaques, allait à Tschachniki, annoncer au comte Wittgenstein le mouvement que faisait l'amiral Tschikagow, pour se réunir à lui sur les bords de la Bérézina.

On alla coucher dans un mauvais village dont on ne put jamais savoir le nom. Mais nous soupconnâmes que c'était Mitiaéva, en apprenant que Ghorodok-Borisov n'était qu'à une lieue de là. Ce gîte était encore plus mauvais que celui où nous avions couché la veille : la plupart des officiers furent au bivac ; situation pénible, car les nuits commençaient à être froides, et le manque de bois les rendait insupportables. Pour s'en procurer, on démolissait jusques aux granges où les généraux étaient établis ; aussi plusieurs d'entr'eux, après s'être endormis dans de bonnes cabanes, en se réveillant se trouvèrent à la belle étoile.

Napoléon, qui nous précédait d'une journée, avait déjà dépassé Mojaïsk, faisant brûler et détruire tout ce qui se trouvait sur son passage. Les soldats de sa suite étaient tellement portés à cette dévastation, qu'ils incendiaient aussi les lieux où nous devions nous arrêter ; cela nous exposait à de grandes souffrances : mais notre corps, à son tour, brûlant le peu de maisons qu'on avait laissées, enlevait à celui du prince d'Eckmühl, qui faisait l'arrière-garde, la faculté de trouver un asile, pour se mettre à l'abri de l'inclémence de l'air. Outre cette souffrance, ce même corps avait encore à lutter contre un ennemi acharné qui, en apprenant notre retraite, accourait de tous côtés pour satisfaire sa vengeance. Le canon qu'on entendait chaque jour, et à des distances très-rapprochées, nous annonçait assez qu'il fallait déployer, pour le contenir, de grands et pénibles efforts.

Enfin, après avoir passé dans Ghorodok-Borisov (29 octobre), à travers des tourbillons de fumée, nous entrâmes une heure après dans une plaine qui nous parut avoir été saccagée depuis quelque temps. On rencontrait de distance en distance des cadavres d'hommes et de chevaux. Mais, à la vue de plusieurs retranchemens à moitié détruits, et surtout à l'aspect d'une ville ruinée, je reconnus les environs de Mojaïsk où nous avions passé en vainqueurs cinquante-un jours auparavant. Les Polonais campaient sur ses décombres; comme ils allaient les abandonner, ils brûlaient encore les maisons échappées au premier incendie; il en restait si peu, qu'on voyait à peine la lueur des flammes. La seule chose qui pût nous frapper, était de voir toutes ces ruines d'où sortait une épaisse fumée, et dont la couleur noirâtre contrastait avec la blancheur du clocher nouvellement construit. Ce seul bâtiment subsistait en entier, et l'horloge sonnait encore les heures, lorsque la ville n'existait plus.

L'armée ne passa point par Mojaïsk, mais en appuyant sur la gauche nous arrivâmes sur l'emplacement de Krasnoé, où nous avions couché le lendemain de la bataille de la Moskwa : je dis emplacement, car le village avait disparu, on n'avait réservé que le château pour Napoléon. Nous campâmes autour de ce château, et je me rappellerai toute ma vie que, transi de froid, on se couchait avec plaisir sur les cendres encore chaudes des maisons qui avaient été brûlées la veille.

(30 Octobre.) Plus nous approchions et plus la terre était en deuil; toutes les campagnes foulées par des milliers de chevaux, semblaient n'avoir jamais été cultivées. Les forêts, éclaircies par le long séjour des troupes, se ressentaient aussi de cette affreuse dévastation ; mais rien n'était horrible à voir, comme la multitude des morts qui, depuis cinquante-deux jours, privés de sépulture, conservaient à peine une forme humaine. En approchant de Borodino, ma consternation fut à son comble en retrouvant à la même place les vingt mille hommes qui s'étaient égorgés; la plaine en était couverte : de toutes parts ce n'était que cadavres à demi-enterrés : là étaient des habits teints de sang, et des ossemens rongés par les chiens et les oiseaux de proie ; ici des débris d'armes, de tambours, de casques et de cuirasses ; on y trouvait également des lambeaux d'étendards, mais, aux emblêmes dont ils étaient couverts, on pouvait

juger combien l'aigle moscovite avait souffert dans cette sanglante journée.

D'un côté, on voyait les restes de la cabane où Kutusoff avait campé; plus loin, sur la gauche, la fameuse redoute; elle dominait toute la plaine, et, semblable à une pyramide, s'élevait au milieu d'un désert. En songeant à ce qu'elle avait été et à ce qu'elle était alors, je crus voir le Vésuve en repos. Mais ayant aperçu au sommet un militaire, dans le lointain, sa figure immobile me fit l'effet d'une statue. « Ah! si « jamais on veut en élever une au démon de la « guerre, m'écriai-je, c'est sur ce piédestal qu'il « faut la lui dresser. »

Pendant qu'on traversait ce champ de bataille, nous entendîmes de loin un malheureux qui appelait à son secours. Touché par ses cris plaintifs, plusieurs s'approchèrent, et, à leur grand étonnement, virent étendu par terre un soldat français, ayant les deux jambes fracturées. « J'ai été blessé, dit-il, le jour de la grande ba- « taille, et me trouvant dans un endroit écarté, « personne n'a pu venir à mon secours. Pendant « plus de deux mois, ajouta cet infortuné, me « traînant aux bords d'un ruisseau, j'ai vécu « d'herbages, de racines, et de quelques mor- « ceaux de pain trouvés sur des cadavres. La « nuit, je me couchais dans le ventre des che-

« vaux morts, et les chairs de ces animaux ont
« pansé ma blessure aussi bien que les meilleurs
« médicamens. Aujourd'hui, vous ayant vus de
« loin, j'ai recueilli toutes mes forces, et me
« suis avancé assez près de la route, pour que
« ma voix fût entendue. » Étonné d'un pareil
prodige, chacun en témoignait sa surprise,
lorsqu'un général, informé de cette particularité aussi singulière que touchante, fit placer
dans sa voiture le malheureux qui en était
l'objet.

Ah! combien ma relation serait longue, s'il
fallait raconter toutes les calamités qu'engendra
cette guerre atroce; mais, si je voulais d'un seul
trait faire juger de tous les autres, je parlerais
de ces trois mille prisonniers amenés de Moscou.
Durant la marche, n'ayant rien à leur donner,
on les parquait comme des bestiaux; là, sous
aucun prétexte, ils ne pouvaient s'éloigner de
l'étroite enceinte qu'on leur avait assignée. Sans
feu, et mourant de froid, ils couchaient sur la
glace; et pour assouvir leur faim dévorante, ils
se jetaient avec avidité sur la viande de cheval
qu'on leur distribuait; faute de temps et de
moyens pour la faire cuire, ils la mangeaient
toute crue: on assure, mais je n'ose le croire, que
lorsque ces distributions vinrent à manquer, plusieurs de ces prisonniers mangèrent la chair de

leurs camarades qui venaient d'expirer à force de misère.

Détournons la vue de tableaux si déchirans, et, poursuivant le cours de ma narration, réservons les noires couleurs pour dépeindre les circonstances non moins cruelles où nos amis, nos frères vont bientôt se trouver.

Nous repassâmes la Kologha avec autant de précipitation que nous en avions mise à la traverser, lorsque nous étions guidés par la victoire; la rampe qui conduisait à la rivière était si rapide, et la terre gelée si glissante, que les hommes et les chevaux tombaient tous à la fois les uns sur les autres. Heureux si de pareils passages, souvent multipliés, n'eussent pas été plus dangereux que celui-ci! Nous revîmes aussi l'abbaye de Kolotskoi; depuis la guerre, dépouillée de sa splendeur, et n'ayant autour d'elle que des maisons consumées, elle ressemblait plutôt à un hôpital qu'à un couvent; car, depuis Moscou, c'était la seule maison qui n'eût pas été détruite : aussi tous les malades et blessés voulaient mourir dans cet asile.

Le quatrième corps allant toujours en avant, ne s'était arrêté qu'à un méchant hameau situé à une demi-lieue à droite de la route, entre cette abbaye et Prokofévo. De tous les gîtes que nous avions eus jusqu'alors, celui-ci fut le plus insupportable. Ce hameau n'avait que de misérables hangars, dont on avait enlevé la toiture en paille pour la donner aux chevaux : cependant ce fut là que reposa le Prince avec toute sa suite.

Le lendemain (31 octobre) nous en partîmes de bonne heure ; arrivés à la hauteur de Prokofévo, nous entendîmes tirer le canon si près de nous, que le Vice-Roi, dans la crainte que le prince d'Eckmühl n'eût été enfoncé, s'arrêta sur une hauteur, et fit ranger ses troupes en bataille pour lui prêter secours. Depuis quelques jours l'Empereur se plaignait de la lenteur avec laquelle marchait le premier corps, et blâmait le système de retraite par échelons qu'avait adopté son chef, disant qu'il avait fait perdre trois jours de marche, et, par là, facilité à l'avant-garde de Milloradowitch les moyens de nous atteindre. Enfin, on alléguait contre lui qu'on doit passer rapidement dans les pays où il n'y a pas de quoi vivre. Pour la justification de ce maréchal, envers qui le malheur nous rendait injustes, je dois observer qu'une retraite trop hâtée eût redoublé l'audace de nos ennemis, qui, forts en cavalerie légère, pouvaient toujours nous rejoindre, et tailler en pièces l'arrière-garde, si elle eût refusé le combat. D'ailleurs, ce grand capitaine avait assez prouvé dans des temps heureux, qu'on devait se reposer sur ses talens; d'autant plus que dans cette circonstance il avait pour lui cet axiôme de guerre : *Que plus une retraite est précipitée, plus elle devient fatale*, en ce que le découragement qui s'en suit est plus funeste encore que tous les maux physiques.

Le Vice-Roi avait fait ses dispositions sur les hauteurs de Prokofévo, pour secourir le prince d'Eckmühl; s'étant convaincu que ce maréchal n'aurait point ce jour-là d'affaires sérieuses, il continua sa marche vers Ghiat, ayant soin de faire marcher ses divisions dans le plus grand ordre, et de s'arrêter toutes les fois que le premier corps pouvait avoir besoin de son secours. En cette circonstance, on ne saurait trop louer les vertus du prince Eugène, qui non-seulement voulut toujours être un des derniers de sa colonne, mais encore bivaquer à une lieue en deçà de Ghiat, pour être prêt à repousser plus promptement les attaques de l'ennemi.

Ce bivac fit passer au Vice-Roi, et à tous ceux qui l'accompagnaient, la nuit la plus cruelle et la plus longue qu'on eût encore endurée. On était sur un tertre auprès de l'endroit où se trouvait jadis le petit village d'Ivachkova : pas une seule maison n'existait; depuis long-temps on les avait brûlées. Pour comble de disgrace, il faisait un vent affreux, et la nature en privant de bois cet emplacement, semblait lui avoir refusé l'unique ressource qui puisse adoucir l'âpreté du climat de la Russie.

Quoique nos maux fussent extrêmes, néanmoins les ames généreuses n'étaient point insensibles à ceux qu'éprouvaient nos ennemis : aussi dès le matin, en approchant de Ghiat, nous fûmes saisis d'un serrement de cœur en voyant que cette ville avait existé; on avait beau la chercher, on ne la trouvait plus, et si ce n'eût été les débris de quelques maisons en pierre qu'on rencontrait de distance en distance, on se serait cru sur l'emplacement d'une forêt incendiée. Jamais la fureur et la barbarie ne poussèrent plus loin leurs ravages : Ghiat, tout construit en bois, disparut dans une journée, ne laissant que des regrets, aux uns sur la chute de son industrie, aux autres sur la perte de ses richesses; car cette ville pouvait être comptée pour une des plus commerçantes et des plus florissantes de la Russie. On y fabriquait des cuirs, des toiles, et quantité de goudrons et cordages destinés pour la marine anglaise.

Le temps, qui était très-froid pendant la nuit, était superbe durant la journée : aussi nos troupes, quoique bien fatiguées par les souffrances que nous donnaient les privations de toute espèce, néanmoins étaient pleines d'ardeur, persuadées que l'abattement serait le principe de leur ruine. Depuis plusieurs jours elles n'avaient pour subsister que la viande des chevaux; à cette époque les vivres étaient devenus si rares, que les généraux mêmes commencèrent à manger de ces animaux, leur mortalité fut regardée comme un bonheur dans une pareille circonstance; car, sans cette ressource, le soldat aurait plutôt ressenti les horreurs de la faim.

(1er. Novembre.) Les kosaques dont on redoutait l'approche, ne tardèrent pas à réaliser nos craintes. Cependant, comme on ne les avait point encore vus, le soldat marchait avec sa confiance accoutumée, et les bagages faiblement escortés étaient si nombreux, qu'ils formaient plusieurs convois, allant à quelque distance l'un de l'autre. Auprès du village détruit de Czarevo-Saïmiché était une chaussée en terre, d'environ cinq cents pas de long, où passait jadis le grand chemin; le passage de l'artillerie l'avait à tel point dégradée, qu'elle n'était plus praticable; et pour continuer la route, il fallait descendre dans une prairie marécageuse, coupée par un large ruisseau. Les premiers le traversèrent aisément à la faveur des glaces; mais, à force d'y passer, elles se rompirent, et il fallut alors s'exposer à franchir ce ruisseau, ou bien attendre que de mauvais ponts, construits à la hâte, fussent achevés. Pendant que la tête de la colonne était arrêtée, il arrivait continuellement de nouvelles voitures : ainsi, artillerie, carrosses et charrettes de vivandiers, tout était éparpillé sur la route, tandis que les conducteurs, selon leur coutume, profitaient de ce moment de repos pour allumer des feux, et réchauffer leurs membres engourdis par le froid. On était dans cette sécurité lorsque tout à coup les kosaques, poussant des cris affreux, sortirent d'un bois épais qui se trouvait à notre gauche, et fondirent sur tous ces malheureux : à cette vue, chacun poussé par la crainte, agit selon sa première impulsion : les uns se réfugient dans les bois, les autres courant à leur voiture, frappent leurs chevaux avec violence, et, sans savoir où ils vont, se dispersent dans la plaine; mais ceux-là furent les plus à plaindre; les ruisseaux et les marais, enfin tous les accidens du terrain, ne tardèrent pas à les arrêter, et à offrir aux ennemis qui les poursuivaient une capture facile. Les plus heureux furent ceux qui profitèrent du grand nombre de voitures pour se retrancher derrière elles, et attendre leur délivrance, qui arriva promptement ; car, sitôt que les kosaques virent venir l'infanterie, ils se retirèrent, n'ayant fait d'autre mal que de blesser des traînards et de piller quelques fourgons.

Depuis lors ceux à qui l'on avait laissé le soin d'escorter ou de conduire les bagages, profitaient du désordre qu'excitait la présence des kosaques, pour s'approprier ce qui leur avait été confié. Aussi le vol et la mauvaise foi se répandirent dans l'armée et montèrent à un tel degré d'impudence qu'on n'était guère plus en sûreté au milieu des siens qu'on ne l'aurait été avec les ennemis. Quiconque convoitait le bien d'autrui, à la faveur d'une alerte, s'en emparait, et beaucoup, encouragés par un moyen si facile, se procurèrent des occasions plus fréquentes de voler, en répandant de fausses alarmes et en criant eux-mêmes, *houra! houra!*

La garde royale venait de franchir le défilé de Czarevo-Saïmiché, lorsque les équipages furent attaqués; aussitôt elle reçut l'ordre de s'arrêter; tandis qu'elle faisait halte, on voyait sur notre gauche et à deux cents pas de nous, des kosaques venir nous observer : on dit même que plusieurs traversèrent la route en profitant d'un intervalle que laissait notre longue colonne. Toutes ces bravades exercées avec succès envers nos domestiques, ne produisirent aucun effet toutes les fois qu'elles furent tentées contre des troupes armées. Aussi, quoique la garde royale vit les Tartares rôder sur ses flancs, elle ne pressa point son mouvement, et s'arrêta auprès d'un bois voisin de Vélitschevo; les autres divisions campèrent autour du Vice-Roi, qui restait constamment en arrière depuis que les Russes semblaient vouloir inquiéter notre retraite.

(2 Novembre.) Le lendemain, trois heures avant le jour, nous abandonnâmes cette position. Notre marche nocturne avait quelque chose d'effrayant: la nuit était d'une obscurité affreuse, et chacun de nous, dans la crainte de se heurter contre son voisin, marchait en tâtonnant et avec une lenteur qui permettait de donner libre cours à nos tristes pensées. Malgré nos précautions, beaucoup tombaient dans les fossés qui encaissaient la route, d'autres roulaient dans les ravins dont cette même route était coupée; enfin, tous nous désirions le jour avec la plus vive impatience, espérant que sa douce clarté rendant notre marche plus facile, nous mettrait en état de prévenir les embûches d'un ennemi qui, par l'entière connaissance du terrain, était pleinement favorisé dans toutes ses manœuvres.

Nous avions en effet la certitude d'être bientôt attaqués. Ceux à qui la topographie était connue redoutaient la position de Viazma, parce qu'ils savaient qu'auprès de cette ville était l'embranchement de la route venant de Médouin et de Ioukhnow, qu'une partie de l'armée russe avait suivie, après le combat de Malo-Jaroslavetz, et de beaucoup plus courte que la nôtre: aussi ceux-là regardaient les kosaques qui avaient paru la veille comme l'avant-garde de la nombreuse cavalerie commandée par Platow, et des deux divisions du général Milloradowitch, qui débouchaient auprès de Viazma.

Nos éclaireurs et les équipages du Vice-Roi n'étaient qu'à une lieue de cette ville, et rien ne signalait encore la présence de l'ennemi. Cependant le Prince étant d'arrière-garde avec le premier et le cinquième corps, l'éloignement des deux extrémités de sa colonne pouvant compromettre la sûreté de son armée, il envoya l'ordre aux troupes qui étaient en avant de s'arrêter. Dans cet intervalle arriva de Viazma, le chef d'escadron Labedoyère. Au récit des dangers qu'avait courus cet officier, nous ne doutâmes plus qu'il faudrait le lendemain se faire jour par la force des armes.

Le Vice-Roi s'arrêta à Fœdérovskoé, quoiqu'il fût attendu à Viazma: auprès de lui campaient ses divisions: à sa droite, faisant face à l'ennemi, était le corps des Polonais; un peu en avant, les divisions du premier corps qui, quoique d'arrière-garde, touchaient presqu'aux nôtres, tant elles étaient vivement pressées, et ce fut pour les appuyer que le prince Eugène retarda sa marche.

(3 Novembre.) Le jour suivant, nos divisions se mirent en mouvement vers les six heures du matin. On approchait de Viazma, et déjà les équipages de notre corps étaient entrés dans cette ville, quand les kosaques signalèrent leur présence en attaquant, tout près de là, quelques voitures campées autour d'une petite église : l'arrivée de nos troupes les eut bientôt dissipés ; mais lorsque ces mêmes troupes voulurent continuer leur route, la première brigade de la treizième division, commandée par le général Nagle, qui formait notre arrière-garde, fut attaquée sur son flanc gauche à une lieue et demie de Viazma ; plusieurs escadrons de cavalerie russe qui débouchaient précisément par l'endroit qu'on avait redouté, se jetèrent dans le court espace qui séparait le quatrième corps du premier. Alors le Vice-Roi sentant le danger de sa position, fit faire halte à ses divisions, et revenir son artillerie, afin que des batteries bien dirigées pussent contenir l'ennemi dont toutes les manœuvres tendaient à nous couper la retraite en s'emparant de Viazma.

A mesure que ces divisions faisaient diverses

évolutions propres à renverser le plan des Russes, elles étaient suivies par celles du premier corps, et dans cette circonstance nous remarquâmes avec douleur que ces troupes, sans doute excédées par des souffrances inouies et des combats si souvent réitérés, avaient perdu cette belle tenue qui, jusqu'alors, nous les faisait admirer. Les soldats observaient peu de discipline, et la plupart blessés dans différens combats, ou malades par la diète et la fatigue, grossissaient la foule des traînards.

Le quatrième corps soutint d'abord lui seul non-seulement le choc d'une nombreuse cavalerie, mais encore les efforts réitérés d'une division d'infanterie russe, forte de plus de douze mille hommes. Pendant ce temps, le premier corps ayant défilé sur nos derrières à droite de la route, vint ensuite prendre position sur la gauche de cette même route, entre Viazma et le point d'attaque, et c'est-là qu'il remplaça les troupes du quatrième corps que le Vice-Roi avait mises en bataille dès le principe de l'affaire. Celles-ci occupèrent alors les positions qui se trouvaient en deçà de la ville, pour accepter, conjointement avec le premier corps, le combat que les Russes semblaient nous présenter.

Notre quatorzième division, qui était en

avant de la treizième, laissa passer cette dernière, et la releva pour faire l'arrière-garde. La quinzième qui suivait la quatorzième, resta avec la garde royale auprès de Viazma, où elles demeurèrent toutes deux en réserve. Cet ordre de bataille étant ainsi réglé, l'infanterie ennemie s'avance, et l'action s'engage avec beaucoup de vivacité, mais avec une grande supériorité d'artillerie du côté des Russes; car le mauvais état de nos chevaux ne nous permettait pas de faire manœuvrer nos pièces avec la même promptitude. Ce fut dans cet engagement que le colonel Banco, aide-de-camp du Vice-Roi, commandant le deuxième de chasseurs à cheval italien, eut la tête emportée d'un boulet de canon.

Nos troupes, malgré leur infériorité, sous plusieurs rapports, tinrent leurs positions pendant tout le temps qui nous était nécessaire pour faire filer nos bagages. Tandis qu'ils traversaient dans le plus grand ordre la ville de Viazma, une partie de la cavalerie ennemie cherchait à déborder nos deux ailes : celle qui, pendant notre retraite, s'avançait vers notre droite, fut arrêtée par un gros corps d'infanterie qui marchait avec du canon sur le sommet d'un plateau; celle de gauche fut également arrêtée par la cavalerie bavaroise qu'on lui opposa, et par de nombreux pelotons de tirailleurs embusqués dans les broussailles dont ce champ de bataille était couvert.

Cette manœuvre des Russes répandit la consternation parmi ceux que la faiblesse du corps, ou le manque de vivres, avait forcés de sortir de leur rang pour marcher à volonté; cette classe était considérable, surtout parmi la cavalerie, qui était presque toute démontée. Ces hommes isolés, devenus plus qu'inutiles et même dangereux dans une pareille circonstance, non seulement gênaient les manœuvres, mais encore portaient partout l'alarme et le désordre, en fuyant avec précipitation devant un ennemi que la misère leur rendait redoutable; situation d'autant plus critique pour nous, que les kosaques voyant fuir ces masses faibles et sans armes, redoublaient d'ardeur et de courage, croyant, avec vraisemblance, que ces colonnes de fuyards étaient des colonnes armées.

Heureusement le grand ravin, situé sur la gauche de notre route, et surtout la belle position qu'occupait le duc d'Elchingen, arrêtèrent les efforts des Russes, qui, dans cette circonstance, nous avaient amenés à une situation critique. Ainsi ce maréchal, laissé en position depuis la veille près de Viazma, pour attendre le passage du premier corps, et le relever d'arrière-garde, eut la gloire de nous avoir tirés, par sa seule présence, du plus grand péril qui jusqu'alors se fût présenté. Durant toute l'action, il y assista de sa personne, et longtemps marcha avec le Vice-Roi et le prince d'Eckmühl, pour conférer avec eux sur les dispositions qu'on devait prendre.

Il était près de quatre heures après-midi, lorsque notre corps traversa Viazma. En sortant de la ville, nous vîmes campé vers notre gauche et sur un plateau, ce troisième corps à qui nous devions de la reconnaissance, pour avoir si bien gardé cette importante position; la tenacité avec laquelle ce corps la défendit pendant toute la durée du combat, rendit impuissante l'obstination que l'ennemi mettait à l'enlever : et cette bravoure à laquelle on ne saurait trop rendre justice, contribua beaucoup à sauver les premiers, cinquième et quatrième corps, facilitant à ce dernier les moyens de se retirer derrière la rivière de Viazma, où le Prince chercha à réparer le mal qu'avait pu lui faire un combat malheureux, mais honorable, et soutenu dans des circonstances où les combinaisons les plus habiles ne pouvaient avoir aucune heureuse issue.

En traversant la forêt qui se trouve au dessous du plateau de Viazma, nous rencontrâmes un convoi de malades parti de Moscou avant nous. Ces infortunés, depuis quelques jours privés de tout secours, bivaquaient dans cette forêt, qui leur servit d'hôpital et de tombeau; car la difficulté de faire aller les chevaux força les conducteurs à tout abandonner. Nous campâmes près de là, et aux approches de la nuit on fit un grand feu sur le revers d'une colline, couverte de broussailles. La garde royale était autour du bivac du prince, tandis que les treizième et quatorzième divisions furent placées sur nos flancs. La quinzième division, quoique considérablement affaiblie, formait notre arrière-garde.

De cette colline on voyait le ciel tout en feu: c'étaient les maisons de Viazma échappées au premier incendie, et que nous livrions aux flammes en nous retirant. Le troisième corps, qui conservait toujours sa position pour protéger la retraite, quoique séparé des Russes par un ruisseau et de profonds ravins, semblait être fréquemment attaqué. Dans le silence de la nuit nous étions souvent réveillés par des coups de canon qui, tirés à travers d'épaisses forêts, éclataient d'une manière horrible; ce bruit inattendu, répété par les échos de la vallée, se prolongeait en longs mugissemens, lorsque nos sens fatigués commençaient à goûter le repos, et, à chaque instant, nous forçait de courir aux armes, par la crainte où nous étions que l'ennemi, voisin de nous, ne s'avançât pour nous surprendre.

(4 Novembre.) Cependant vers une heure du matin, le Vice-Roi jugea prudent de profiter de l'obscurité de la nuit pour effectuer sa retraite, et obtenir ainsi quelques heures d'avance sur les Russes, qu'on ne pouvait combattre, puisque la faim ne nous permettait pas de nous arrêter dans des campagnes désertes. Nous marchions à tâtons sur la grande route, entièrement couverte de bagages et d'artillerie; les hommes et les chevaux exténués de lassitude se traînaient à peine, et à mesure que ces derniers venaient à tomber, les soldats se les partageaient entre eux, et allaient faire griller sur des charbons ardens cette viande, qui depuis quelques jours était leur unique nourriture. Beaucoup, souffrant plus encore par le froid que par la faim, abandonnaient leurs équipages pour venir se coucher auprès d'un grand feu qu'ils avaient allumé. Mais au moment du départ, ces malheureux n'avaient plus la force de se relever, et préféraient tomber entre les mains de l'ennemi, plutôt que d'essayer à continuer leur route.

Il y avait longtemps qu'il faisait grand jour, lorsque nous arrivâmes devant le village de Polianovo, auprès duquel passait la petite rivière d'Osma. Le pont était très-étroit et fort mauvais; la foule pour le traverser était immense; et comme chacun se pressait d'arriver, le Vice-Roi chargea des officiers d'état-major d'interposer leur autorité, afin de maintenir l'ordre dans ce passage difficile; lui-même ne dédaigna point de s'y arrêter, et de prendre toutes les précautions nécessaires pour faciliter les convois d'artillerie, au milieu de la cohue des équipages qui se pressaient d'entrer dans ce défilé. L'Empereur qui marchait en avant de nous, à une journée de distance, ayant appris que nous étions attaqués, s'arrêta entre Jalkow Postoja-Dvor et Doroghoboui; mais lorsqu'il sut que nous avions forcé le passage, il se dirigea vers cette dernière ville.

Au dessous du bourg de Semlevo, passe une autre branche de la rivière d'Osma, beaucoup plus considérable que la première; néanmoins les troupes ne furent point retardées; elles profitèrent d'un pont large et solide, pour franchir une position dont l'ennemi aurait pu retirer de grands avantages, s'il avait pu s'en emparer.

Vers la fin de la journée, on avait fait le logement du Prince dans une petite chapelle située en deçà d'un grand ruisseau marécageux. On était à peine établi aux environs de cette chapelle, que des domestiques étant allés fourrager, furent attaqués par les kosaques, et revinrent avec précipitation; les uns avaient perdu leurs chevaux, leurs habits; d'autres étaient tout mutilés par les coups de sabre et de lance qu'ils avaient reçus. Il fallut alors songer à se retirer; et à mesure que les équipages du Vice-Roi évacuaient cette position, on voyait des cavaliers ennemis s'avancer vers nous. C'est en cette circonstance qu'on sentit combien dans une retraite, il est essentiel d'assurer le passage des rivières. Celle-ci, quoique très-petite, était à peine guéable, et n'avait point de pont : pour la traverser, hommes, chevaux et voitures se jetaient à l'eau; situation d'autant plus pénible, que les Russes profitant de notre détresse, commençaient à harceler la queue de notre colonne, et répandaient la consternation parmi cette foule immense qui, restée sur l'autre rive, se voyait réduite à traverser un ruisseau large, profond, à moitié gelé, et entouré de marais. Pendant ce temps, elle entendait voler sur sa tête les boulets que l'ennemi lançait sur nous. Malgré cela ce passage n'eut rien de bien funeste; la nuit approchait, et les kosaques craignant de se compromettre, cessèrent leurs attaques : aussi nous ne perdîmes que quelques voitures, qu'on fut forcé de laisser au milieu de l'eau.

Cet obstacle étant surmonté, on entra dans

une forêt; à son extrémité vers la gauche, était un grand château en bois depuis longtemps saccagé, voisin du village de Rouibki : c'est là qu'on s'établit. Nous n'avions d'autre viande que du cheval; mais il restait encore sur une voiture de l'état-major, un peu de farine apportée de Moscou : pour mieux l'économiser, on en faisait de la bouillie, et l'on réglait à chaque officier le nombre de cuillerées qu'il en devait manger. Quant à nos chevaux, on était bien content de pouvoir leur donner de la paille qui, lors de notre premier passage, avait servi de litière.

(5 Novembre.) De très-grand matin nous partîmes, et sans rencontre fâcheuse de l'ennemi, nous arrivâmes d'assez bonne heure dans un grand village, dont quelques maisons avaient été épargnées; nous en remarquâmes une qui était en pierre et assez grande, et c'est par la *Maison en pierre* que depuis nous signalâmes ce village (1); car sachant rarement le nom des endroits où nous passions, on était dans la coutume de les désigner par ce qu'ils pouvaient avoir de plus caractéristique, soit par leur configuration, soit par les maux qu'on y avait en-

(1) D'après la carte de Russie, dressée au dépôt général de la guerre, ce village devait être *Jalkow Postoia-Dwor.*

durés. On ne parlait point de ceux où l'on avait souffert la faim, puisque cette calamité était commune à tous les villages où nous passions.

Jusqu'à ce jour chacun supportait ses maux avec calme et résignation, dans la flatteuse espérance qu'ils allaient bientôt cesser. En partant de Moscou, on avait envisagé Smolensk comme devant être le terme de notre retraite, et où l'on se réunirait aux corps laissés sur le Dniéper et la Dwina, prenant pour ligne ces deux fleuves, et pour quartiers d'hiver la Lithuanie. On disait aussi que Smolensk abondait en provisions de toutes les espèces, et que nous y trouverions, pour nous relever de nos travaux, le neuvième corps, composé d'environ vingt-cinq mille hommes de troupes fraîches. Ainsi cette ville était l'objet de nos plus chères illusions, et chacun brûlait d'y arriver, étant persuadé qu'auprès de ses murailles cesseraient nos calamités : son nom volait de bouche en bouche, et chacun le prononçait de bonne foi à tous les malheureux accablés par la souffrance, comme l'unique et véritable consolation propre à leur faire oublier les misères passées, et leur rendre le courage nécessaire pour supporter les fatigues qu'il fallait endurer encore.

(6 Novembre.) Nous marchions vers Smolensk avec une ardeur qui redoublait nos forces;

nous touchions presqu'à Doroghoboui, qui n'en est éloigné que de vingt lieues, et la seule pensée d'y arriver dans trois jours, excitait en nos cœurs une ivresse générale, lorsque tout à coup l'atmosphère, qui jusqu'alors avait été si brillante, s'enveloppa de vapeurs froides et rembrunies. Le soleil, caché sous d'épais nuages, disparut à nos yeux, et la neige, tombant à gros flocons, dans un instant obscurcit le jour, et confondit la terre avec le firmament. Le vent soufflant avec furie remplissait les forêts du bruit de ses affreux sifflemens, et faisait courber contre terre les noirs sapins surchargés de glaçons; enfin, la campagne entière ne formait plus qu'une surface blanche et sauvage.

Au milieu de cette sombre horreur, le soldat, accablé par la neige et le vent, qui venaient sur lui en forme de tourbillon, ne distinguait plus la grande route des fossés, et souvent s'enfonçait dans ces derniers, qui lui servaient de tombeau. Les autres, pressés d'arriver, se traînant à peine, mal chaussés, mal vêtus, n'ayant rien à manger, rien à boire, gémissaient en grelottant, et ne donnaient aucun secours, ni marque de pitié à ceux qui, tombés en défaillance, expiraient autour d'eux. Ah! combien de ces infortunés qui mourant d'inanition luttaient d'une manière terrible contre les angoisses de la mort! On entendait les uns faire leurs derniers adieux à leurs frères, à leurs camarades; d'autres, en poussant le dernier soupir, prononçaient le nom de leur mère et du pays qui les vit naître: bientôt la rigueur du froid saisissait leurs membres engourdis, se glissait jusque dans leurs entrailles. Étendus sur les chemins, on ne les distinguait plus qu'aux tas de neige qui recouvraient leurs cadavres, et qui sur toute la route formaient des ondulations semblables à celles des cimetières. Enfin, des nuées de corbeaux abandonnant la plaine, pour se réfugier dans les forêts voisines, en passant sur nos têtes, poussaient des cris sinistres; et des troupeaux de chiens venus de Moscou, ne vivant que de nos débris ensanglantés, venaient hurler autour de nous, comme pour hâter le moment où nous devions leur servir de pâture.

Dès ce jour l'armée perdit sa force et son attitude militaire. Le soldat n'obéit plus à ses officiers, et l'officier s'éloigna de son général; les régimens débandés marchaient à volonté: cherchant pour vivre, ils se répandaient dans la plaine en brûlant et saccageant tout ce qu'ils rencontraient. Bientôt ces détachemens séparés de nous, étaient assaillis par les restes d'une population armée pour venger les horreurs dont elle avait été la victime, et les kosaques venant au secours des paysans, ramenaient sur la fatale grande route le reste des traînards échappés au carnage qu'ils en avaient fait.

Telle était la situation de l'armée, lorsque nous arrivâmes à Doroghoboui. Cette ville, quoique petite, eût dans notre détresse rendu la vie à bien des malheureux, si la colère de Napoléon ne l'avait aveuglé, au point de lui faire oublier que ses soldats seraient les premiers à souffrir de la dévastation que lui-même ordonna. Doroghoboui avait été brûlé, ses magasins pillés, et l'eau-de-vie, dont ils abondaient, coulait dans les rues, pendant que le reste de l'armée mourait faute de boissons spiritueuses. Le peu de maisons conservées fut occupé exclusivement par un petit nombre de généraux et d'officiers. Les soldats armés qui restaient encore, devant faire face à l'ennemi, étaient exposés à toutes les rigueurs de la saison, tandis que les autres, éloignés de leurs corps, se voyaient repoussés de partout et ne trouvaient pas même place au milieu des bivacs. Qu'on se figure alors la situation de tous ces malheureux; tourmentés par la faim, ils couraient auprès d'un cheval aussitôt qu'il était tombé, et, comme des chiens dévorans, ils s'en disputaient les lambeaux : excédés par le sommeil et les longues marches, ils n'apercevaient que de la neige, et autour d'eux pas un seul point où l'on pût s'asseoir ni se reposer; transis de froid, ils erraient de tous côtés pour avoir du bois, la neige l'avait fait disparaître; et s'ils en trouvaient, ils ne savaient sur quel point l'allumer : à peine le feu commençait-il à prendre, que la violence du vent et l'atmosphère humide détruisaient le fruit de leurs fatigues, et leur unique consolation dans ce malheur extrême. Aussi tous les hommes demeuraient serrés comme des bestiaux, se couchaient au pied des bouleaux, des sapins, ou sous des voitures; il y en avait qui arrachaient des arbres, d'autres de vive force, brûlaient les maisons où les officiers étaient logés; et, quoique excédés de lassitude, on les voyait droits, semblables à des spectres, rester immobiles, toute la nuit, autour de ces immenses bûchers.

LIVRE VIII.

KRASNOÉ.

Lorsque Napoléon abandonna Moscou, il partit dans l'intention de réunir toutes ses troupes entre Witepsk et Smolensk, et par-là faire du Dniéper et de la Dwina la grande ligne de ses opérations. Arrivé à Smolensk, les journées des 6 et 7 novembre ayant détruit le tiers de son armée, il rejeta sur cette perte et sur la rigueur de la saison la nécessité où il était d'abandonner son plan. Mais le véritable et unique motif qui l'obligea d'y renoncer, fut la nouvelle qu'il reçut à Smolensk (1), que Wittgenstein avait forcé la Dwina, que Witepsk avait été pris avec sa garnison; enfin, que l'armée de Moldavie, réunie à celle de Wolhynie, ayant chassé devant elles le corps du prince Schwartzenberg, venaient prendre position sur la Bérézina, avec le projet de s'unir à Wittgenstein, pour couper la retraite à l'armée française. Cette manœuvre de l'ennemi était connue, et paraissait si naturelle,

---

(1) Le 9 novembre.

qu'on répandait déjà le bruit que l'intention des Russes était de prendre Napoléon en vie, et de passer ensuite au fil de l'épée le reste de son armée, voulant par ce châtiment sévère donner à l'Europe un exemple de la punition que méritent ceux qui, par une guerre injuste, troublent la paix du monde.

Ainsi ce n'est point l'âpreté d'un hiver prématuré qui fit échouer le plan de Napoléon, puisque, s'il avait pu se maintenir entre Smolensk et Witepsk, il réparait facilement les pertes qu'il avait faites à cette époque. La principale et unique cause de sa ruine fut d'avoir voulu aller à Moscou, sans songer à ce qu'il laissait derrière lui, et faire au prix de notre sang ce que le plus imprudent des monarques (1) n'avait pas jugé prudent de faire. Le désir de saccager cette capitale, l'orgueil d'y dicter des lois (2), lui fit tout sacrifier; et, oubliant l'hiver et ses rigueurs, il fut brûler le Kremlin sans se rappeler que Wittgenstein n'avait jamais abandonné la Dwina, et que Tschikagow, revenu

(1) Charles XII, roi de Suède, à qui Napoléon donnait toujours l'épithète de *Fou*.

(2) Il n'en donna qu'aux comédiens français. Voyez son réglement sur les théâtres, daté de Moscou du 15 octobre, inséré dans le Moniteur du 15 janvier 1813.

de Moldavie, l'attaquerait au retour de sa folle expédition.

Napoléon ignorant encore les progrès que l'ennemi faisait sur la Dwina, se détermina à faire passer le Dniéper au quatrième corps, et à le diriger sur Witepsk pour secourir la garnison de cette ville commandée par le général Pouget. Afin de reconnaître si, malgré le changement de temps, cette route était encore praticable, le général Sanson reçut l'ordre de la parcourir, et d'examiner particulièrement les bords du Vop; les ingénieurs-géographes, Delahaye, Laignelot et Guibert, placés sous ses ordres, partirent avec lui. Ces officiers avaient à peine passé le Dniéper, qu'ils tombèrent entre les mains d'un parti de kosaques dont toutes ces rives étaient infestées.

(7 Novembre.) Cependant la direction du quatrième corps étant donnée sur Witepsk, nous partîmes de Doroghoboui, et vis-à-vis cette ville, nous passâmes le Borysthène sur un pont en radeaux. Pour remonter sur l'autre rive, les chevaux attelés éprouvaient de rudes obstacles; le chemin étant devenu glissant comme le verre, ces animaux épuisés ne pouvaient plus tirer, et souvent douze à seize chevaux, attachés à un canon, n'avaient pas la force de franchir la plus petite hauteur. On voulait ce jour-là aller à Za-

zelé, mais la route fut si mauvaise que même le lendemain matin les équipages n'étaient pas rendus au lieu fixé. Aussi quantité de chevaux et caissons furent abandonnés, et c'est dans cette cruelle nuit qu'on commença à piller les fourgons et les voitures. La terre était couverte de porte-manteaux, d'habits et de papiers. Quantité d'objets apportés de Moscou, et que la cupidité tenait cachés, commencèrent à revoir le jour.

Le beau château de Zazelé, pendant la nuit, nous offrit la répétition des scènes de la veille; et, à l'exception des soldats, que le pillage des voitures avait ranimés, on ne voyait de toute part que des gens mourant de faim, de froid, et des chevaux qui, tourmentés par la soif, cherchaient avec leurs pieds à briser la glace, pour trouver au dessous l'eau dont ils étaient altérés.

(8 Novembre.) Nos bagages étaient si considérables que nos pertes en ce genre étaient encore insensibles. Nous avancions toujours et avec joie, pensant avec raison qu'en abandonnant la grande route de Smolensk nous en suivrions une autre, qui ayant moins ressenti les calamités de la guerre, pourrait nous faire rencontrer des villages, dont les maisons conservées nous mettant à l'abri de l'intempérie de

l'air, nous offriraient des ressources, et surtout du fourrage pour nos chevaux exténués : cette flatteuse espérance fut encore déçue. Le village de Sloboda, où nous fûmes coucher, ne nous présenta que des craintes nouvelles. Tout était saccagé; et les kosaques, rôdant sur nos flancs, prirent, dépouillèrent ou massacrèrent ceux qui, forcés par la nécessité, voulurent s'éloigner pour aller fourrager. Dans ces circonstances pénibles, le général Danthouard, dont les talens nous avaient été si utiles, semblait se multiplier pour se porter partout où il y avait du danger. Il faisait agir efficacement notre artillerie sur tous les points où elle pouvait manœuvrer, lorsqu'en parcourant nos lignes un boulet de canon lui fractura la cuisse droite, après avoir tué l'ordonnance qui était à côté de lui.

Le Vice-Roi sachant que nous devions, le jour suivant, traverser la rivière du Vop, avait envoyé, dès le soir même, le général Poitevin avec plusieurs ingénieurs pour faire construire le pont nécessaire à notre passage. Le lendemain, de fort bonne heure (9 novembre), nous arrivâmes devant cette rivière; mais quelle fut la douleur du Prince et notre désespoir, quand nous vîmes toute l'armée et ses bagages rangés le long du Vop sans pouvoir le passer. Le pont avait été achevé par les sapeurs, mais la crue des eaux survenue pendant la nuit l'ayant rompu, il n'était plus possible de s'en servir ni de le raccommoder.

Les kosaques qu'on avait vus la veille, ne tardèrent pas à s'avancer lorsqu'ils apprirent notre situation critique. On entendait déjà le feu de nos tirailleurs qui cherchaient à les repousser; mais le bruit des armes, en se rapprochant de nous, donnait trop à comprendre que l'audace des Russes se ranimait à la vue de nos dangers. Le Vice-Roi, dont la grande ame avait toujours été impassible au milieu des périls, conserva un sang-froid bien précieux dans une circonstance si désespérée. Pour rassurer les esprits encore plus effrayés de la présence de l'ennemi que des obstacles du Vop, il envoya de nouvelles troupes qui, en le maintenant sur nos flancs et nos derrières, nous laissèrent la faculté de ne nous occuper que du passage de la rivière.

Le Prince voyant qu'il fallait que quelqu'un de sa maison donnât l'exemple du courage, en passant le premier, chargea son aide-de-camp Bataille, et son officier d'ordonnance, le colonel Delfanti, de se mettre à la tête de la garde royale, et de traverser à gué le Vop. Ces braves officiers, dont la courageuse intrépidité ne saurait trop être louée, saisirent avec ardeur l'occasion de faire connaître leur dévouement ; à la vue de tout notre corps, ayant de l'eau jusqu'à la ceinture, ils se firent jour à travers les glaces accumulées, et, à la tête des grenadiers, parvinrent sur l'autre rive.

Peu d'instans après, le Vice-Roi suivit la garde avec son état-major ; lui-même veillait à l'exécution des ordres qu'il donnait pour faciliter un passage si dangereux. Les voitures commencèrent alors à filer. Les premières s'en tirèrent heureusement, ainsi que quelques pièces d'artillerie : comme le Vop coulait dans un lit très-profond, ses rives escarpées et glissantes par le verglas, faisaient que l'unique point pour passer était l'endroit où l'on avait creusé une rampe. Mais les canons formèrent des excavations si profondes, qu'il fut impossible de les retirer. Ainsi, le seul gué accessible s'obstrua tellement, qu'il devint impraticable pour l'artillerie et pour tout le reste des équipages.

Dans cette position, le désespoir devint général ; car, malgré les efforts qu'on faisait pour contenir les Russes, on n'avait que trop la certitude qu'ils avançaient. D'ailleurs, la crainte redoublait nos dangers ; la rivière étant à demi gelée, et les voitures ne pouvant plus la passer, il fallut que tous ceux qui n'avaient pas de chevaux se déterminassent à se jeter à l'eau; situation d'autant plus déplorable, qu'elle nous forçait d'abandonner cent pièces de canon, grand nombre de caissons, et quantité de charrettes, de fourgons et de *drouschki* (1), où se trouvait le peu qui nous restait de nos provisions de Moscou. On vit alors chacun renoncer à ses équipages, et charger précipitamment sur ses chevaux, les effets les plus précieux. A peine avait-on pris la résolution de laisser une voiture, qu'une foule de soldats ne donnaient plus au propriétaire le temps de choisir ce qui lui convenait: Ils en devenaient les maîtres et la pillaient; mais ils cherchaient de préférence à toute autre chose, la farine et les liqueurs. Les artilleurs abandonnaient aussi leurs pièces, et sur le bruit que l'ennemi s'approchait, ils les enclouaient, désespérant de franchir une rivière qui de toute part était encombrée par les voitures embourbées, et par quantité d'hommes et de chevaux noyés. Les cris de ceux qui traversaient l'eau, la consternation de ceux qui allaient la passer, et qu'on voyait à chaque instant rouler avec leurs montures dans le lit du Vop, tant la pente était escarpée et glis-

(1) Petite voiture découverte, et fort élégante, dont on se sert dans toutes les villes de Russie.

sante; enfin, la désolation des femmes, les pleurs des enfans, et le désespoir des soldats même, faisaient de ce passage une scène si déchirante, que le seul souvenir cause encore de l'effroi à tous ceux qui en furent les témoins.

Quoiqu'il soit bien pénible d'en rappeler les circonstances, néanmoins je ne puis me dispenser de raconter un trait d'amour maternel, si touchant par lui-même et si beau pour l'humanité, qu'il m'a soulagé, en le voyant, de l'affliction que me causaient nos infortunes.

Une vivandière de notre corps, et qui avait fait avec nous la campagne, revenait de Moscou, portant dans sa voiture cinq enfans en bas âge, et tout le fruit de son industrie. Arrivée près du Vop, elle regarde avec stupeur cette rivière qui la force à laisser sur ses bords sa fortune et la subsistance de sa famille. Longtemps elle courut pour chercher un nouveau passage; n'en ayant point trouvé, elle revint fort triste, et dit à son époux : *Mon ami, il faut tout abandonner; ne cherchons plus qu'à sauver nos enfans.* En disant ces mots, elle sortit les deux plus jeunes de la voiture, et les mit dans les bras de son mari. Je vis alors ce pauvre père serrer étroitement ces innocentes créatures, et d'un pied tremblant traverser la rivière, tandis que sa femme, à genoux au bord de l'eau, regardait tour à tour le ciel et la terre : sitôt que son époux fut passé, elle tendit les mains pour remercier Dieu, et se levant avec joie, elle cria avec transport: *Ils sont sauvés! ils sont sauvés!* Mais les premiers enfans déposés sur l'autre rive, se croyant abandonnés de leurs parens, les appelaient en pleurant; des deux côtés l'inquiétude devenait égale. Enfin les larmes que faisait verser la crainte, cessèrent de couler, pour faire place au bonheur qu'éprouva cette famille en se voyant toute réunie.

Nous quittâmes enfin ce champ de désolation, et fûmes camper près d'un mauvais village, situé à une demi-lieue des rives du Vop, d'où nous entendions au milieu de la nuit les cris lamentables de ceux qui s'efforçaient de passer. On avait laissé de l'autre côté la division Broussier, afin de contenir l'ennemi, et de chercher s'il était possible à sauver une partie de l'immense bagage qu'on avait abandonné. De grand matin (10 novembre), je fus envoyé pour rappeler cette division, qui, en quittant ce terrain, me montra toute l'étendue de nos pertes. A plus d'une lieue de distance on ne voyait que caissons et pièces d'artillerie; les calèches les plus élégantes, venues de Moscou, se trouvaient entassées sur la route et le long de la rivière. Les objets arrachés de ces voitures, mais trop lourds pour être emportés, avaient été répandus dans la campagne; tous ces débris épars sur la neige n'en ressortaient que mieux. On y voyait des candélabres d'un grand prix, des figures de bronze antique, des tableaux originaux, les porcelaines les plus riches et les plus estimées; moi-même j'aperçus une écuelle du plus beau travail, et où se trouvait peinte la sublime composition de Marcus-Sextus; je la pris, et bus dans cette coupe de l'eau du Vop, pleine de boue et de glaçons; après m'en être servi, je la jetai avec indifférence près de l'endroit où je l'avais ramassée.

Nos troupes eurent à peine quitté l'autre rive, que des nuées de kosaques, n'éprouvant plus d'obstacles, s'avancèrent vers ces bords déplorables où se trouvaient encore beaucoup de malheureux à qui la faiblesse de leur santé n'avait pas permis de traverser la rivière. Quoique nos ennemis fussent entourés de butin, il déshabillèrent encore leurs prisonniers, et les laissèrent nus sur des monceaux de neige. De notre rive on voyait les Tartares se partager ces dépouilles ensanglantées. Si leur courage eût égalé leur amour pour le pillage, le Vop n'aurait point été une barrière qui les eût empêchés de nous atteindre. Mais ces prudens ennemis, s'arrêtant toujours à la vue de quelques baïonnettes, se bornèrent à nous tirer des coups de canon, dont plusieurs atteignirent notre colonne.

La nuit que nous venions de passer avait été affreuse; pour s'en former une idée, qu'on se figure une armée campée sur la neige, au milieu d'un hiver rigoureux, poursuivie par l'ennemi, et n'ayant plus à lui opposer ni cavalerie, ni artillerie. Les soldats sans souliers, et presque sans habits, étaient exténués de fatigue et de faim; assis sur leur sac, ils dormaient sur leurs genoux, et ne sortaient de cet engourdissement que pour faire griller des tranches de cheval, ou faire fondre des morceaux de glace; souvent même le bois nous manquait; pour entretenir le feu, on détruisait les maisons où logeaient les généraux; ainsi, à notre réveil, le village avait disparu, et des bourgades entières ne formaient plus le lendemain qu'un vaste brasier. Au milieu de ces souffrances, le Vice-Roi, toujours à notre tête, ne perdit jamais son sang-froid ni l'égalité de son caractère. Malheureux, en proportion, plus que nous, il conserva dans le danger beaucoup de courage et de présence d'esprit, offrant ainsi, par son exemple, le plus parfait modèle d'une conduite militaire.

Les kosaques qui voyaient sur les chemins la preuve des calamités dont nous étions frappés, s'apercevant que nous quittions notre position, eurent bientôt traversé la rivière et atteint nos derrières. La quatorzième division, ayant encore conservé une douzaine de pièces d'artillerie, forma l'arrière-garde, et riposta aux coups de l'ennemi. En attendant, le Prince et ses officiers cherchaient à ramener l'ordre en faisant rentrer dans leurs régimens les soldats que la misère avait forcés de s'en éloigner, pour trouver de quoi vivre. Mais cette mesure ne put avoir aucun succès; le nombre des isolés était si grand, qu'on ne pouvait ni les arrêter ni les contenir; et quand même on y fût parvenu, la défection n'aurait pas tardé à recommencer, puisque la faim, l'impérieuse faim, les obligeait à quitter leurs drapeaux. Plus nous devenions misérables, plus nos adversaires se montraient entreprenans; souvent ils attaquaient notre arrière-garde, et nous forçaient à faire halte pour lui prêter secours contre des forces supérieures qui, de tous côtés, cherchaient à l'accabler.

La queue de notre colonne était vivement poursuivie, lorsque la garde royale, qui en formait la tête, fût arrêtée en avant de Doukhovchtchina, par des pulks de kosaques qui, sortant de cette ville, se déployèrent dans la plaine comme pour vouloir nous envelopper. Nous voyant ainsi pressés de tous côtés, notre corps se trouva tellement en désordre, qu'il ne forma plus qu'une foule immense, dont la moitié était malade et désarmée. Cependant, d'un côté, l'ennemi tenait ferme, et de l'autre, nous poussait vivement; mais le Prince, conservant toujours sa noble assurance dans une situation si critique, fit former en carré la garde italienne, ainsi que les dragons et chevau-légers bavarois, qui, marchant par escadrons, forcèrent les kosaques à nous laisser entrer paisiblement dans Doukhovchtchina. Nos troupes étaient appuyées par la treizième division, qu'on parvint à former en colonne, malgré la multitude des isolés qui, se pressant autour des pelotons, entravaient toutes les manœuvres. Pour accélérer la marche de ses troupes, le Vice-Roi, en personne, veilla à faire restaurer un mauvais pont qui arrêtait le passage. Afin de nous encourager, il ne dédaigna point de mettre la main à l'œuvre, et son dévouement pour l'armée, en excitant notre ardeur, prouva que plus il faisait abnégation de sa personne, plus la reconnaissance nous la rendait chère et sacrée!

La petite ville de Doukhovchtchina, où l'armée n'avait jamais passé (1), était parfaitement

(1) A l'exception du corps de cavalerie commandé par le général Grouchy, et de la division Pino, lors de notre marche sur Moscou; l'un venait de Smolensk, et l'autre de Porietsch.

conservée; les habitans fuyant à notre approche, avaient laissé quelques provisions que nous recueillîmes avec avidité, quoiqu'elles fussent bien grossières; mais ce qui les rendait plus précieuses encore, c'était de pouvoir les préparer dans de bonnes maisons, où l'on se trouvait à l'abri du froid excessif et d'un vent impétueux.

Le Vice-Roi avait ordonné la veille à son aide-de-camp Bataille de prendre avec lui la quinzième division, et d'aller à Smolensk par des chemins de traverse, pour annoncer à Napoléon les désastres essuyés sur le Vop. Ce fut sans doute pour attendre la réponse, et savoir si, malgré cela, nous continuerions à marcher sur Witepsk, qu'on nous donna séjour à Doukhovchtchina (11 novembre). Cependant le colonel Bataille n'était point encore arrivé, que l'ordre du départ fut fixé pour deux heures du matin. Nous fûmes tranquilles toute la journée, mais vers les dix heures du soir, tandis que nous goûtions les douceurs du sommeil, les kosaques parurent devant la ville, et tirèrent des coups de canon sur les feux de nos bivacs; les postes du 106e. régiment, placés en avant d'une église, éprouvèrent des pertes; la présence du Vice-Roi eut bientôt réparé le désordre d'une attaque aussi inattendue. Sur le champ nos troupes furent rassemblées, et dirigées sur les positions qui pouvaient nous être avantageuses dans ce combat nocturne. Cette attaque n'eut aucune suite, ayant été faite par des kosaques; ils se gardèrent de la pousser plus loin, en voyant que nos mesures étaient prises pour les punir de leur témérité.

(12 Novembre.) L'heure du départ étant arrivée, nous mîmes le feu à Doukhovchtchina, dont les maisons nous avaient été si utiles. Quoiqu'accoutumés aux effets de l'incendie, nous ne pûmes nous empêcher d'être étonnés du spectacle horrible, mais superbe, que produit dans les ténèbres une forêt couverte de neige lorsqu'elle est éclairée par des torrens de flammes. Tous les arbres enveloppés d'une écorce de glace éblouissaient la vue, et produisaient, comme à travers un prisme, les couleurs les plus vives et les nuances les plus légères; les branches de bouleaux, semblables à celles des saules pleureurs, se penchaient vers la terre en forme de girandoles, et les glaçons, frappés par la lumière, offraient autour de nous une pluie de diamans, de rayons et d'étincelles.

Au milieu de cette belle horreur, toutes nos troupes réunies sortirent de la ville pour prendre la route de Smolensk. Quoique la nuit fût excessivement sombre, les feux qui s'élevaient des autres villages, qu'on avait également incendés, formaient autant d'aurores boréales, qui jusqu'au jour répandirent sur notre marche une effrayante clarté. Auprès de Toporovo, nous laissâmes à notre gauche le chemin de Pologhi, que nous avions suivi lorsque nous allâmes de Smolensk à Doroghoboui. La neige qui couvrait alors les campagnes, avait presque enterré les villages, et de loin ils ne formaient plus qu'un point noir sur une surface blanche. La difficulté d'en approcher, les sauva d'un embrasement général. En comparant ces paisibles asiles aux tourmens dont nous étions la proie, je ne pus m'empêcher de m'écrier : « Heureux habitans! exempts « d'ambition, vous vivez tranquilles, et nous « succombons aux plus affreuses douleurs. L'hi- « ver vous conserve la vie, il nous donne la « mort! Lorsque le doux printemps achèvera « votre délivrance, en contemplant nos ravages, « vous retrouverez dans les campagnes nos ca- « davres desséchés, et serez doublement heu- « reux d'avoir peu souffert des malheurs de la « guerre, et de n'avoir rien ajouté à l'étendue « de nos souffrances! »

La petite rivière de Khmost était gelée lorsque nous la traversâmes; le pont qui était fort bon contribua à la faire passer sans retards ni obstacles. En arrivant à Volodimerowa, le Vice-Roi alla s'établir au château où il avait logé à l'époque de notre premier passage. Là, nous eûmes la certitude que les kosaques, après avoir flanqué notre route pendant la journée, s'étaient arrêtés à peu près à la même hauteur que nous. C'est ce qu'ils prouvèrent en chassant nos fourrageurs qui, forcés par les besoins les plus impérieux, étaient allés dans des villages qui n'avaient pas été entièrement ravagés, pour se procurer quelques provisions.

(13 Novembre.) On n'était plus qu'à une journée de Smolensk, et c'était là que l'abondance devait succéder à la disette, et le repos à la fatigue. Impatiens de jouir de ces biens tant désirés, nous partîmes de Volodimerowa long-temps avant le jour, incendiant, comme de coutume, les chaumières qui nous avaient donné asile. Arrivés à la hauteur de Stabna, où la route de Doukhovchtchina s'embranche avec celle de Witepsk, on éprouva une difficulté extrême à franchir cette montagne. Toute la côte sur laquelle nous cherchions à gravir, par l'effet du verglas, était unie et glissante comme le verre; hommes et chevaux roulaient l'un sur l'autre: et heureux si, après bien des fatigues, on pouvait sortir de ce pas difficile.

Avant d'arriver à Smolensk, où nos malheurs semblaient devoir finir, il se présentait à chaque instant des scènes douloureuses, qui faisaient désirer davantage d'arriver à cette ville. Au milieu de tous les maux dont nous accablait la fortune cruelle, personne n'était plus à plaindre que les femmes françaises, venues de Moscou, et qui, pour éviter le ressentiment des Russes, avaient cru trouver au milieu de nous des secours assurés. La plupart à pied, en souliers d'étoffe, et vêtues de mauvaises robes de soie ou de perkale, elles se couvraient avec des morceaux de pelisses, ou des capotes de soldats, prises sur des cadavres. Leur situation eût arraché des larmes aux cœurs les plus durs, si la rigueur des circonstances n'avait étouffé tout sentiment d'humanité. Parmi ces victimes des horreurs de la guerre, aucune n'inspirait autant d'intérêt que la jeune et touchante Fanni : jolie, douce, aimable, spirituelle, parlant plusieurs langues, possédant enfin toutes les qualités propres à séduire l'homme le plus insensible, elle était réduite à mendier le plus léger service ; et le morceau de pain qu'on lui donnait l'obligeait souvent à la plus servile reconnaissance. Implorant les secours de nous tous, elle en était abusée, et chaque nuit appartenait à celui qui se chargeait de la nourrir. Auprès de Smolensk, je la revis, hélas! mais ne pouvant plus marcher, l'infortunée se faisait traîner derrière une voiture, et lorsque ses forces vinrent à manquer, elle tomba dans la neige, où sans doute elle demeura ensevelie sans avoir excité la compassion, ni même obtenu un regard de pitié : tant les ames étaient avilies et la sensibilité éteinte! Ainsi le malheur n'avait plus de témoins, nous étions tous ses victimes.

Il était horrible de voir et d'entendre ces énormes lévriers à longs poils, qui, abandonnant les lieux que nous avions brûlés, nous suivaient le long du chemin; mourant de faim, ils aboyaient comme s'ils eussent été enragés, et, dans leur fureur, venaient souvent disputer aux soldats les chevaux morts qu'on laissait sur la route. Enfin, les corbeaux, dont la Russie est remplie, attirés par l'odeur des cadavres, en épaisses nuées, se plaçaient devant nous, et leurs cris de funeste présage, en frappant de terreur les ames faibles, ajoutaient encore à l'excès de leurs misères.

Heureusement nous n'étions plus qu'à deux lieues de Smolensk; et le clocher de sa fameuse église, qu'on voyait de bien loin, en flattant nos cœurs d'une douce illusion, était pour nous la plus belle des perspectives. Une heure avant d'arriver, on laissa la division Broussier avec le peu de chevaux bavarois qui nous restait encore, pour observer et contenir les kosaques, dont le nombre, toujours croissant, semblait vouloir nous accompagner jusqu'aux barrières de la ville. Mais quelle fut notre douleur, lorsque, dans les faubourgs même, nous apprîmes que le neuvième corps était parti, qu'on ne s'arrêterait point à Smolensk, et que toutes les provisions avaient été consommées. La foudre tombant à nos pieds nous aurait moins accablés que cette nouvelle, et nos sens en furent tellement émus, que dans notre désespoir, personne ne voulait y croire. Bientôt nos yeux nous en donnèrent la triste confirmation, en voyant la garnison de Smolensk chercher sa subsistance dans les chevaux que la fatigue de notre course venait de faire tomber; nous ne doutâmes plus alors que la famine régnait dans une ville regardée jusqu'à ce moment comme le séjour de l'abondance.

En y entrant, nous réfléchissions sur la tristesse de notre sort; pour en adoucir la rigueur on nous promit une distribution de riz, de farine et de biscuit. Cette douce espérance ranima nos courages abattus; mais un instant après nous fûmes encore affectés par une scène bien pénible. A peine étions-nous aux barrières de Smolensk, qu'on vit arriver quantité de soldats isolés, et qui, tout dégouttans de sang, nous annoncèrent que les kosaques n'étaient qu'à deux cents pas de nous. Ensuite parut le capitaine Trezel, aide-de-camp du général Guilleminot: cet officier distingué, depuis le commencement de notre retraite, avait été chargé des missions les plus pénibles; ce jour-là il avait été laissé en arrière pour mettre en position la quatorzième division; il nous apprit qu'elle s'était placée dans un village derrière un petit bois qui bordait la route, que l'ennemi l'avait entourée, mais qu'étant parfaitement retranchée autour d'un château dont les terres étaient palissadées, elle avait fait une si bonne contenance que les kosaques, désespérant de l'attaquer avec succès, s'étaient retirés pour courir sur les traînards; et que les ayant promptement atteints, ils en avaient massacré quelques-uns, et blessé un grand nombre. La route était couverte de ces misérables, et offrait un spectacle vraiment digne de compassion, surtout en les voyant descendre la montagne de Smolensk: la pente était si rapide, et la gelée la rendait si glissante, que tous ces infortunés, pouvant à peine se tenir, se couchaient sur le revers de la côte, où ils ne tardaient pas à mourir noyés dans leur sang.

Enfin, après avoir laissé la garde royale sur cette hauteur pour protéger la division Broussier, qui formait l'arrière-garde, nous descendîmes vers le Dniéper, et cherchâmes à pénétrer dans la ville. Auprès du pont était la jonction de la route de Doroghoboüi et Valontina que tous les autres corps avaient suivie; et comme ces corps n'avaient point passé le Vop, ils conservaient encore une grande partie de leur artillerie et de leurs voitures. Ces nombreux bagages, qui refluaient de toute part, se mêlèrent avec les fantassins et les cavaliers; ceux-ci voulant à tout prix entrer dans Smolensk, où on leur avait promis du pain, occasionnèrent une telle confusion qu'on s'égorgeait pour entrer, et qu'il nous fallut plus de trois heures avant de pouvoir pénétrer dans la ville.

(13 Novembre.) Ce jour-là, le vent était impétueux et le froid excessif; on assurait qu'il devait s'élever à plus de vingt-deux degrés au-dessous de la glace; malgré cela, chacun courait les rues dans l'espérance d'acheter des provisions. Smolensk étant bâti sur le revers d'une montagne, la côte était si escarpée que, pour y arriver, il fallait ramper contre terre et s'accrocher aux pointes de rochers qui sortaient au-dessus de la neige. Nous parvînmes enfin sur le sommet où se trouvait la grande place et les maisons qui avaient le moins souffert de l'incendie. Quoique le temps fût des plus rigoureux, on cherchait plutôt des vivres qu'un logement. Quelques soldats de la garnison, auxquels on avait distribué un peu de pain, se virent par la force contraints de nous le vendre; on suppliait ensuite ceux qui l'avaient acheté d'en céder une partie, et c'est ainsi qu'on voyait officiers et soldats, tous confondus, manger ensemble au milieu des rues. Pendant ce temps les kosaques arrivèrent, et on les apercevait distinctement rôder sur les hauteurs et tirer sur les troupes qui défilaient au-dessous de la ville.

Il y avait de grandes difficultés pour pouvoir s'abriter; les maisons étaient peu nombreuses, et la foule pour s'y loger était immense. Enfin, entassés les uns sur les autres dans de grandes salles, que les voûtes avaient garanties de l'incendie, nous attendions avec impatience le moment des distributions. Mais les formalités qu'il y avait à remplir, furent si longues, que la nuit survint sans qu'on eût encore rien délivré; il fallut alors de nouveau courir les rues, et l'or à la main, chercher à trouver de quoi vivre chez les soldats de la garde impériale, qui, plus favorisés que le reste de l'armée, étaient souvent dans l'abondance lorsque nous manquions de tout.

Ainsi cette ville où l'on croyait trouver le terme de ses maux, trompa cruellement nos plus chères espérances, et devint au contraire le témoin de toutes nos disgraces, et de notre plus profond accablement; les soldats, privés de logement, campaient au milieu des rues, et quelques heures après, on les trouvait morts autour du feu qu'ils avaient allumé. Les hôpitaux, les églises et les autres édifices ne pouvaient plus contenir les malades qui se présentaient par milliers : ces malheureux, exposés aux rigueurs d'une nuit glaciale, restaient sur des charrettes, dans des caissons, où mouraient en cherchant vainement un asile. Enfin, on avait tout promis pour Smolensk, et cependant rien n'avait été prévu pour s'y maintenir; rien n'avait été préparé pour soulager une armée, qui de cette seule place faisait dépendre son salut. Dès-lors le désespoir s'empara des cœurs, et chacun ne songeant qu'à sa propre existence, oublia l'honneur et le devoir, ou, pour mieux dire, ne le fit plus consister à se soumettre aux ordres d'un chef imprévoyant, qui n'avait pas même songé à donner du pain à ceux qui faisaient pour lui le sacrifice de leur vie (1).

On voyait les hommes, jadis les plus gais et les plus intrépides, perdre totalement leur caractère; ils ne rêvaient que désastres et catas-

(1) On a beaucoup parlé de vingt mille voitures à la comtoise, destinées à porter du biscuit et de la farine, attelées de quarante mille bœufs; mais je puis affirmer que très-peu de ces voitures sont arrivées jusqu'à Smolensk. Les bœufs qui parvinrent jusque-là, par la fatigue et la mauvaise nourriture, gagnèrent des maladies qui rendirent leur viande si malfaisante, que les médecins de l'armée défendirent d'en manger.

trophes (1). Enfin, nous n'avions plus qu'une pensée, celle de la patrie, et qu'un aspect, celui de la mort! Par un funeste pressentiment, chacun inquiet sur son sort, s'informait en tremblant et avec le plus profond mystère, de la situation des armées dont nous attendions notre délivrance. *Où est le duc de Reggio, se demandait-on en secret? Il a voulu garder la Dwina, mais il a été forcé d'abandonner Polotsk, et de se replier sur Lepel,* nous disait-on tout bas. *Et le duc de Bellune? il n'a pu dépasser Senno. Et l'armée russe de Wolhynie? elle a repoussé le prince Schwartzenberg derrière le Bug, marche sur Minsk, et s'avance contre nous.* Ah! si ces nouvelles sont vraies, répétait chacun en lui-même, notre position devient affreuse, et nous devons nous attendre qu'aux bords du Dniéper ou de la Bérézina, il y aura quelque grande bataille qui consommera notre ruine.

Quelles sombres pensées vinrent encore tourmenter notre ame inquiète, lorsqu'une voix sourde et confuse répandit le bruit qu'en France tout était dans une agitation extrême; que les villes de Nantes et de Caen s'étaient soulevées; et que Paris, où pendant près de vingt années

(1) Voyez le vingt-neuvième bulletin.

s'est décidé du sort de l'Europe entière, était aussi dans un état d'effervescence qui devait nous faire craindre pour le sort de notre chère patrie. On nous apprit en effet que des hommes, connus par leur amour pour la démocratie, avaient conçu le projet de supposer la mort de Napoléon et la destruction entière de son armée, afin de profiter du deuil et de la consternation que répandrait cette nouvelle pour surprendre les autorités existantes, et en créer qui leur seraient vendues. Si ce complot eût été conçu par des gens sages, qui, glorieux de s'illustrer par la délivrance de leur pays, n'eussent cherché à secouer le joug que pour épargner aux Français la honte de devoir leur affranchissement à des étrangers; certes, ce projet eût été héroïque! Mais, au lieu d'une si noble entreprise, nous apprîmes que les conspirateurs n'avaient eu en vue de nous délivrer du despotisme que pour nous replonger dans les horreurs de l'anarchie. Aussi, loin de les plaindre, nous nous réjouîmes de voir notre patrie sauvée de la fureur des partis : car la politique perfide de notre oppresseur avait par ses institutions rattaché à sa seule tête le sort de tout un peuple; par son monstrueux machiavélisme, il mettait la France en guerre avec le genre humain, pour que le salut de cette

France dépendît de la conservation de sa personne.

Couchés sur de la mauvaise paille, nous étions livrés à ces pénibles réflexions, lorsque tout à coup nous en fûmes tirés par ces cris inattendus : *Levez-vous! levez-vous! on pille les magasins.* Aussitôt nous nous relevons spontanément, et chacun se saisissant d'un sac, d'un panier ou d'une bouteille, s'écrie en s'en allant : *Je vais à la farine; vous autres, allez à l'eau-de-vie; que les domestiques courent à la viande, au biscuit, aux légumes.* Enfin, dans un instant, la chambre fut évacuée. Longtemps après nos amis étant de retour, nous apprirent que les soldats, mourant de faim, et ne pouvant endurer la lenteur des distributions, avaient, malgré les gardes, enfoncé les portes des magasins pour les piller. Tous ceux qui revenaient, avaient leurs habits blanchis, et même percés de coups de bayonnette, pour avoir enlevé de force un sac de farine que les soldats se partageaient; les autres rentraient harassés de fatigues, et déposaient sur la table un grand panier de biscuit, ou bien une énorme cuisse de bœuf. Une heure après les domestiques vinrent aussi, apportant du riz, des pois et de l'eau-de-vie. A la vue d'une telle abondance, nos cœurs s'épanouirent; l'un riait en pétrissant son pain, l'autre chantait en faisant cuire sa viande; mais beaucoup commençant par boire, firent succéder la plus heureuse gaîté à la plus sombre tristesse.

Quoique le temps fût superbe, l'air était si vif, qu'on gelait en traversant les rues; on trouvait même à chaque instant les cadavres de plusieurs soldats étendus sur la neige, et qui, harassés de fatigue, avaient succombé au froid en cherchant à se loger. Tous ces désastres, et surtout le séjour de Smolensk, me rappelèrent la mort du colonel Battaglia, commandant les gardes d'honneur d'Italie. A l'époque où je touche, ce corps était anéanti, et c'est ce qui m'oblige à raconter succinctement son histoire.

Il était composé de jeunes gens choisis parmi les premières familles du royaume d'Italie, et dont les parens faisaient à chacun, lorsqu'il entrait dans ce corps, douze cents francs de pension : y être admis, était un honneur comme le prouvait sa dénomination. Parmi ces jeunes gens, il n'était pas rare de trouver les talens réunis à la plus grande fortune; beaucoup même étaient l'unique rejeton d'une famille illustre. A ces titres se joignaient encore un esprit cultivé, et les qualités propres à former un jour d'excellens militaires. C'était enfin l'école d'où sortaient, pour l'armée italienne, les officiers les plus instruits et les plus distingués. Ils en acquéraient les connaissances en se soumettant aux réglemens de leur institution, qui, leur donnant le rang de sous-lieutenant, les obligeait néanmoins à faire le service de soldat.

Ce corps, après s'être bien conduit dans toutes les occasions, se faisait remarquer par sa belle tenue et sa bonne discipline; mais il avait souffert plus que les autres par les privations survenues dans cette mémorable campagne, et cela doit peu surprendre, en songeant que les gardes d'honneur inhabiles à ferrer les chevaux, à rapiécer leurs vêtemens ou leur chaussure, durent être les premiers à sentir la misère, lorsque les ouvriers et les domestiques attachés à leur régiment eurent cessé de vivre; n'ayant plus de chevaux et ne portant que de grosses bottes, ils ne purent longtemps supporter la fatigue de nos marches continues. Confondus avec les traînards, ils restèrent en arrière, sans vivres ni logemens. C'est ainsi que ces fils de famille, nés pour de plus heureuses destinées, périrent encore plus misérablement que le commun de nos soldats, puisque leur éducation les faisait répugner à prolonger leur vie par des bassesses. Aussi voyait-on les uns enveloppés sous des lambeaux de manteaux à moitié brûlés, d'autres montés sur des *cognias* (1), tombaient en défaillance, et ne se

(1) *Cognia*, en polonais, signifie cheval; et comme

relevaient plus. Enfin, sur trois cent cinquante qu'ils étaient, à l'exception de huit, tous succombèrent d'une manière déplorable; mais en mourant ils eurent la consolation d'emporter l'estime du Prince qui les avait formés, et qui, aussi à plaindre qu'eux, gémissait sur des calamités que l'âpreté des circonstances ne lui permit jamais d'adoucir.

La nuit avait été fort tranquille, mais le lendemain (14 novembre), nous entendîmes tirer un coup de canon toutes les cinq minutes. Le Vice-Roi, persuadé que c'était un signal de détresse que donnait le général Broussier, sur-le-champ monta à cheval, accompagné de ses aides-de-camp Gifflenga, Bataille, Tascher et Labedoyère; Delfanti, Corner et Sanoi, officiers d'ordonnance, le suivirent aussi. Par cette course pénible, ces officiers prouvèrent qu'ils étaient de ces ames fortement trempées qui ne voyaient qu'une gloire nouvelle dans des difficultés différentes à surmonter.

Parvenus sur la hauteur de Smolensk, le Prince se mit à la tête de la garde italienne. Le froid était si rigoureux que trente-deux grenadiers tombèrent gelés, en voulant se mettre en

---

les chevaux de Russie sont très-petits, on les distinguait des nôtres par le nom de *cognia*.

ligne. Cependant, le général Broussier, qui depuis la pointe du jour était aux prises avec l'armée russe, fut forcé d'évacuer le village où il s'était retranché; dans la retraite, sa division égorgea les postes ennemis qui se trouvaient sur son passage, et à force de bravoure, elle parvint à rejoindre le Vice-Roi qui s'avançait pour la secourir.

Mais comme le Prince voulait favoriser l'entrée dans Smolensk du faible reste de nos équipages, il ordonna à la deuxième brigade de chasser une batterie russe qui canonnait le pont par où les voitures devaient passer. Aussitôt le général Steyliger fit mettre en position deux pièces et un obusier, tandis qu'une cinquantaine de soldats gravissaient la hauteur, pour tourner l'artillerie légère ennemie; mais en voyant notre mouvement, elle se retira au galop. Nos convois sortirent alors du défilé, franchirent le pont, et continuèrent leur route sous les yeux des kosaques, qui, maintenus par une faible escorte, semblaient être là plutôt pour accompagner nos bagages que pour les enlever.

(14 Novembre.) L'Empereur qui était à Smolensk, lorsque nous y arrivâmes, recevait chaque jour des nouvelles désastreuses sur ses armées; celle qui l'affecta davantage, fut la retraite forcée du comte Baraguay d'Hilliers, envoyé sur la route de Elnïa, avec le général Augereau, pour

arrêter le comte Orloff Denisoff, qui s'avançait dans l'intention de couper la retraite à notre armée. Ces généraux ayant avec eux des troupes fraîches, formées de différens bataillons de marches, s'établirent dans les villages de Yazvino, Liakhovo et Dolghomosté. Quoique le général Augereau fût retranché dans sa position, il ne put, avec trois mille hommes d'infanterie, tenir qu'une heure contre cinq mille de cavalerie. Alors le comte Baraguay d'Hilliers, qui se trouvait à trois lieues en arrière, craignant aussi d'être enveloppé, fut contraint de se replier sur Smolensk, ramenant avec lui ses canons et ses convois, bien convaincu qu'il ne pouvait, avec deux ou trois mille hommes qui lui restaient encore, soutenir les efforts de l'armée russe, qui, venant de Kaluga, cherchait à déboucher entre Smolensk et Krasnoé (1).

(1) On attribua les résultats de cette malheureuse expédition, et tous les maux qui s'en suivirent, au général Baraguay d'Hilliers; mais on conçoit facilement que quelques faibles bataillons ne pouvaient pas arrêter une armée entière. Aussi tous ceux qui avaient de l'équité virent clairement que Napoléon, aigri par le malheur, ne cherchait, dans cette accusation, qu'à rejeter ses propres fautes sur un général d'une capacité reconnue, et dont l'ame était si noble et si pure, qu'il mourut de douleur d'avoir été calomnié dans une occasion où il s'agissait de l'existence de tant de braves.

Ne sachant comment faire face à tant de disgraces, Napoléon tint ce jour-là un grand conseil où assistèrent les chefs de corps et maréchaux de l'empire. Peu d'instans après, il fit brûler une portion de ses équipages, et partit ensuite en voiture, accompagné de ses chasseurs et des lanciers polonais de la garde. A la suite du conseil, on répandit le bruit que nous partirions le lendemain avec le premier corps, et que le troisième partirait le dernier, pour faire sauter les fortifications de la ville, et former l'arrière-garde. Le même jour, le Vice-Roi travailla long-temps avec le général Guilleminot, et nous attendions avec anxiété le résultat de toutes ces conférences.

(15 Novembre.) Effectivement l'ordre fut donné de continuer la marche, mais à une heure assez avancée, par le retard qu'apporta l'entière distribution de tout ce que contenaient les magasins; la plupart des femmes que nous avions avec nous, et dont les souffrances ne servaient qu'à redoubler nos maux, furent laissées dans Smolensk; situation douloureuse, puisque ces infortunées savaient que les restes de cette grande cité allaient être saccagés, les maisons livrées aux flammes, les églises et les fortifications minées. Cet ordre aurait été suivi, si l'hetman Platow, étant entré brusquement dans la ville quel-

ques heures après nous, n'en avait empêché l'exécution.

Lorsque nous sortîmes de Smolensk, le spectacle le plus déchirant ne cessa de nous affliger. Nous vîmes sous ces mêmes remparts, jadis témoins de notre triomphe, une immense quantité de bouches à feu toutes parquées, et qu'il fallut laisser à l'ennemi. Depuis ce point jusqu'au méchant hameau brûlé de Loubna, éloigné d'environ trois lieues, la grande route était entièrement couverte de canons et de caissons qu'on n'avait pas seulement eu le temps d'enclouer ou de faire sauter. Des attelages entiers succombant à leurs fatigues, tombaient à la fois l'un sur l'autre. Les chevaux expirans couvraient la route ; plus de trente mille étaient morts en peu de jours (1). Tous les défilés que les voitures ne pouvaient pas franchir, étaient remplis d'armes, de casques, de chakots et de cuirasses. Des malles enfoncées, des valises entr'ouvertes, des habillemens de toute espèce étaient éparpillés dans la vallée. De distance en distance, on apercevait des arbres, au pied desquels des soldats avaient tenté de mettre le feu; mais ces malheureux moururent en faisant pour se réchauffer d'inutiles efforts. On les voyait étendus par dou-

(1). Voyez le vingt-neuvième bulletin.

zaine autour de quelques branches vertes qu'ils avaient vainement essayé d'allumer : et tant de cadavres auraient obstrué la route, si souvent on ne les eût employés à combler les fossés et les ornières.

De pareilles horreurs, loin d'exciter notre sensibilité, ne faisaient qu'endurcir nos cœurs. Notre cruauté ne pouvant plus s'exercer sur l'ennemi, s'étendit sur nous-mêmes. Les meilleurs amis ne se connaissaient plus; quiconque éprouvait le moindre malaise, s'il n'avait pas auprès de lui de bons chevaux et des domestiques fidèles, était assuré de ne plus revoir sa patrie. Chacun préférait *sauver le butin de Moscou*, au plaisir de sauver un camarade. De tous côtés on entendait les gémissemens des mourans, et la voix douloureuse de ceux qu'on abandonnait. Mais chacun était sourd à leurs cris; et si l'on s'approchait lorsqu'ils étaient sur le point d'expirer, c'était pour les dépouiller, et chercher s'ils n'auraient pas encore sur eux quelques restes d'alimens.

A Loubna, on ne put préserver de la destruction que deux misérables granges, l'une pour le Vice-Roi, et l'autre pour son état-major. On venait à peine de s'y établir, lorsqu'on entendit en avant de nous une forte canonnade. Comme le bruit semblait venir par notre droite, on crut que c'était le neuvième corps qui, ne pouvant contenir l'armée de Wittgenstein, était forcé de rétrograder devant les forces ennemies; mais ceux à qui les nouvelles étaient connues, ne doutèrent point que l'Empereur et sa garde n'eussent été attaqués, avant d'arriver à Krasnoé, par Milloradowitch et le comte Orloff-Denisoff (1) qui, étant venus de Elnïa, avaient dépassé notre armée pendant que nous séjournions à Smolensk.

C'était un tableau bien triste et bien déplorable que celui qu'offrait le bivac de notre état-major. Sous les débris d'un hangar découvert, étaient accroupis auprès d'un petit feu une vingtaine d'officiers, confondus avec autant de domestiques. Derrière étaient tous les chevaux rangés sur une ligne circulaire, afin de nous servir d'abri contre la violence du vent. La fumée était si épaisse, qu'on voyait à peine les seules figures placées auprès du feu, et occupées à souffler des tisons sur lesquels cuisaient leurs alimens. Le reste, enveloppé dans des pelisses ou des manteaux, le ventre contre terre, se couchaient l'un sur l'autre pour moins sentir le froid, et ne se remuaient que pour

(1) Ces généraux commandaient l'avant-garde de l'armée de Kutusoff.

injurier ceux qui marchaient sur eux, pester contre les chevaux qui ruaient, ou éteindre le feu que des éclats de tisons avaient allumé sur leurs pelisses.

(16 Novembre.) Avant le jour, nous continuâmes notre marche, parsemant la route de nos immenses débris. Les chevaux ne pouvant plus tirer, nous obligeaient de laisser nos canons au pied de la plus légère éminence; le seul et triste devoir qu'il restait alors aux artilleurs, était de répandre la poudre des gargousses, et d'enclouer les pièces, pour qu'on ne les tournât pas contre nous. On en était réduit à ces cruelles extrémités, lorsque deux heures avant d'arriver à Krasnoé, les généraux Poitevin et Guyon, qui marchaient en avant, virent venir à eux un officier russe, suivi d'un trompette, qui sonna comme pour annoncer qu'un parlementaire demandait à s'avancer. Surpris d'une apparition aussi inattendue, le général Guyon s'arrêta; et laissant approcher l'officier, lui demanda d'où il venait, et quel était l'objet de sa mission. « Je viens, lui dit-
« il, de la part du général Milloradowitch,
« vous annoncer qu'hier nous avons battu Na-
« poléon avec la garde impériale, et qu'aujour-
« d'hui le Vice-Roi se trouve cerné par une
« armée de vingt mille hommes; il ne peut

« nous échapper, et s'il veut se rendre, on lui
« offre des conditions honorables. » A ces
mots, le général Guyon, d'un air courroucé,
lui répondit : « Retournez promptement d'où
« vous êtes venu, et annoncez à ceux qui vous
» ont envoyé, que si vous avez vingt mille
« hommes, nous en avons ici quatre-vingt
« mille. » Ces paroles prononcées avec assurance, interdirent si bien le parlementaire,
qu'il s'en retourna promptement au camp d'où
il était venu.

Sur ces entrefaites, le Vice-Roi étant arrivé,
ne put entendre cette nouvelle qu'avec une
surprise égale à son indignation; quoique son
corps fût détruit et qu'il eût connaissance sans
doute de l'affaire sérieuse qui avait eu lieu la
veille entre l'avant-garde de Kutusoff et la garde
impériale, néanmoins, songeant à la manière
glorieuse avec laquelle celle-ci s'en était tirée, il
conçut l'espérance de la rejoindre dans peu en
forçant le passage; bien décidé d'ailleurs à succomber honorablement plutôt que d'accepter des
conditions qui pussent porter atteinte à sa renommée. Sur le champ il ordonna aux débris de
la quatorzième division de faire front à l'ennemi,
emmenant avec eux les deux uniques pièces de
canon qui nous restaient encore; cette division,
formant à peine mille hommes armés, depuis la

pointe du jour marchait à gauche de la route pour maintenir les kosaques qui rôdaient sur nos flancs.

Ensuite le Prince prenant en particulier le général Guilleminot, causa longtemps avec lui, et le résultat de leur conversation fut qu'il fallait absolument se faire jour. Pendant ce temps, nos troupes se portaient en avant, et les Russes plièrent à mesure que nous avançâmes; ils rétrogradèrent jusqu'au pied du plateau sur lequel ils étaient campés, et démasquant aussitôt leurs pièces, placées sur des traîneaux (pour les faire mouvoir avec plus d'agilité), ils foudroyèrent nos carrés, tandis que la cavalerie ennemie, descendue de la position, accourut dans la plaine pour les charger. Les braves du 35e., quoique harassés de fatigue, se soutenant à peine, et pour la plupart blessés, reçurent l'ennemi avec cette valeur qui distingue si éminemment le soldat français. Il faut se pénétrer de notre situation cruelle pour pouvoir payer le juste tribut d'admiration que méritait une conduite aussi héroïque.

A travers le feu que faisait l'ennemi, le général Ornano s'avança avec les restes de la treizième division, pour secourir les troupes de la quatorzième, qui étaient si cruellement engagées; mais un boulet de canon passa si près de lui, qu'il le renversa de son cheval: on le crut mort, et des soldats s'approchaient pour le dépouiller, lorsqu'on reconnut qu'il n'était qu'étourdi par la violence de sa chute. Alors le Prince envoya son officier d'ordonnance, le colonel Delfanti, avec un bataillon, pour chercher à ranimer les troupes. Ce brave militaire, se jetant au milieu d'elles, à travers une grêle de balles et de mitraille, encourageait les siens autant par ses conseils que par son exemple : deux blessures dangereuses l'empêchant de se soutenir, il fut obligé de sortir des rangs. Un chirurgien lui ayant appliqué un premier appareil, il s'éloignait avec peine du champ de bataille ; sur son chemin il rencontra M. de Villeblanche, qui, en qualité d'auditeur au Conseil d'état, devait quitter la ville de Smolensk, dont il était l'intendant, avec le général Charpentier, qui en était gouverneur ; mais, entraîné par la fatalité, il demanda et obtint du Vice-Roi la faveur de l'accompagner. Ce jeune homme, apercevant le colonel Delfanti blessé, appuyé sur un officier, n'écouta que sa sensibilité, et voulut lui donner le bras. Tous trois s'éloignaient lentement du champ de bataille, lorsqu'arrive un boulet de canon qui fracasse les épaules du colonel, et emporte la tête du généreux Villeblanche. Ainsi périrent deux jeunes gens qui, dans une carrière différente, firent preuve de talens et de courage. Le premier fut victime de sa bravoure, et le second de son humanité. Le Vice-Roi, touché de ce fâcheux événement, honora la mémoire du colonel Delfanti par un acte de bienfaisance envers l'auteur de ses jours; il eût de même donné des consolations au père de M. de Villeblanche, si les événemens survenus par la suite n'avaient arrêté le cours de sa munificence.

Les deux cents hommes qu'avait amenés le colonel Delfanti s'avancèrent pour soutenir le carré du 35e., que commandait le général Steyliger; mais, privés de leur chef, ils se placèrent partie en avant et partie en arrière de ce carré; alors la cavalerie ennemie profitant de cette confusion, renouvelle la charge, massacre les soldats, et enlève les deux derniers canons dont on n'avait pu tirer que quelques coups faute de munitions. Le général Steyliger cherchait à rallier nos faibles débris, lorsqu'il reçut trois coups de sabre sur la tête, et, tandis que deux tirailleurs russes lui présentaient leur baïonnette, survint un cavalier qui le reconnaissant pour un général, le prit au collet, et l'emmena prisonnier.

Quantité d'officiers, distingués par leur mérite, périrent dans cette sanglante journée. Je regrette de ne pouvoir me rappeler que le major Oreille, si connu par sa valeur, et l'aide-de-camp Fromage, dont le zèle pouvait seul égaler la prodigieuse activité. Cependant le canon tirait toujours, et portait partout le ravage et la désolation ; le champ de bataille était couvert de morts et de mourans, et les nombreux blessés, abandonnant leurs armes, venaient encore augmenter la foule des traînards. Les mêmes coups qui, sur les premiers rangs, avaient été mortels, étendaient ensuite leurs ravages jusque sur les derrières de l'armée, où se trouvaient des officiers démontés ; et c'est là que périrent les capitaines Bordoni et Mastini, faisant partie du petit nombre de gardes d'honneur d'Italie qui existaient encore.

Le Vice-Roi voyant l'opiniâtreté que l'ennemi mettait à nous fermer le passage, feignit, par un mouvement habile, de vouloir prolonger le combat sur notre gauche, en ranimant et en réunissant la quatorzième division; et tandis que les Russes concentraient sur ce point la majeure partie de leurs forces, afin d'envelopper cette division, le Prince ordonnait à tout ce qui restait encore de profiter de la fin du jour pour filer sur la droite avec la garde royale qui n'était point engagée. Dans cette marche, le colonel Kliski donna une preuve remarquable de présence d'esprit. La langue russe lui était familière, et il allait en avant de notre colonne, lorsqu'il fut arrêté par une vedette ennemie qui, en russe, lui cria *qui vive ?* Cet intrépide officier ne fut point troublé par une rencontre si fâcheuse ; et s'avançant aussitôt vers le factionnaire, il lui dit dans sa langue : « Tais-toi, malheureux, ne vois-« tu pas que nous sommes du corps d'Ouwarow, « et que nous allons en expédition secrette » ? A ces mots le soldat se tut, et dans l'ombre de la nuit nous laissa passer sans rien dire.

Tout avait trompé la vigilance des Russes, à l'exception de la quinzième division qui, restée en arrière-garde, fut placée sous le commandement du général Triaire, dont l'ordre était de la faire marcher aussitôt que le Prince aurait effectué sa manœuvre. Pendant que cette division prenait du repos, il était affligeant de voir la désolation qui régnait parmi les isolés, restés en arrière de nous ; ils attendaient également la nuit pour continuer leur route ; beaucoup d'entre eux, harassés de fatigue et se trouvant autour d'un bon feu, ne voulurent plus marcher, disant qu'il fallait attendre le jour. Ainsi ces ames faibles périrent victimes de leur apathie, car dans cet intervalle la quinzième division filait dans l'ombre, et au milieu du plus grand silence, regardant ce qu'elle laissait derrière elle comme une proie réservée aux kosaques.

On allait passer devant l'ennemi, lorsque la

nuit, au lieu de nous prêter une obscurité salutaire, nous offrit tout-à-coup un beau clair de lune bien plus funeste qu'utile dans une pareille circonstance. La neige répandue sur la surface de la terre rendait notre marche plus visible; et ce n'était pas sans inquiétude qu'on se voyait flanqué par des nuées de kosaques qui, s'approchant de nous de fort près, comme pour nous reconnaître, s'en retournaient ensuite au milieu des escadrons qui les avaient détachés. Plusieurs fois nous crûmes qu'on allait nous charger, mais le général Triaire en faisant faire halte à sa colonne, en imposa tellement à l'ennemi, qu'il n'osa jamais l'attaquer. Enfin, malgré les ravins et des monceaux de neige, qui obstruaient sa marche, cette division parvint à rejoindre la grande route; une heure après nous fîmes notre jonction avec la jeune garde qui campait en deçà de la rivière, située à peu de distance de Krasnoé. C'est là qu'était l'Empereur, et c'est là par conséquent que nos craintes se dissipèrent.

En racontant aux soldats de la garde le combat que nous avions soutenu, ils nous apprirent qu'ils avaient également été obligés de se faire jour à travers l'ennemi, et que les fusiliers sous les ordres du général Roguet, avaient enlevé, à la baïonnette, un village où l'ennemi s'était concentré pour fermer le passage. Dans ce combat Napoléon avait couru de grands dangers, et ce n'est qu'à la bravoure de ses troupes qu'il dut son salut. A ce sujet l'on rapporte que la musique de la garde se retrouvant avec lui, après en avoir été séparée, exécuta en le voyant l'air *Où peut-on être mieux qu'au sein de sa famille?* Mais comme au milieu de ces déserts glacés l'application pouvait être à double sens, il la prit de mauvaise part, et d'un ton fort brusque, dit aux musiciens : « Vous feriez bien mieux « de jouer, *Veillons au salut de l'Empire.* »

L'état-major de l'Empereur, sa garde, sa cavalerie et le quatrième corps se trouvant réunis dans cette petite ville, l'encombrèrent au point qu'il n'y avait plus moyen de circuler dans l'intérieur des rues; elles étaient toutes remplies de soldats couchés autour de leurs feux, qu'ils ne pouvaient entretenir qu'en démolissant les maisons en bois, et en brûlant les portes et les volets des fenêtres de celles qui étaient en maçonnerie. Le Vice-Roi étant allé chez l'Empereur, en fut bien reçu, malgré l'humeur que lui inspiraient des disgraces auxquelles il n'était pas accoutumé. Il approuva sur-tout le stratagème qu'on avait employé pour tromper l'ennemi. Le Prince étant demeuré toute la nuit en conférence, ceux qui étaient à sa suite campèrent dans les rues jusqu'au moment où Napoléon et le Vice-Roi, (17 novembre), se mettant à la tête de la garde, marchèrent sur la position qu'occupaient les Russes, afin de dégager les premier, troisième et cinquième corps (1), faisant l'arrière-garde et qui se trouvaient dans le même embarras où nous avions été la veille.

Une nouvelle affaire s'engagea; l'action fut opiniâtre et sanglante; et ce ne fut qu'à force de bravoure et de sagacité que le prince d'Eckmühl parvint à sauver les troupes placées sous ses ordres. Le duc d'Elchingen, resté le dernier, trouva sur son passage des forces si considérables qu'il ne put jamais nous rejoindre. Dans l'espérance contraire, l'Empereur hésitait à quitter Krasnoé. Mais l'ennemi filant sur nos derrières nous força d'évacuer la position. Souvent nous nous arrêtions pour écouter si le bruit d'un combat ne nous annonçait pas l'arrivée de notre arrière-garde. Soins inutiles, il fallut s'éloigner avec le regret de ne pouvoir secourir un maréchal de France

(1) Le corps des Polonais était réuni au troisième, depuis que le prince Poniatowski, blessé par une chute de cheval, en avait laissé le commandement. Ces deux corps, réunis sous les ordres du duc d'Elchingen, avaient à peine trois mille hommes sous les armes, mais ils avaient avec eux plus de quatre mille malades, blessés ou traînards.

qui, loin d'écouter les propositions de l'ennemi, se jeta de l'autre côté du Dniéper avec le reste de ses troupes, luttant sans cesse contre les Russes; ceux-ci ne pouvant croire au succès d'une résolution si hardie, redoublaient d'efforts pour le réduire à capituler.

Tant de disgraces, loin d'affaiblir notre renommée, ne firent que l'accroître. Kutusoff et Milloradowitch, moins surpris des immenses débris que nous laissions après nous, que de notre excès de courage et de persévérance, avouaient eux-mêmes à nos officiers prisonniers, qu'ils ne devaient leurs succès qu'aux élémens, et proclamoient hautement l'héroïsme de nos généraux, qui, réduits aux plus cruelles extrémités, rejetèrent toujours avec dignité les sommations qui leur furent faites.

Vingt-cinq canons et plusieurs milliers de prisonniers furent le fruit que les Russes retirèrent de quatre combats consécutifs, où nous n'avions à opposer contre une armée complète, que quelques misérables soldats, harassés par des marches inouies, et qui, depuis plus d'un mois, étaient sans vivres, sans munitions et sans artillerie. Cependant le prince Kutusoff, pour honorer la bravoure des grenadiers de la garde impériale russe, qui s'étaient distingués dans ces différens combats, fit apporter du champ de bataille, dans leur camp, tous les trophées de la victoire, regardant comme tel le bâton de maréchal du prince d'Eckmülh (1); mais ce bâton, dont nos maréchaux ne font usage qu'aux jours de cérémonie, ne pouvait être d'aucune gloire pour l'ennemi qui le trouva sans doute dans un fourgon abandonné.

Les Russes ont divisé notre retraite en trois époques principales, lesquelles, outre la continuelle progression de nos misères, ont conservé un caractère particulier. La première finit au combat de Krasnoé, la seconde, au passage de la Bérézina, la troisième, au Niémen. Il en résulte qu'à l'époque de la première période, où nous sommes maintenant, on nous avait déjà pris quarante mille hommes, vingt-sept généraux, cinq cents pièces de canon, trente-un drapeaux, et, outre nos immenses bagages, toutes les dépouilles de Moscou que nous n'avions pas brûlées. Si, à tant de désastres, on ajoute les quarante mille hommes morts de misère, ou tués dans différens combats, livrés depuis notre sortie de Moscou, on trouvera que notre armée était réduite à trente mille hommes, parmi lesquels, en comprenant la

(1) Lisez le rapport officiel de notre retraite, publié par les Russes à Wilna, le 22 décembre 1812.

garde impériale, il n'y avait pas plus de huit mille combattans : les vingt-cinq pièces d'artillerie que la garde avait sauvées, ne pouvaient être comptées, puisqu'on avait la certitude qu'il faudrait les abandonner le lendemain. Quant à la cavalerie, elle était presque nulle. Tel est le relevé exact de nos pertes, faites au bout d'un mois de marche! De là on pouvait augurer celles que nous ferions encore, puisque nous étions à peine à moitié chemin du Niémen, et qu'il nous restait deux montagnes à gravir, et trois rivières à traverser.

LIVRE IX.

LA BÉRÉZINA.

Les grands désastres essuyés depuis Moscou jusqu'à Krasnoé, semblaient faire croire que nos malheurs étaient arrivés à leur dernier période, et que des événemens heureux allaient leur succéder. En effet, la belle position d'Orcha étant gardée par le général Jomini, il était probable qu'on passerait le Dniéper sans obstacles, et que nous pourrions ainsi faire notre jonction avec le corps du général Dembrowski et ceux des ducs de Reggio et de Bellune; de plus, on approchait de la ligne où étaient nos magasins, et nous touchions au moment d'entrer dans un pays habité, considéré comme allié; enfin, le prince Kutusoff voulant concerter ses attaques avec l'armée de Moldavie prête à s'unir à lui, deux jours après cessa de nous poursuivre, et se bornant à nous faire harceler par ses kosaques, réserva pour la Bérézina les résultats que lui promettait la journée de Krasnoé.

Tous ces avantages sur lesquels on nous disait

de fonder nos plus chères espérances, ne pouvaient flatter que l'oreille du soldat; mais ceux qui étaient au courant des nouvelles, dissipèrent bientôt ces illusions, en répandant le bruit que l'amiral Tschikagow, venant du Danube, avait repoussé jusqu'auprès de Warsovie les troupes qui s'opposaient à son passage; que les Autrichiens même, en se retirant derrière le Bug, avaient abandonné à la division Lambert l'importante position de Minsk, où se trouvaient tous nos dépôts et d'immenses provisions; enfin que l'amiral marchait sur Borisov, pour nous intercepter le passage de la Bérézina, et par là faire sa jonction avec les corps de Wittgenstein et de Stengel. En effet, ces généraux, depuis la fatale bataille de Polotsk (18 octobre), n'étant plus contenus par les deuxième et sixième corps, se portèrent, l'un vers Tschachniki, afin de se mettre en communication avec l'armée de Moldavie; et l'autre marcha sur Vileïka, pour couper les Bavarois. De la réunion de tous ces corps dépendait la ruine de l'armée française; et ce fut pour prévenir la plus effrayante et la plus mémorable de toutes les défaites, que Napoléon s'avançait à marches forcées sur la Bérézina.

(17 Novembre.) Aussitôt que le prince d'Eckmühl eut fait sa jonction avec nous, et

que le duc d'Elchingen se fut jeté de l'autre côté du Dniéper, nous nous mîmes en mouvement vers les onze heures du matin, pour aller à Liadoui. Pendant l'instant de repos que nous prîmes à Krasnoé, les kosaques avaient débordé la ville, et, rangés en colonnes, nous suivaient tout le long de la route. On fit une fausse attaque pour les contenir, et par là donner aux bagages et aux convois de blessés le temps de poursuivre leur route. Mais les Russes, s'étant aperçus que le reste de nos équipages était arrêté, et dans un grand désordre, par la difficulté qu'avaient les chevaux à franchir la vallée qui séparait la ville du plateau, n'acceptèrent point le combat ; ils fondirent sur une partie des voitures, et s'en emparèrent sans éprouver de résistance. C'est-là que nous perdîmes le fourgon de l'état-major, où étaient enfermés les registres de correspondance, et tous les plans, cartes et mémoires relatifs à notre expédition.

Comme l'ennemi s'avançait toujours, et nous canonnaient vivement, l'Empereur se mit au milieu d'un carré formé par sa garde, plaça la cavalerie sur ses ailes, tandis que les débris du premier corps, avec les voltigeurs et les fusiliers, commandés par le duc de Trévise, protégaient notre marche. Napoléon ne pouvant se résoudre à abandonner le duc d'Elchingen, s'arrêtait souvent, et à chaque halte, livrait différens combats meurtriers; dans toutes ces affaires, les soldats de la jeune garde se battirent avec un courage admirable, et supportant avec résignation toutes espèces de souffrances, se montrèrent les dignes émules de leurs aînés.

Nous entrâmes à Liadouï, lorsque la nuit commençait à nous surprendre. Au dessus de la petite rivière qu'on traverse avant d'y arriver, il y avait un plateau très-élevé, et dont la pente était si glissante, qu'il fallut se rouler pour la descendre. Liadouï offrit un aspect nouveau pour nous, c'était d'y voir des habitans. Quoiqu'ils fussent tous Juifs, on oublia la saleté de cette nation vénale, et à force de prières, ou plutôt d'argent, nous parvînmes à leur faire trouver quelques ressources dans un bourg, qui, au premier aspect, paraissait ruiné. Ainsi cette même cupidité, objet de notre profond mépris pour les Juifs, nous fut bien salutaire, puisqu'elle leur faisait braver tous les dangers afin de procurer ce que nous demandions.

Liadouï étant à la Lithuanie, on croyait qu'il serait respecté, comme ayant appartenu à l'ancienne Pologne. Le lendemain (18 novembre), nous en partîmes avant le jour;

mais, à notre grand étonnement, nous fûmes, selon la coutume, éclairés par le feu des maisons qui commençaient à brûler. Cet incendie fut cause d'une des scènes les plus horribles de toute notre retraite, et ma plume se refuserait à la raconter, si le récit de tant de malheurs n'avait pour but et pour moralité, de rendre odieuse cette ambition fatale, qui força les peuples civilisés à faire la guerre en barbares.

Parmi les maisons qui brûlaient, il y avait trois vastes granges remplies de pauvres soldats pour la plupart blessés. On ne pouvait sortir des deux dernières sans passer par la première, qui était toute embrasée. Les plus ingambes se sauvèrent en sautant par les fenêtres; mais tous ceux qui étaient malades ou estropiés, n'ayant pas la force de se remuer, voyaient venir les flammes qui, par degré, s'avançaient pour les dévorer. Aux cris que poussaient ces malheureux, quelques ames moins dures que les autres cherchèrent à les sauver : ce fut en vain on ne les apercevait plus qu'à demi-enterrés sous des solives ardentes. A travers des tourbillons de fumée, ils suppliaient leurs camarades d'abréger leur supplice, en leur arrachant la vie : par humanité, on crut le devoir faire. Comme il y en avait qui vivaient encore, on les entendait qui, d'une voix éteinte, criaient en expirant : *Tirez sur nous, à la tête, à la tête ! Ne nous manquez pas !* et ces cris déchirans ne cessèrent que lorsque ces victimes eurent été consumées.

La cavalerie était totalement démontée, et Napoléon ayant besoin d'escorte, on réunit à Liadouï tous les officiers qui avaient encore un cheval, pour en former quatre compagnies de cent cinquante hommes chacune. Les généraux Defrance, Saint-Germain, Sébastiani, etc., faisaient fonctions de capitaines, et les colonels de sous-officiers. Cet escadron, à qui l'on donna le surnom de *sacré*, était commandé par le général Grouchy, sous les ordres du roi de Naples. D'après son organisation, il ne devait pas perdre de vue l'Empereur; mais ces chevaux qui jusqu'alors avaient résisté, ayant été mieux soignés que ceux des soldats, périrent du moment qu'on voulut les réunir à ceux des généraux. Ainsi, au bout de quelques jours, l'*escadron sacré* n'existait plus.

L'ennemi nous suivait toujours, se tenant éloigné à deux ou trois portées de fusil de la route, tandis que les restes de l'armée, n'ayant plus les moyens de se défendre, continuaient à marcher dans un désordre extrême, et se voyaient tous les jours harcelés par les kosaques qui, à chaque défilé, tombaient sur la queue de notre colonne, s'emparaient des bagages, et nous obligeaient à abandonner l'artillerie que les chevaux ne pouvaient plus traîner. Jusqu'alors, Napoléon avait fait la route dans une bonne calèche hermétiquement fermée, et remplie de fourrures; il portait même une pelisse et un bonnet en martre zibeline, qui l'empêchaient de ressentir le froid le plus rigoureux. Nos malheurs n'altéraient point son sang froid; tous les jours il allait à pied, suivi de son état major, et voyait défiler devant lui les misérables restes d'une armée naguères si puissante: malgré cela sa présence n'excita jamais de rumeurs; elle ranimait au contraire les plus timides, qui toujours étaient tranquilles là où était l'Empereur.

Nous entrâmes tous à la fois dans Doubrowna. Ce bourg était le lieu le mieux conservé que nous eussions encore rencontré depuis notre sortie de Moscou. Il y avait un sous-préfet polonais, un commandant de place; les maisons étaient habitées par des Juifs qui nous procurèrent un peu de farine, de l'eau-de-vie et de l'hydromel. Ils échangeaient aussi aux soldats les roubles en papier pour de l'argent; enfin, étonnés de la sécurité des Israélites, et de la bonne foi de nos soldats, qui payaient tout ce qu'ils prenaient, il nous semblait déjà que l'abondance allait renaître, et que nos maux allaient finir.

Cependant nous touchions au dernier degré de misère, et *du pain! du pain!* voilà quel était le cri des faibles restes de la plus formidable des armées. Les employés de toutes les espèces étaient malheureux, surtout les commissaires et garde-magasins, gens peu accoutumés à éprouver des privations; mais ceux-là étaient encore moins à plaindre que les médecins, et particulièrement les chirurgiens, qui, sans espérance d'avancement, s'exposent comme les militaires en les pansant sur le champ de bataille. Etant à Doubrowna, auprès d'une maison où les soldats se portaient en foule, parce qu'on leur avait dit qu'on y vendait des vivres, j'aperçus un jeune chirurgien plongé dans une profonde tristesse, et qui, d'un air égaré, cherchait à s'introduire dans cette habitation. Comme il était toujours repoussé par la foule, et qu'il donnait des signes d'un violent désespoir, je me hasardai à lui en demander la cause. « Ah, capitaine! me dit-il,
« vous voyez un homme perdu! Depuis deux
« jours n'ayant rien mangé, j'ai appris, en arri-
« vant ici des premiers, qu'on vendait du pain
« dans cette maison. En donnant six francs au
« factionnaire, il m'a laissé entrer; mais comme
« le pain était au four, le Juif n'a point voulu
« m'en promettre, si je ne lui donnais un louis
« d'avance. J'y ai consenti, et maintenant que

« je reviens, la sentinelle ayant été changée, me
« repousse impitoyablement. Ah, monsieur!
« me dit-il en pleurant, que je suis malheureux;
« je perds le peu d'argent qui me restait, sans
« avoir pu me procurer du pain, dont je n'ai
« pas mangé depuis plus d'un mois. »

Le jour où nous arrivâmes à Doubrowna, Napoléon, comme de coutume, avait fait à pied une grande partie du chemin; et c'est durant cette marche, où l'ennemi ne parut point, qu'il put aisément observer dans quel état déplorable était l'armée, et combien il était trompé par les rapports de plusieurs chefs, qui connaissant le danger qu'il y avait à lui dire la vérité, n'osaient la lui faire connaître, dans la crainte de s'attirer une disgrace. Alors il pensa que ses discours produiraient l'effet de la manne dans le désert; en disant des injures aux officiers, et des quolibets aux soldats, il crut inspirer de la crainte aux uns et du courage aux autres. Mais ils étaient passés ces temps d'enthousiasme, où une seule de ses paroles produisait des miracles; son despotisme avait tout comprimé, et lui-même étouffant en nous les idées généreuses, se priva de l'unique ressort qui pouvait encore électriser nos ames.

La chose la plus sensible pour Napoléon, fut de voir que sa vieille garde était aussi frappée d'un semblable découragement; le cœur ulcéré, il voulut, avant de quitter Doubrowna, en rassembler une partie; et se mettant au milieu d'elle, il recommanda aux officiers le maintien de la discipline, leur rappelant qu'elle avait fait la gloire de ses armées, et que par elle on avait jadis obtenu de grandes victoires! Mais de si beaux sentimens étaient hors de saison; et ce même homme qui sans moralité aspirait à l'héroïsme, éprouva bien dans cette circonstance qu'il n'y a aucune gloire à attendre des projets les plus vastes, lorsqu'ils n'ont pas un but louable, et que leur exécution n'est point combinée avec les forces de la faible humanité.

(19 Novembre.) Demi-heure après avoir quitté Doubrowna, on traversa un ravin extrêmement large et profond, au milieu duquel passait une rivière. Le côté opposé commandait beaucoup celui par lequel nous arrivions. En voyant cette importante position, chacun rendit grâce au ciel de ce que les Russes ne s'en étaient point emparés pour nous fermer le passage, ce qui nous confirma que la ville d'Orcha ne serait pas occupée par eux. Effectivement, des gendarmes d'élite, venus de France, s'y étaient maintenus, et nous touchâmes au Dniéper vers les deux heures après midi, sans avoir été inquiétés, même par les kosaques. Nouvelle preuve de notre fortune, car dans l'état de désordre où nous étions, il nous aurait été impossible de forcer ces deux terribles positions.

On avait construit deux ponts sur ce grand fleuve; la gendarmerie en faisait la police; comme chacun voulait passer des premiers, le concours était immense; malgré cela il ne survint point d'accidens. Napoléon arriva à Orcha peu de momens après nous : dans un instant les maisons en bois dont la ville était formée furent occupées par les différens états-majors, et par une foule de soldats qui s'y établirent. Les Juifs, comme de coutume, nous procurèrent d'abord quelques faibles ressources, mais le nombre des acheteurs était si grand, que tout fut bientôt consommé.

Plus j'examinais la position d'Orcha, et moins je pouvais concevoir comment l'ennemi n'avait pas cherché à l'occuper. Cette ville construite sur la rive droite du Dniéper, qui domine beaucoup celle de gauche, a des mamelons avancés, qui semblent former des bastions naturels. Au-dessous est le fleuve, large sur ce point d'environ deux cents toises, et formant un immense fossé que l'armée la plus formidable n'aurait jamais pu passer sans s'exposer à une entière ruine. Pendant que nous étions sur ces hauteurs, nous entendîmes le feu de nos derniers tirailleurs; un instant après nous vîmes revenir, avec précipitation, tous ceux qui étaient restés sur la rive opposée, et qui criaient en s'avançant vers nous : *les kosaques! les kosaques!* Ils parurent en effet peu de temps après, mais en si petit nombre, qu'il y aurait eu de quoi s'indigner, si ceux qui fuyaient devant eux n'avaient été de malheureux traînards, sans armes, et pour la plupart blessés.

(20 Novembre.) Le lendemain nous fûmes assez tranquilles, et n'entendîmes que quelques coups de fusil qu'on tirait par intervalle aux kosaques; mais, accoutumés à les voir s'avancer, et fuir lorsqu'ils voyaient des soldats armés, leur présence ne nous donnait plus d'inquiétude : ainsi on goûtait dans le calme le plus parfait les douceurs d'un jour de repos; et quelques provisions que le général Jomini, gouverneur d'Orcha, avait réservées pour le passage de l'armée, nous furent d'autant plus agréables, que, depuis Smolensk, nous n'avions reçu aucune distribution, puisque les magasins de Krasnoé avaient été pillés par les kosaques avant notre arrivée (1).

(1) Je dois observer qu'on ne comprenait dans les distributions que les soldats présens aux appels, et le nombre de ceux-ci ne formait pas la cinquième partie du reste de l'armée. Outre cela, dans l'espace de deux mois, on

La journée fut fort tranquille; mais quelle fut notre joie lorsqu'au milieu de la nuit nous apprîmes que la grande rumeur qui régnait dans la ville était causée par l'arrivée du duc d'Elchingen, qui, comme on sait, avait été obligé, depuis la désastreuse journée de Krasnoé, d'abandonner la route que nous avions suivie, pour chercher de l'autre côté du Dniéper une retraite plus sûre; il ne cessa, durant trois jours, de combattre l'ennemi. Dans cette occasion, il fit usage de tout ce que le talent et la bravoure peuvent déployer de plus extraordinaire; parcourant un pays inconnu, il marchait en carré, repoussant chaque jour les attaques de six mille kosaques, qui chaque jour fondaient sur lui pour le forcer à capituler. Cette résistance héroïque mit le comble à sa brillante réputation, et prouva qu'il y a plus de mérite à savoir parer les échecs de la fortune qu'il n'y a de gloire à profiter de ses faveurs. Tant de fermeté dans le péril fut secondée par le mouvement généreux du prince Vice-Roi qui alla au devant du duc d'Elchingen pour le dégager, et dont les secours achevèrent sa délivrance (1).

ne fit que trois distributions, savoir : à Smolensk, à Orcha et à Kowno.

(1) Cette retraite est une des plus belles opérations de

LA BÉRÉZINA.

(21 Novembre.) Nous sortîmes d'Orcha lorsqu'on commençait à y mettre le feu. En gravissant la montagne, afin de rejoindre la grande route, nous entendîmes tirer plusieurs coups de fusil; c'étaient les soldats du premier corps restés dans la ville pour former l'arrière-garde, et qui, déjà, se trouvaient aux prises avec les kosaques. Pendant le séjour que nous fîmes à Orcha, Napoléon prévoyant qu'il allait bientôt se trouver dans une position critique, faisait tous ses efforts pour rallier ses troupes. Il fit publier au son du tambour et par trois colonels, qu'on punirait de mort les traînards qui ne rejoindraient pas leurs régimens, et que les officiers ou généraux qui abandonneraient leur poste seraient destitués. Parvenus sur la grande route, nous nous convainquîmes du peu d'effet qu'avait produit cette mesure : tout était dans la plus affreuse confusion, et les soldats sans armes et mal vêtus, au mépris de cet ordre sévère, continuaient à marcher dans le même desordre.

la campagne. On raconte qu'au moment de passer le Dnieper, tout le monde était dans le désespoir et se croyait perdu ; chacun cherchait le maréchal pour savoir ce qu'il ordonnerait. Mais on fut bien surpris en le trouvant couché sur la neige et la carte à la main, examinant la direction qui lui serait la plus favorable. Ce calme dans un si grand danger, fortifia le courage de tous ceux qui l'accompagnaient.

Une heure avant d'arriver à Kokanovo, nous campâmes dans un mauvais village, situé à notre droite, et dont il ne restait plus que deux ou trois habitations. Celui de Kokanovo, où nous passâmes le lendemain, était entièrement ruiné; la seule maison de la poste aux chevaux, que les gendarmes avaient habitée, subsistait encore. Enfin, continuant notre marche à travers un chemin que le dégel rendait horriblement fangeux, nous reçûmes l'ordre de ne pas pousser jusqu'à Toloczin, où l'Empereur était établi, et de nous arrêter à un grand château à une demi-lieue en deçà; car souvent Napoléon, pour tromper l'ennemi, ne couchait point au lieu qui avait été désigné dans la matinée; plusieurs fois les circonstances le forcèrent de camper sur la route, au milieu du carré que formait la garde. Dans ces bivacs, le froid et le manque de vivres affaiblissaient tellement les soldats, que son escorte chaque jour diminuait d'une manière effrayante.

La route d'Orcha jusqu'auprès de Toloczin est, sans contredit, l'une des plus belles de l'Europe; tracée en ligne droite, elle a des deux côtés une double allée de bouleaux, dont les branches alors chargées de neiges et de glaçons, descendaient jusqu'à terre, en forme de saules pleureurs; mais ces allées majestueuses n'étaient pour nous qu'un lieu de larmes et de désespoir ; on n'entendait de tous côtés que des plaintes et des gémissemens : les uns, assurant qu'ils ne pouvaient aller plus loin, se couchaient par terre, et les larmes aux yeux nous donnaient leurs papiers et leur argent pour les faire parvenir à leur famille. « Ah ! si, plus fortunés que « nous, disaient-ils, vous revoyez jamais notre « chère patrie, en envoyant à nos parens ce « dernier gage de notre amour, dites-leur bien « que la seule pensée de les revoir un jour nous « a soutenus jusqu'à ce moment ; mais, dénués « de force, nous renonçons à cette espérance, « et mourons en songeant à eux. Adieu, vivez « heureux, et de retour dans notre belle France, « au milieu de votre bonheur, souvenez-vous « de nos misères ! » Un peu plus loin, on en rencontrait d'autres qui tenant dans leurs bras des enfans ou une femme évanouie, imploraient de tous les passans un morceau de pain pour les rappeler à la vie.

L'Empereur venait d'apprendre que l'armée de Wolhynie, réunie à celle de Moldavie, s'était emparée de Minsk (16 novembre), et qu'elle marchait sur le pont de Borisov, pour nous couper le passage de la Bérézina. L'on rapporte qu'en apprenant cette fatale nouvelle, il se mit à dire avec calme : *Il est donc décidé que nous ne ferons que des sottises* (1), paroles extraordinaires dans une position si critique! Il savait aussi que les armées de Wittgenstein et de Stengel, victorieuses sur la Dwina, pressaient vivement les deuxième et sixième corps, pour marcher sur Borisov, où la jonction devait se faire avec l'amiral Tschikagow et le prince Kutusoff. Pour s'opposer à l'exécution d'un plan qui devait consommer notre ruine, Napoléon avait ordonné au général Dembrowski de lever le siége de Bobruisk, pour se porter sur Minsk que nous avions tant intérêt à conserver; mais les mauvaises dispositions du gouverneur de cette ville furent cause que la place se rendit avant de pouvoir être secourue. Alors le général Dembrowski se porta sur Borisov, où il trouva les débris de la garnison de Minsk. Ce général s'était établi dans la tête de pont; mais le 21 novembre, à la suite d'un combat sanglant contre les divisions Langeron et Lambert, il se vit contraint d'éva-

---

(1) La plupart des corrections et augmentations faites dans ce IXe livre, sont dues à une brochure intitulée : *Relation impartiale du passage de la Bérézina*, par un auteur anonyme. Elle jette un grand jour sur toutes les opérations des trois grandes armées russes qui, jusqu'à présent, nous étaient inconnues. Cet excellent mémoire m'a été fort utile, et j'en témoigne ma reconnaissance à celui qui l'a composé.

cuer sa position, et de se retirer sur Nemonitsa. L'ennemi ayant alors passé la Bérézina, marcha sur Bobr et vint au devant de nous. Le duc de Reggio, qui était à Tschéréia, ayant appris par le général Pampelone la perte de Borisov et du pont, se porta avec son corps au secours du général Dembrowski, afin d'assurer à l'armée le passage de la Bérézina. Le jour suivant (24 novembre), ce maréchal rencontra la division Lambert, commandée alors par le général Pahlen (1). A quatre heures il l'attaqua et la battit; en même temps le général Berkheim fit charger le 4e. de cuirassiers, et força l'ennemi à repasser sur l'autre rive de la Bérézina, après avoir perdu deux mille hommes, six canons et quantité de bagages.

L'armée de Wolhynie ayant dans sa fuite coupé le grand pont de Borisov, gardait toute la rive droite de la Bérézina, et avec quatre divisions (2) occupaient les points principaux par où nous pouvions chercher à déboucher. Pendant la journée du 25, Napoléon manœuvra pour trom-

(1) Le général Lambert avait cédé son commandement, ayant été blessé dans le combat où sa division s'empara de la tête de pont de Borisov.

(2) Elles étaient sous les ordres des généraux Langeron, Lambert, Woinow et Tschaplitz.

per la vigilance de l'ennemi, et parvint à force de stratagèmes à s'établir au village de Weselowo, placé sur une éminence qui dominait la rivière que nous voulions passer. Là il fit construire en sa présence, et malgré l'opposition des Russes, deux ponts, dont le duc de Reggio profita pour faire traverser la Bérézina à la sixième division; et attaquant les troupes qui s'opposaient à son passage, commandées par le général Tschaplitz, il les battit et les poursuivit sans relâche jusqu'à leur tête de pont de Borisov. C'est dans cette affaire que les généraux Legrand et Dembrowski, officiers du premier mérite, furent blessés grièvement. Par ce moyen, Napoléon acquit la certitude que l'amiral était seul sur la rive droite, et que l'armée de Wittgenstein ne s'était pas encore unie à lui.

Le duc de Bellune qui, depuis ses brillantes affaires de Smoliani (1), contenoit le corps de Wittgenstein, ayant reçu l'ordre de suivre le mouvement du duc de Reggio, fut suivi dans sa retraite par l'armée russe de la Dwina; dans cette marche rétrograde il se dirigea par Tschéreïa et Kholopenitschi; en arrivant à Ratoulitschi, il fit sa jonction avec les restes de l'armée revenue de Moscou: mais Wittgenstein, au lieu de

---

(1) Où il fit trois mille prisonniers.

continuer à le poursuivre de Kholopenitschi, se dirigea sur Baran, tandis que le prince Kutusoff, loin de se rapprocher de nous, s'arrêta quelques jours à Lanniki, et n'arriva que le 23 à Kopys sur le Dniéper : le général Milloradowitch, commandant son avant-garde, n'avait point encore dépassé Kokhanovo, éloigné de nous d'environ cinq journées de marche. Durant toutes ces opérations, qui eurent lieu depuis le 23 jusqu'au 27 novembre, nous marchâmes presque sans interruption, traversant plusieurs villages, et pouvant à peine connaître les noms de ceux de Bobr, de Natscha et de Nemonitsa, où la lassitude nous força de nous arrêter. Les jours étaient si courts, que quoique nous fissions peu de chemin, on faisait route une partie de la nuit, et ce fut la cause pour laquelle tant de malheureux s'égarèrent ou se perdirent; arrivant fort tard au milieu des bivacs où tous les corps demeuraient confondus, personne ne pouvait se connaître ni indiquer le régiment auquel on appartenait : ainsi, après avoir marché une journée entière, il fallait errer toute la nuit pour rejoindre ses chefs. Rarement on avait le bonheur d'y parvenir. Ne connaissant plus alors l'heure du départ, on se livrait au sommeil, et en se réveillant, on se trouvait au milieu des ennemis.

En passant à Borispv nous vîmes la division

Partonneaux, formant l'arrière-garde du neuvième corps; elle avait laissé sur les bords de la Skha le commandant Landevoisin avec un bataillon, pour brûler le pont et les moulins établis sur cette rivière. La division faisait un grand mouvement d'artillerie propre à faire croire aux Russes qu'on voulait sur ce point forcer le passage de la Bérézina. Parvenus sur la place, nous laissâmes la route qui conduisait à la tête de pont occupée par les Russes, et prîmes le chemin de droite pour aller rejoindre Napoléon. Les autres troupes du neuvième corps, commandées par le duc de Bellune, arrivaient également par le même chemin.

Les deuxième et neuvième corps n'ayant point été à Moscou, ainsi que les Polonais, commandés par le général Dembrowski, avaient de si nombreux bagages que depuis Borisov jusqu'à Weselowo, la route était couverte de voitures et de caissons. Les renforts qu'ils amenaient étaient pour nous d'un puissant secours; mais on était effrayé en songeant que cette masse d'hommes, réunie dans un vaste désert, ne ferait que redoubler nos maux. Enfin marchant toujours à travers une confusion extrême, avec les divisions du corps du duc de Bellune, nous nous trouvâmes, deux heures après, arrêtés par une foule si grande, qu'il n'y avait plus sur aucun point moyen de circuler. Au milieu de cette cohue étaient au sommet d'une hauteur quelques mauvaises granges : à la vue des chasseurs de la garde impériale qui campaient tout autour, nous jugeâmes que Napoléon était là, et que nous touchions aux bords de la Bérézina ; c'était précisément l'endroit même où Charles XII passa cette rivière lorsqu'il marchait sur Moscou (1).

Quel effrayant tableau me présenta cette multitude d'hommes accablée de toutes les misères, et contenue dans un marais ! Elle, qui deux mois auparavant, triomphante, couvrait la moitié de la surface du plus vaste des empires. Nos soldats pâles, défaits, mourant de faim et de froid, n'ayant pour se préserver des rigueurs de la saison que des lambeaux de pelisses, ou des peaux de mouton toutes brûlées, se pressaient en gémissant le long de cette rive infortunée. Allemands, Polonais, Italiens, Espagnols, Croates, Portugais et Français, tous mêlés ensemble, criant, s'appelant entre eux, et se fâchant chacun dans leur langue ; enfin les officiers, et même les généraux, roulés dans des pelisses sales et crasseuses, confondus avec les soldats, et s'emportant contre ceux qui les foulaient ou bravaient leur autorité, formaient

---

(1) 25 juin 1708.

une confusion dont aucune peinture ne pourrait retracer l'image.

Ceux que la lassitude et l'ignorance du danger rendaient moins pressés pour passer la rivière, cherchaient à allumer du feu et à se reposer de leurs fatigues. C'est dans ces bivacs que l'on pouvait aisément observer à quels degrés de brutalité peut nous porter un excès de misère! Là, on voyait des hommes se battre pour un morceau de pain : transis de froid, voulait-on s'approcher d'un feu, ceux à qui il appartenait vous en chassaient inhumainement; et si une soif brûlante vous forçait à demander une goutte d'eau à celui qui en portait un plein seau, il accompagnait toujours son refus par des paroles pleines de dureté. Souvent on entendait des gens, qui jusqu'alors avaient été amis, quoique pleins d'éducation, se quereller entre eux pour un brin de paille, ou pour un morceau de cheval, qu'ils cherchaient à découper. Ainsi, cette campagne était d'autant plus effrayante, qu'elle dénaturait notre caractère, et nous donnait des vices, qui jusqu'alors nous étaient inconnus. Ceux même qui auparavant étaient probes, sensibles et généreux, devinrent égoïstes, avares, usuriers et méchans!

Les préparatifs qu'on avait fait faire à Borisov, pour feindre de vouloir reconstruire le grand pont, avaient considérablement diminué le nombre des troupes ennemies qui se trouvaient vis-à-vis Weselowo; d'autant plus que Kutusoff, mal informé (1) du point où nous passerions la Bérézina, avait annoncé à Tschikagow que nous déboucherions au dessous de Borisov. Napoléon, profitant de cette circonstance (27 novembre), et surtout de l'arrivée à Weselowo du duc de Bellune, vers les deux heures après-midi se mit à la tête de sa garde, pour pénétrer à travers la foule immense qui se pressait vers la rivière. L'armée passait aussi, mais lentement, à cause des réparations continuelles qu'il fallait faire aux ponts.

Le Vice-Roi qui était demeuré toute la journée avec l'Empereur, fit annoncer à son état-major que ce qui appartenait au quatrième corps passerait le pont à huit heures du soir. Quoique ce moment fût le meilleur pour franchir un pas si dangereux, beaucoup ne pouvant s'arracher du feu, auprès duquel ils étaient assis, disaient: « Qu'il valait bien mieux bivaquer sur cette

(1) Voyez *Relation impartiale du passage de la Bérézina*. D'autres ont assuré que Kutusoff donna ce faux avis pour se venger de Tschikagow, qui, par ses intrigues, lui enleva le commandement de l'armée du Danube. Ainsi l'amiral échoua dans une opération dont tout l'honneur devait lui revenir.

« rive que sur l'autre, où il n'y avait que des
« marais; qu'au reste l'encombrement était en-
« core le même, et qu'en attendant jusqu'au
« lendemain, la foule serait écoulée, et le pas-
« sage plus facile. » Ce mauvais avis prévalut
pour un grand nombre, et il n'y eut ainsi que
la maison du Prince et quelques officiers de
l'état-major, qui traversèrent la rivière à l'heure
qu'on avait ordonné.

Il fallait en effet connaître tout le danger qu'il
y avait à rester sur la rive gauche, pour se résoudre à passer sur celle opposée. Le Vice-Roi
et sa suite se trouvant sur cette dernière, campaient sur un terrain marécageux, et recher-
chaient pour reposer les endroits les plus
glacés, afin d'éviter les bourbiers. L'obscurité
était horrible, le vent affreux, et soufflant avec
violence, apportait sur nos visages une neige
glaciale. La plupart des officiers, pour éviter
d'être gelés, transis et morfondus, ne faisaient
que courir ou marcher en frappant du pied.
Pour comble de disgrace, le bois était si rare à
trouver, qu'on put à peine former un feu au
Vice-Roi, et on fut obligé, pour obtenir quelques tisons, de rappeler à des soldats bavarois
que le prince Eugène avait épousé la fille de
leur roi!

(28 Novembre.) Napoléon étant allé vers

Zembin, laissa derrière lui cette foule immense qui, placée sur l'autre rive de la Bérézina, présentait l'image animée, mais effrayante, de ces ombres malheureuses qui, selon la fable, errent sur les rives du Styx, et se pressent en tumulte pour approcher de la barque fatale. La neige tombait à gros flocons; les collines, les forêts ne présentaient plus que des masses blanchâtres, et se perdaient dans l'atmosphère humide : on ne voyait distinctement que la funeste rivière à moitié gelée, et dont l'eau trouble et noirâtre, en serpentant dans la plaine, se faisait jour à travers les glaçons que chariaient ses ondes.

Quoiqu'il y eût deux ponts, l'un pour les voitures, et l'autre réservé pour les fantassins, néanmoins la foule était si grande, et les approches si dangereuses, qu'arrivés près de la Bérézina, les hommes réunis en masse ne pouvaient plus se mouvoir. Malgré ces difficultés, les gens à pied, à force de persévérance, parvenaient à se sauver; mais, vers les huit heures du matin, le pont réservé pour les voitures et les chevaux ayant rompu, les bagages et l'artillerie s'avancèrent vers l'autre pont et voulurent tenter de forcer le passage. Alors s'engagea une lutte affreuse entre les fantassins et les cavaliers, beaucoup périrent en s'égorgeant entr'eux; un plus grand nombre encore fut étouffé vers la tête du pont, et les cadavres des hommes et des chevaux obstruèrent à tel point les avenues, que pour approcher de la rivière, il fallait monter sur le corps de ceux qu'on avait écrasés; il y en avait qui respiraient encore, et luttant contre les horreurs de la mort, pour se relever, se saisissaient de ceux qui montaient sur eux; mais ceux-ci, pour se dégager, les repoussaient avec violence, et les foulaient aux pieds. Tandis qu'on se débattait avec acharnement, la multitude qui suivait, semblable à une vague en furie, engloutissait sans cesse de nouvelles victimes.

Le duc de Bellune, laissé sur la rive gauche, se mit en position sur les hauteurs de Weselowo avec les deux divisions Girard et Daendels, pour couvrir le passage et le protéger au milieu de cette effroyable confusion, contre le corps de Wittgenstein, dont l'avant-garde avait paru la veille. Cependant le général Parthonneaux, après avoir repoussé les attaques de Tschikagow, partit de Borisov à trois heures après midi pour s'opposer aux Russes qui s'avançaient en colonnes; instruit qu'il allait avoir affaire à des forces considérables, il rappela les 1re. et 2e. brigades restées à Borisov, commandées par les généraux Blamont et Lecamus. Parvenu à Staroï-Borisov, au lieu de prendre le chemin de Weselowo, il prit celui de Studentzy (1). Cette erreur porta la division au milieu du corps de Wittgenstein; quoiqu'elle n'eût que trois mille hommes, elle chercha à se faire jour, et pendant toute la soirée soutint un combat qui dura plus de quatre heures, et où furent blessés les généraux Blamont et Delaitre. Au milieu de la neige et avec un temps horrible, nos troupes se mirent en carré, restèrent sur pied toute la nuit sans avoir rien à manger, et ne voulant pas faire de feu pour indiquer leur position. Cette situation cruelle dura jusqu'au lendemain, où la division se vit entourée par le corps entier de Wittgenstein, fort d'environ quarante-cinq mille hommes; alors, perdant l'espoir d'échapper, elle se rendit prisonnière, n'ayant plus que douze cents hommes et deux faibles escadrons, tant les horreurs de la faim, la rigueur du froid et le feu de l'ennemi, avaient diminué le nombre de ces braves, qui, dans leur malheur, prouvèrent que les soldats français, jusque dans leur défaite, savent trouver des occasions de gloire!

(1) Dans le 29º bulletin, on a donné à Weselowo le nom de Studzianka. La proximité de ces villages les aura fait confondre, ou plutôt on aura préféré désigner Studzianka, qui est plus considérable que Weselowo; ce dernier lieu n'est qu'un hameau formé de quelques misérables granges.

Borisov ayant été évacué, les trois armées russes firent leur jonction; et le jour même (28 novembre), vers les huit heures du matin, le duc de Bellune fut attaqué sur la gauche par Wittgenstein, en même temps que le duc de Reggio l'était sur la rive droite par Tschikagow, qui, s'apercevant qu'on l'avait mal informé, réunit toutes ses troupes et vint fondre sur nous à peu de distance des ponts de Weselowo. Alors tout ce que nous avions de combattans prit les armes : l'affaire s'engageait avec chaleur, lorsque le duc de Reggio, qui ne peut jamais obtenir la victoire sans la payer de son sang, fut blessé dès le principe de l'action, et forcé de quitter son corps: il en laissa le commandement au duc d'Elchingen, et celui-ci céda le sien au duc de Trévise.

Malgré la bravoure de nos soldats, et les efforts de leurs chefs, les armées russes étant réunies, pressaient vivement le neuvième corps, qui formait l'arrière-garde ; on entendait déjà le bruit du canon, et ce bruit glaça tous les cœurs. Insensiblement il se rapprocha, et bientôt après on vit sur le sommet des collines voisines le feu des batteries ennemies : on ne douta plus alors que le terrain où se trouvaient des milliers d'hommes sans armes, des malades, des blessés, des femmes et des enfans, n'allât devenir un champ de bataille.

Le duc d'Elchingen ayant ranimé les combattans, l'action recommença avec une ardeur nouvelle. La division des cuirassiers commandée par le général Doumerc (1), fit une charge brillante au moment où la légion de la Vistule s'engageait dans les bois pour enfoncer le centre de l'ennemi. Ces braves cuirassiers (4e. 7e. et 14e. régimens), exténués par l'excès des fatigues et des privations en tout genre, firent néanmoins des prodiges de valeur, enfoncèrent des carrés, prirent des pièces de canon, et trois à quatre mille prisonniers que nos misères ne nous permirent pas de conserver; car, dans notre cruelle situation, nous combattions, non pour obtenir la victoire, mais seulement pour notre existence et l'honneur de nos armes.

En même temps le duc de Bellune était aux prises avec l'armée de Wittgenstein. La position qu'il occupait n'était pas avantageuse : quoique sa droite fût appuyée à la rivière, sa gauche ne pouvait s'étendre jusqu'à un grand bois qui aurait pu la couvrir; pour la lier à ce bois on

---

(1) Cette division, qui d'abord appartenait au corps du général Grouchy, passa ensuite sous les ordres du duc de Reggio, et resta sur la Dwina; si elle eût été à Moscou, elle n'aurait pas eu un seul cuirassier monté lors du passage de la Bérézina.

plaça une brigade de cavalerie commandée par le comte Fournier. Cet intrépide général fit deux charges brillantes qui arrêtèrent le corps de Wittgenstein, en même temps qu'une batterie de la garde protégeait la droite du duc de Bellune. La valeur héroïque des troupes, et la bravoure des généraux Girard, Damas et Fournier, qui, quoique blessés, n'abandonnèrent point le champ de bataille, apprirent aux ennemis que la victoire ne nous trahit jamais sans avoir été longtemps indécise. Enfin le courage fut forcé de céder au nombre, et le neuvième corps, accablé par tant de forces réunies, se vit contraint de quitter sa position.

Dans la chaleur de ce combat, plusieurs boulets de canon, tirés par l'ennemi, volèrent sur la tête de cette foule malheureuse, qui, depuis trois jours, se pressait autour du pont de la Bérézina; des obus même vinrent éclater au milieu d'elle; alors la terreur et le désespoir s'emparèrent de toutes les ames: l'instinct de la conservation troubla les esprits; ces femmes, ces enfans échappés à tant de désastres, semblaient n'avoir été conservés que pour éprouver une mort plus déplorable encore. On les voyait, sortant de leur voiture, courir embrasser les genoux du premier venu, et, en pleurant, le suppliaient de les faire passer sur l'autre bord. Les malades et les blessés, assis sur le tronc d'un arbre, ou soutenus sur des béquilles, d'un œil inquiet, cherchaient partout un ami qui pût les secourir; mais leur voix se perdait dans les airs : chacun ne songeait qu'à sa propre existence.

Nous avions, au quatrième corps, pour inspecteur aux revues, M. de Labarrière, homme respectable, et d'une grande aménité de caractère. Son âge avancé, et surtout son faible tempérament, l'avaient depuis longtemps rendu inhabile à marcher; et, comme tant d'autres, il se trouvait couché dans un traîneau. Par hasard ayant aperçu un officier de ses amis, quoiqu'il eût peine à se soutenir, il alla à lui; et, se jetant dans ses bras, se recommanda à son humanité. Cet officier était blessé; mais trop généreux pour refuser ses faibles secours, il lui promit de ne plus le quitter. Alors tous les deux, s'embrassant étroitement, allèrent vers le pont avec cette assurance et ce courage qu'éprouvent deux amis, lorsqu'ils ont encore la consolation de mourir ensemble; s'appuyant l'un sur l'autre, ils se perdirent dans la foule, et depuis lors on ne les a plus revus.

Il y eut aussi une femme, marchant avec les équipages de Napoléon, que son mari avait laissée un peu en arrière, tandis qu'il allait lui-même reconnaître le point où ils pourraient se hasarder de passer. Pendant ce temps, un obus vint éclater auprès de cette épouse infortunée; la foule qui était autour prit la fuite; elle seule resta; bientôt l'ennemi, en s'avançant, fit refluer nos troupes tout près du pont, et, dans leur marche confuse, ils entraînèrent cette malheureuse, qui voulut revenir vers l'endroit où son époux l'avait quittée. Battue par ces flots tumultueux, elle se vit égarée, puis perdue; de loin on l'entendait appeler son mari; mais sa voix touchante se perdait à travers le bruit des armes et les cris des combattans: alors pâle et sans voix, se meurtrissant le sein, elle tomba évanouie au milieu des soldats qui ne l'avaient ni vue ni entendue.

Enfin les Russes, toujours renforcés par des troupes nouvelles, arrivèrent en masse, et chassèrent devant eux la division polonaise du général Girard, qui, jusque là, les avait contenus. A la vue de l'ennemi, ceux qui n'avaient pas encore passé, se mêlant avec les Polonais, se précipitèrent vers le pont : l'artillerie, les bagages, les cavaliers, les fantassins, chacun voulait traverser le premier. Le plus fort jetait dans l'eau le plus faible, qui l'empêchait d'avancer, ou foulait aux pieds le malade qui se trouvait sur son passage. Plusieurs centaines d'hommes restèrent écrasés sous les roues des canons; d'autres espérant se sauver à la nage, se gelèrent au milieu de la rivière, ou périrent en se plaçant sur des pièces de glace qui coulèrent à fond. Mille et mille victimes n'ayant plus d'espoir, malgré ce triste exemple, se jetèrent pêle-mêle dans la Bérézina, où presque toutes moururent dans les convulsions de la douleur et du désespoir. On vit une mère prise par les glaces : ne pouvant plus avancer ni reculer, elle tenait son enfant au dessus de l'eau, et poussait des cris déchirans pour qu'on vînt à son secours (1).

La division Girard, par la force des armes, vint à bout de se faire jour à travers les obstacles qui pouvaient retarder sa marche ; et, gravissant sur cette montagne de cadavres, qui obstruaient le chemin, rejoignit l'autre rive, où les Russes l'auraient peut-être suivie, si, dans l'instant, on ne s'était hâté de brûler le pont.

Alors les malheureux restés sur la Bérézina, n'eurent plus autour d'eux que l'image de la mort la plus horrible. Pour chercher à s'y soustraire, on en voyait encore quelques-uns qui essayaient de traverser le pont, lors même qu'il était tout enflammé : mais, au milieu de leur course, ils se noyaient pour éviter d'être brûlés. Enfin les Russes s'étant rendus maîtres du champ de bataille, nos troupes se retirèrent, le pas-

(1) Voyez *Moscou avant et après l'incendie*, par G. L. D. L, témoin oculaire, p. 150.

sage cessa, et au fracas le plus épouvantable succéda le plus morne silence.

En marchant vers Zembin, nous remontâmes la rive droite de la Bérézina, d'où l'on voyait distinctement tout ce qui se passait sur l'autre bord. Le froid était excessif, et le vent faisait entendre au loin ses affreux sifflemens; vers la fin du jour l'obscurité n'était dissipée que par les feux nombreux de l'ennemi qui occupait les collines. Au pied de ces hauteurs gémissaient nos compagnons dévoués à la mort, et pour eux jamais momens ne durent être plus terribles que ceux qui s'écoulèrent durant cette effroyable nuit : tout ce que l'imagination pourrait se figurer de plus douloureux n'en retracerait qu'une imparfaite image. Les élémens déchaînés semblaient s'être réunis pour affliger la nature entière et châtier les hommes; les vainqueurs comme les vaincus étaient accablés de souffrances. Chez les Russes seulement on voyait d'énormes amas de bois enflammé; là, au contraire, où se trouvaient les nôtres, il n'y avait ni lumière, ni cabanes : les gémissemens seuls nous faisaient deviner l'endroit où se trouvaient tant de malheureuses victimes.

Plus de vingt mille soldats ou domestiques, malades et blessés, tombèrent au pouvoir de l'ennemi; on évalua à deux cents le nombre des pièces abandonnées; tous les bagages des deux corps qui s'unirent à nous furent également la proie des vainqueurs; mais dans ces pénibles circonstances, on était insensible à la perte des richesses, on ne connaissait que le sentiment de sa conservation; aussi chacun avait sans cesse sous les yeux le sort déporable des infortunés laissés sur la Bérézina, qui perdant pour toujours l'espoir de revoir leur patrie, se voyaient condamnés à aller passer le reste de leurs jours dans les neiges de la Sibérie, où un pain noir arrosé de larmes devait être le salaire de leurs humilians travaux!

(29 Novembre.) Le lendemain, en partant de Zembin, et cherchant à réunir ce qui restait du quatrième corps, nous donnâmes de nouveaux regrets au triste sort de quantité d'amis qui n'étaient plus avec nous; par un mouvement spontané on embrassait tous ceux qui revenaient et qu'on avait cru ne jamais revoir; on se félicitait mutuellement d'avoir échappé à une journée, plus terrible pour nous que la plus sanglante bataille. Partout on n'entendait que le récit des périls qu'on avait courus, et des difficultés qu'il avait fallu surmonter pour éviter la mort. « J'ai tout perdu, disait l'un, « domestiques, chevaux et bagages; mais ces « pertes seront légères et je m'estimerai heu-

« reux, si je sauve ma vie des rigueurs du froid,
« des souffrances de la faim, et des armes de
« l'ennemi. Je n'ai plus que ce que je porte,
« disait un second; de tout ce que j'avais, je
« n'ai voulu que des souliers pour marcher, et
« de la farine pour vivre; voilà mes véritables
« richesses ! J'ai tout perdu, disait enfin un
« troisième, mais je suis consolé, puisque le
» sacrifice de mes effets m'a procuré le bonheur
« de pouvoir faire passer mon frère blessé. »
Telles étaient les paroles que nous entendîmes,
pendant plusieurs jours de suite; et ceux qui
ne disaient rien, ne gardaient le silence que
pour mieux concentrer leurs pensées, et rendre
grâce à la Providence qui les avait si miraculeusement conservés.

LIVRE X.

LE NIÉMEN.

LE funeste passage de la Bérézina ayant mis nos corps de réserve dans le même état que ceux qui avaient été jusqu'à Moscou, réalisa les fatales prédictions qui depuis long-temps nous avaient été annoncées. Et à l'exception de notre chef, à qui Dieu semblait n'avoir laissé la vie que pour le livrer plus long-temps aux remords et au désespoir, tout était accompli ! Mais quel supplice pour ce conquérant, de perdre les provinces occupées, avec plus de rapidité encore qu'il ne les avait envahies ; de n'avoir pour lauriers que de sombres cyprès, pour encens que des villes fumantes de carnage, et pour accompagner son triomphe, de ne plus posséder que vingt mille soldats désarmés, sans linge, ni souliers, et qui, pour se chausser, faisaient des bottes avec des vieux chapeaux, et se couvraient les épaules avec des morceaux de sacs, de pelisses, et même des peaux de chevaux fraîchement écorchés : tels étaient les restes déplorables de cinq cent mille guerriers qui, sans l'ambition d'un seul homme, auraient toujours été l'honneur de la France et l'effroi de ses ennemis.

(29 Novembre.) L'hiver devenant de plus en plus rigoureux, accrut le désordre et rendit nos pertes incalculables. Les 2ᵉ. et 9ᵉ. corps suivirent l'exemple général; enfin, on trouva à peine trois mille hommes pour former l'arrière-garde dont le duc d'Elchingen prit le commandement: deux ou trois jours après, elle était tellement réduite, qu'on se demandait souvent où était l'arrière-garde, lors même qu'on se trouvait avec elle.

Nous arrivâmes d'assez bonne heure au bourg de Kamen, et l'on continuait à marcher pour aller à Plescenkovice, comme il avait été ordonné, lorsque le commandant Colaud, qui allait en avant, revint sur ses pas, et nous annonça que les kosaques, au nombre de deux mille hommes, étaient entrés dans la ville en criant *hourra!* et massacrant tous ceux qui se trouvaient dans les rues! «Le duc de Réggio, « nous dit-il, blessé la veille, ne faisait que d'ar- « river; heureusement plusieurs officiers s'étant « rendus auprès de lui pour offrir leurs services « et mourir à ses côtés, ont fait craindre aux « ennemis qu'il n'y eût quelqu'embûche. Alors « ils se sont portés sur une hauteur voisine, « et ont canonné la maison du maréchal comme

« pour la faire capituler. Par l'effet de cette fa-
« talité qui poursuit le duc de Reggio, un boulet
« de canon, en brisant une poutre, en a fait re-
« jaillir un éclat qui l'a blessé dans son lit. » Le
commandant nous dit encore que le général Pino
se trouvait aussi dans le même logement, et que
le comte Danthouard, entrant dans Pléscenko-
vice, n'avait eu pour s'échapper que le temps de
faire retourner sa voiture.

Cette nouvelle nous détermina à rester dans
Kamen. Le lendemain (30 novembre), nous
en partîmes avant le jour, et passant dans Plescenkovice, nous apprîmes la confirmation des
nouvelles qu'on nous avait données la veille.
En voyant la maison où avait logé le duc de
Reggio, nous nous étonnâmes que deux mille
kosaques n'eussent pas osé enlever de force
un maréchal qui n'avait pour toute défense
qu'une vingtaine d'officiers désarmés. Napoléon
s'arrêta dans ce bourg; mais le Vice-Roi continuant sa route, vint camper dans un village
abandonné, que nous crûmes, selon la carte,
devoir s'appeler Niestanovitschi près Zavichino.

(1er. Décembre.) Le jour suivant, vers les
sept heures du matin, le Vice-Roi, suivi d'un
très-petit nombre d'officiers, se mit à la tête de
quelques grenadiers de la garde royale restés
encore fidèles à leurs drapeaux. Après une mar-

che fort longue, pour des hommes exténués, nous arrivâmes enfin au bourg d'Iliïa. Les Juifs, formant la majorité de la population, n'avaient point abandonné leur domicile, et l'appât du gain leur fit déterrer les provisions qu'ils avaient voulu soustraire à nos regards. On les leur paya largement, car dans une telle situation, la plus vile nourriture était préférable à l'or. Sans ces secours nous aurions perdu le brave et estimable colonel Durieu, notre sous-chef d'état-major, dont la santé était prodigieusement altérée, moins encore peut-être par nos souffrances, que par le zèle ardent avec lequel il avait rempli jusqu'alors ses pénibles fonctions.

(2 Décembre.) La journée suivante nous allâmes à Molodetschino; elle fut encore plus longue et plus accablante. Pendant douze heures, et sans faire halte, à cause de la rigueur du froid, il fallut marcher continuellement à travers une immense forêt; la seule chose qui pouvait nous rassurer, c'était la persuasion que les kosaques ne viendraient point nous harceler sur notre droite. Le capitaine Jouaud, envoyé à Vileïka, auprès du général de Wrède, nous donnait l'assurance que les Bavarois, quoique poussés par le corps de Stengel, tenaient encore cette importante position.

Nous étions dans une situation à faire pitié,

lorsque nous arrivâmes à Molodetschino. Heureusement les maisons étaient bonnes, et quelques-uns des propriétaires s'y trouvant encore, nous procurèrent les moyens d'exister. Le lendemain matin, les équipages de Napoléon se mirent en route. Ils étaient à peine sortis du village, qu'une multitude de kosaques se présentèrent pour les attaquer; et ils les auraient enlevés, si on ne se fût hâté de les faire rentrer, pour les placer sous la protection des troupes qui étaient encore armées. Le Vice-Roi se préparait à partir, quand on lui annonça que nous séjournerions dans Molodetschino, mais qu'il fallait évacuer le château où il était, pour le céder à Napoléon qui allait arriver.

Ce repos fut d'autant plus précieux, que la faculté de se procurer quelques vivres, à force de recherches, faisait qu'on employait utilement le séjour accordé. Malgré cela, quantité de soldats expiraient dans les rues; dans l'intérieur des maisons où les officiers étaient logés, on y retrouvait la même désolation : l'un était malade par excès de marche, et protestait qu'il n'irait pas plus loin; l'autre ayant les pieds gelés, et manquant de chevaux, quoique plein de courage, se voyait forcé de rester entre les mains des Russes. Les généraux étaient exposés aux mêmes calamités; car beaucoup ayant perdu leurs domestiques ou leurs voitures, ne trouvaient plus à des remplacer. Et si, dans une telle occurrence, il leur survenait la plus légère indisposition, il fallait alors renoncer à la vie. Telle était notre position dans Molodetschino, lorsque Napoléon y traça en caractères de sang ce fatal vingt-neuvième bulletin, qui mit en deuil la France et tous ses alliés.

(4 Décembre.) En quittant ce village, nous ne prîmes point la grande route qui, par Zachkévitschi conduit directement à Smorghoni. Nous marchâmes à gauche de cette route, sans doute peu sûre, pour prendre un chemin détourné, qui, par Lebioda, nous conduisit à Markovo. Nous campâmes dans ce village avec quelques soldats du premier corps, tandis que l'Empereur et sa garde furent à Bienista, éloigné de nous d'environ une demi-lieue. En partant pour Smorghoni (5 décembre), on ne cessa de traverser des prairies marécageuses, et impraticables sans la rigueur de la saison ; ce qui prouvait évidemment que ces régions étaient défendues par la nature, et, qu'abstraction faite de l'hiver, les marais de la Lithuanie auraient été également notre tombeau. Arrivés dans cette petite ville, nous n'y trouvâmes point les ressources qu'on nous avait promises ; toutes les maisons étaient envahies, et la plupart des Juifs,

en fuyant, nous privèrent de leurs secours. L'unique soulagement fut de trouver dans les magasins quelques tonneaux de biscuit, qui sur-le-champ furent dévorés.

Cependant Napoléon, effrayé de tant de désastres, mais encore plus effrayé par la crainte de perdre son autorité en France, conçut le projet d'abandonner les misérables restes d'une armée détruite, pour courir auprès de son Sénat lui en demander une nouvelle. Et par cette juste terreur, qui toujours poursuit le despotisme, il ne voyait devant lui que des alliés brûlant de rompre le pacte onéreux qui les avait placés sous son joug de fer.

Plein de sa résolution, il s'assura, en arrivant à Smorghoni, que la route était sûre jusqu'au Niémen, et fit venir auprès de lui les chefs de corps d'armée; ensuite il eut un entretien particulier avec le Vice-Roi : cette conférence terminée, Napoléon sortit de son cabinet, suivi du grand-écuyer, du maréchal du palais et du comte de Lobau. En traversant un des salons de service, il rencontra le roi de Naples, et lui dit, d'un air fort gai : *A vous, roi de Naples!* En prononçant ces mots, il s'en alla, accompagné des trois personnes qui devaient partir avec lui : étant monté en voiture, il fit placer à sa gauche le comte de Lobau; le grand-écuyer et le maréchal du palais entrèrent dans une seconde voiture, qui suivit immédiatement la route de Wilna. Aucune adresse à l'armée, aucune promesse aux Lithuaniens ne furent faites, pour rassurer les esprits inquiets, les uns de n'avoir plus de chef, les autres de se voir abandonnés par celui qui leur avait tout promis.

Le roi de Naples prit le commandement de l'armée; mais on marchait avec un tel désordre et une si grande précipitation, que ce ne fut qu'à Wilna que les soldats furent informés d'un départ aussi décourageant qu'imprévu. « Quoi!
« disaient-ils entre eux, est-ce ainsi qu'il aban-
« donne ceux dont il se disait le père? Où est
« donc ce génie qui, au comble de la prospé-
« rité, nous exhortait à supporter patiemment
« nos souffrances? Celui qui prodigue notre
« sang a-t-il peur de mourir avec nous?....
« Nous traitera-t-il comme l'armée d'Égypte,
« qui, après l'avoir bien servi, lui devint in-
« différente du moment qu'en la quittant il se
« fut éloigné du péril?...... » Tels étaient les propos que tenaient entre eux les soldats, en les accompagnant de toutes les expressions énergiques dont ils enrichissent la langue; et certes, jamais indignation ne fut plus légitime, car jamais classe d'hommes ne fut plus digne de pitié.

La présence de l'Empereur avait maintenu les chefs dans leur devoir. Dès qu'on le sut parti, la plupart, à son exemple, ne furent plus retenus par la honte, et, sans pudeur, abandonnèrent les restes du régiment qui leur avait été confié. Jusqu'alors, on avait trouvé de distance en distance quelques soldats armés, qui, conduits par leurs officiers, marchaient autour de l'étendard qu'ils avait juré de ne jamais perdre de vue. Dès qu'ils se virent sans chefs, et que des calamités inouies eurent diminué leur nombre, ces braves, chargés d'un si précieux fardeau, se virent obligés, en gémissant, de cacher l'aigle dans leurs sacs. Plusieurs même se sentant mourir, et sachant que l'honneur du soldat français consiste à conserver ses drapeaux, d'une main débile creusaient la terre pour soustraire aux Russes ces enseignes, sous lesquelles nos armes se sont élevées au faîte de la gloire.

La division Loison, qui de Kœnigsberg était venue au devant de nous, et celles des Napolitains, parties de Wilna pour assurer le passage de Napoléon, avaient été obligées de camper par un froid de vingt-deux degrés, et se trouvèrent totalement détruites; de six mille hommes qu'elles avaient chacune, on ne voyait plus, à travers un brouillard épais, que quelques faibles bataillons, qui, sur le chemin, couraient comme des insensés : ils frappaient la terre avec leurs pieds pour éviter d'être saisis par un froid si rigoureux, que les malheureux malades, en cédant au besoin de satisfaire la nature, perdaient l'usage de leurs mains, et tombaient roides morts à côté de la route, sans avoir pu se rajuster. Ceux même qui se portaient bien, en marchant prolongeaient leurs douleurs; mais si, las de vivre, ils cherchaient à mourir, il leur suffisait de s'arrêter.

Le chemin que nous suivions offrait à chaque pas de braves officiers couverts de haillons, appuyés sur des bâtons de pin, les cheveux et la barbe hérissés de glaçons; ces mêmes guerriers, naguère la terreur de nos ennemis, et vainqueurs des deux tiers de l'Europe, ayant perdu leur noble contenance, se traînaient à pas lents, et ne pouvaient obtenir un regard de pitié des soldats dont ils étaient jadis obéis! Situation d'autant plus déplorable, que quiconque n'avait pas la force de marcher était abandonné, et tout homme abandonné, une heure après était un homme mort. Chaque bivac nous présentait le lendemain l'image d'un champ de bataille. Toutes les fois qu'un soldat, succombant à la fatigue, venait à tomber, son plus proche voisin se précipitait sur lui, et avant qu'il fût expiré, il le dépouillait pour se couvrir de ses vêtemens. A chaque instant, on entendait quelques-uns de ces infortunés qui nous suppliaient de leur tendre une main charitable. « Mes camarades, criait « l'un d'eux d'une voix déchirante, aidez-moi « à me relever; daignez me tendre la main pour « continuer ma route. » Chacun passait devant lui sans seulement le regarder. « Ah! je vous « en conjure par tout ce que vous avez de plus « cher, ne m'abandonnez point à l'ennemi; au « nom de l'humanité, accordez-moi le faible « secours que je vous demande, aidez-moi à « me relever. » Mais ceux qui passaient, loin d'être émus par une prière si touchante, le regardaient comme mort, et par anticipation se jetaient sur lui pour le dépouiller : alors on entendait ce soldat s'écrier : « Au secours! au « secours! on m'assassine; pourquoi me foulez- « vous aux pieds? pourquoi m'arracher l'argent « et le pain qui me restent? vous m'enlevez « même jusqu'à mes habits! » Et si quelqu'officier, poussé par un mouvement généreux, n'arrivait assez à temps pour le délivrer, de pareils malheureux auraient été assassinés par leurs propres camarades.

(7 Décembre.) Nous arrivâmes à Joupranoui, un peu avant la nuit. Excédés de fatigues, il fallut s'y arrêter; les maisons ouvertes de toute part ne purent nous mettre à l'abri des rigueurs

du temps; couchés les uns sur les autres, souffrant la faim, transis de froid, on gémissait de l'inclémence des airs : nous partîmes de grand matin (8 décembre), et vers les onze heures arrivâmes à Ochmiana. L'hiver était si rude, que les soldats, pour éviter d'être gelés, brûlaient des maisons entières; tout autour étaient les corps à moitié consumés de ceux qui, pour avoir voulu se chauffer de trop près, et n'ayant pas eu la force de fuir, devinrent la proie des flammes. On voyait aussi des infortunés, noircis par la fumée et par le sang des chevaux qu'ils avaient dévorés, rôder comme des spectres autour de ces maisons incendiées; ils regardaient les cadavres de leurs compagnons, et puis, venant à tomber, ils mouraient aussi de la même manière.

On comptait s'arrêter dans cette ville pour recevoir quelques distributions; mais nous apprîmes que les magasins avaient été pillés par les kosaques, et que la veille Napoléon avait passé une démi-heure après que ceux-ci se furent retirés. Nous continuâmes alors notre route, toujours par un temps atroce; marchant au milieu des morts et des mourans, nous parvînmes enfin au mauvais château en pierre de Rovno-Polé, où le Prince et son état-major passèrent la nuit la plus pénible. Le malheur ayant égalé les condi-

LE NIÉMEN.

tions, faisait que tout était confondu; en vain chacun réclamait son autorité, elle était méconnue; le colonel, qui n'avait point de vivres, était forcé de mendier un peu de galette au soldat qui en avait. Ainsi l'homme pourvu de subsistances, eût-il été un domestique, était entouré d'une foule de courtisans qui, pour manger, mettaient de côté leur rang et leur distinction; ils se familiarisaient même avec lui, et s'abaissaient jusqu'à le caresser. Enfin, pour avoir une idée de l'affreux désordre où la famine et le froid nous avaient placés, on peut se figurer quarante mille hommes (1) qui restaient encore, tous de grades différens, et marchant tous ensemble, sans observer ni ordre ni discipline; ignorant l'endroit où l'on allait, ils s'arrêtaient selon la lassitude ou selon leur caprice. Les chefs eux-mêmes, accoutumés à commander, et manquant d'industrie, étaient les plus malheureux; on les évitait, pour se dispenser de leur rendre service : car, dans une pareille circonstance, donner un verre d'eau à quelqu'un, lui

---

(1) On trouvera ce nombre bien considérable, en songeant aux pertes énormes que nous faisions chaque jour. Mais j'observe que la division Loison, la garnison de Wilna, et celles de toutes les villes de la Lithuanie, pendant la retraite, se réunissaient aux débris de l'armée.

tendre la main pour se relever, étaient des choses qui méritaient de la reconnaissance.

La route était couverte de soldats qui n'avaient plus de forme humaine, et que l'ennemi dédaignait de faire prisonniers. Chaque jour ces misérables nous rendaient témoins de quelques scènes pénibles à raconter. Les uns avaient perdu l'ouïe, d'autres la parole; et beaucoup, par excès de froid ou de faim, étaient réduits à un état de stupidité frénétique qui leur faisait rôtir des cadavres pour les dévorer, ou qui les poussait jusqu'à se ronger les mains et les bras (1): il y en avait de tellement faibles, que ne pouvant porter du bois ni rouler une pierre, ils s'asseyaient sur les corps morts de leurs frères, et, le visage tout décomposé, regardaient fixement quelques charbons allumés; bientôt les charbons venant à s'éteindre, ces spectres livides ne pouvant plus se relever, tombaient à côté de ceux sur lesquels ils s'étaient assis. On en voyait plusieurs ayant l'esprit aliéné, qui, pour se réchauffer, venaient avec leurs pieds nus se placer au milieu de nos feux : les uns, avec un rire convulsif, se jetaient à travers les flammes, et périssaient en poussant des cris affreux, et fai-

(1) Rapport officiel publié par les Russes à Wilna, le 2 décembre 1812.

sant d'horribles contorsions, pendant que d'autres, par une égale démence, les suivaient, et trouvaient la même mort.

Nous étions dans cette situation morale et physique, lorsque nous arrivâmes au village de Roukoni, où il n'existait plus que quelques mauvaises granges remplies de cadavres. N'étant qu'à trois lieues de Wilna, beaucoup continuèrent leur marche pour arriver les premiers dans cette ville, où ils espéraient non-seulement trouver des vivres, mais encore s'arrêter quelques jours, et goûter enfin les douceurs du repos dont on avait si grand besoin. Néanmoins le quatrième corps, qui n'avait pas cent cinquante hommes présens aux appels, s'arrêta dans ce mauvais village. Au point du jour (9 décembre), on se hâta de quitter Roukoni, où le froid et la fumée ne nous permirent pas de fermer l'œil. En partant, les Bavarois, sous les ordres du général de Wrède, faisant l'arrière-garde, nous rejoignirent sur la route de Wileika, en criant que l'ennemi était à leur poursuite. La veille, on avait répandu le bruit d'un succès remporté par eux. Le désordre dans lequel ils arrivèrent, démentit bien cette nouvelle. Malgré cela, on doit dire à leur louange, qu'ils avaient encore quelques pièces de canon ; mais les chevaux étaient si faibles, qu'ils ne pouvaient plus les traîner.

Chaque journée de marche offrait la répétition des scènes douloureuses dont je n'ai donné qu'une esquisse légère. Nos cœurs s'étaient si bien endurcis à ces tableaux effrayans, qu'ils ne connaissaient plus la sensibilité : le sentiment de l'égoïsme était l'unique instinct qui nous restât dans l'état d'abrutissement où le sort nous avait réduits. On ne pensait qu'à Wilna, et l'idée que la position de cette ville nous permettrait de respirer, rendait si joyeux ceux qui pouvaient y arriver, qu'ils regardaient avec indifférence les malheureux qui, avant d'y entrer, luttaient contre la mort. Cependant Wilna, l'objet de nos plus chères espérances, et où nous courions avec tant d'empressement, allait être pour nous un autre Smolensk !

Enfin nous touchâmes à ce faubourg tant désiré ! Mais, de quelle amertume ce bonheur ne fut-il pas empoisonné, en voyant que toute la longueur de cet immense faubourg était obstruée par une foule immense de voitures, d'hommes et de chevaux. Cette confusion me rappela la Bérézina ! Nos facultés étaient tellement engourdies, que chacun accoutumé à suivre la colonne, se serait cru perdu en s'en éloignant de quelques pas : car tandis que des masses se heurtant l'une contre l'autre, cherchaient à pénétrer par la même porte, il y avait à droite et à gauche d'autres issues, où l'on pouvait entrer et sortir librement. Parvenus dans cette ville, nous la trouvâmes dans un désordre extrême ; les soldats dispersés couraient de tous côtés pour connaître les quartiers assignés à leurs corps. Ceux du quatrième en allant à la municipalité, virent écrit en gros caractères, qu'ils devaient se rendre au couvent de Saint-Raphaël, situé de l'autre côté de la Vilia. Avant de se loger, on courait comme des affamés, et l'on allait de maison en maison pour demander du pain. Les boutiques, les auberges, les cafés ne pouvant plus suffire à l'immense quantité d'acheteurs, dans un instant furent fermés. Mais pressés par la faim et obstinés à trouver de quoi vivre, nous enfoncions les portes ; tandis que d'autres, l'argent à la main, poursuivaient les Juifs, qui, malgré notre générosité, ne pouvaient satisfaire à l'étendue de nos besoins.

A Wilna, on nous apprit que Napoléon avait passé *incognito*, n'ayant pour escorte qu'un faible détachement de trois régimens entiers de cavalerie napolitaine qu'on avait envoyés au-devant de lui, pour assurer sa route. Ces pauvres habitans du Midi etaient à demi-morts lorsqu'on les passa en revue ; à peine sortis de Wilna, il en revint un tiers en arrière, ayant les pieds, les mains et le nez gelés. Le départ de Napoléon,

dans une pareille circonstance, répandit la consternation chez les Lithuaniens qui nous étaient dévoués, et jeta un grand découragement parmi les Français. Les premiers gémissaient de se voir abandonnés au ressentiment d'un maître dont ils avaient voulu secouer l'autorité; les autres étaient alarmés pour leur propre conservation, car, dans une situation aussi critique, chacun concevait que l'absence du chef consommerait notre ruine. Mais ceux qui sentaient tout le danger de notre fatale position, jaloux de voir refleurir la gloire flétrie de nos armes, concluaient que ce départ était heureux pour nous : Napo-
« léon à Paris, disaient-ils, réorganisera sur-le-
« champ une belle armée, rassurera la France
« inquiète, et maintiendra par la crainte les
« alliés, dont la défection nous serait si dan-
« gereuse. »

Vers les trois heures du soir, la queue de notre longue colonne était à peine entrée dans les faubourgs, qu'on répandit le bruit que les kosaques s'étaient emparés des hauteurs qui dominaient la ville. En effet, on ne tarda pas à tirer du canon; à ce bruit les troupes fraîches qui étaient dans Wilna, battirent du tambour, sonnèrent de la trompette; dans un instant la place devint une place d'armes. Par un de ces hasards que la Providence semble faire naître pour confondre l'orgueil et punir le superbe, il fallut que la puissance colossale de Napoléon fût réduite à n'avoir plus d'autre appui, sous un climat de fer, que les restes d'une division napolitaine, formée des garnisons de Tarente et de Capoue. Ces troupes ayant été promptement dissipées, sur-le-champ la terreur se répandit dans la ville, et au seul mot de *kosaques!* tous les soldats sortirent de leur logement, et prirent la fuite. Dans cette circonstance, le roi de Naples oubliant sa dignité, abandonna subitement son palais, et à pied, suivi de ses officiers, fendit la foule, pour aller s'établir hors de la ville et sur la route de Kowno.

Pendant que quelques militaires couraient aux armes, les autres, aux approches de la nuit, profitèrent de l'évacuation des magasins, pour emporter les effets d'équipemens qui s'y trouvaient entassés; mais le plus grand nombre, cherchant à manger, frappaient à chaque porte, et leurs coups redoublés avaient l'effrayant appareil du prélude d'un pillage. Les habitans tremblant dans leurs maisons, en redoutaient les horreurs, et entendaient de tous côtés le bruit du canon qui grondait sur leur tête.

Nous conçûmes alors qu'il n'y avait plus de repos à espérer, et que nos faibles débris ne pouvant plus contenir les efforts de l'ennemi, il fallait profiter de l'obscurité de la nuit pour quitter une position si dangereuse; ainsi il fut décidé que vers les onze heures du soir nous évacuerions la ville. L'heure fixée étant arrivée, nous partîmes en silence, laissant les rues couvertes de soldats ivres, morts, ou endormis. Les cours, les galeries, les escaliers des édifices en étaient remplis, et pas un ne voulait partir ni seulement se lever pour obéir aux ordres du chef qui l'appelait. Enfin, après être sortis de Wilna avec une difficulté égale à celle avec laquelle on y était entré, le Prince et l'état-major allèrent chez le roi de Naples, où tous les officiers demeurèrent entassés jusqu'à une heure du matin. Au milieu d'une nuit très-sombre (10 décembre), on s'achemina le long de la route de Kowno, mais la neige qui couvrait la campagne, nous faisait dévier à chaque instant, et nous laissa longtemps dans l'incertitude de savoir si on ne s'était pas égaré, car les Polonais allant à New-Troki, traçaient un nouveau chemin qui pouvait induire en erreur. Deux heures après, nous arrivâmes au-dessous d'un monticule inaccessible, à cause de son escarpement et du verglas dont il était couvert; tout autour étaient le reste des équipages de Napoléon, les bagages laissés à Wilna, le trésor de l'armée, et les caissons contenant les funestes trophées apportés de Moscou : alors nous ne doutâmes plus d'avoir suivi la route de Kowno.

On était à gémir au pied de cette montagne sans pouvoir la gravir ; pendant ce temps on entendait distinctement la fusillade qui s'engageait entre les kosaques et nos tirailleurs. Par cet inquiet mécontentement que donne le malheur, chacun criait qu'il eût bien mieux valu passer par New-Troki, afin d'éviter cette fatale hauteur, où depuis plus d'une journée, aucune voiture n'avait pu passer. Tous ceux qui s'y trouvaient arrêtés, pour la plupart malades ou blessés, étaient autant de victimes livrées à l'ennemi, et, dans leur douleur, ils ne pouvaient se consoler d'échouer étant si près du port, sur-tout après s'être sauvés de Krasnoé et de la Bérézina ! Cette douleur se changeait en désespoir en songeant que les kosaques ayant dépassé Wilna, poursuivaient notre arrière-garde et s'avançaient vers nous. Cependant la nécessité imposait la dure obligation d'attendre jusqu'au jour, pour essayer s'il n'y aurait pas moyen de tourner la montagne que nos chevaux ne pouvaient gravir. Dans cette attente, on faisait du feu, et chacun, en soupirant, attendait impatiemment le retour de la lumière.

Ce fut envain : on eut beau chercher sur tous les points, la hauteur était si glissante et les chevaux si fatigués, qu'on désespéra de la franchir. On conçut alors l'idée de faire porter, par les militaires de l'escorte, l'argent appartenant au trésor impérial. Comme il y en avait environ pour cinq millions, dont la plus grande partie était en écus, il fallut recourir à tant de monde, que chacun de ces soldats, profitant de la circonstance qui ne permettait pas de les surveiller, emporta pour son compte ce qui lui avait été confié. Les étendards arrachés à l'ennemi, auxquels ces ames vénales ne pouvaient plus s'intéresser, furent lâchement abandonnés au pied de la montagne, ainsi que la fameuse croix de Saint-Iwan qu'il eût été si glorieux d'ajouter à nos trophées, si, depuis, les Russes, que nous appelions barbares, ne nous avaient donné le noble exemple d'une modération, qui accompagne rarement la victoire.

Ceux qui vinrent ensuite augmentèrent le nombre des pillards, et c'était une scène vraiment digne d'observation, de voir des hommes mourant de faim, quoiqu'accablés de plus de richesses qu'ils n'en pouvaient porter. Aussi les voyait-on se les distribuer entre eux avec indifférence, et chercher, de préférence à l'argent, les comestibles qui se trouvaient dans les voitures. Partout ce n'était que malles enfoncées, porte-manteaux entr'ouverts; de superbes habits de cour et de riches fourrures étaient endossés par des soldats hideux qui, sortant du pillage, offraient soixante francs d'un louis; il y en eut qui donnèrent dix écus pour un verre d'eau-de-vie Enfin, un autre, en ma présence, pour quelques pièces d'or, offrait un baril rempli d'argent, et il fut acheté par un officier qui le plaça sur son traîneau.

On ne pourrait se former une idée de la déroute que présentait alors notre armée : loin d'être ranimée par la présence de quelques bataillons venus de Prusse, elle imprimait à ces troupes nouvelles la terreur dont elle était frappée; celles-ci ne sachant à qui obéir, jetèrent aussi leurs armes; et vinrent augmenter la foule des traînards. Enfin tous nos soldats, transformés en brocanteurs, ne cherchaient qu'à vendre les effets volés, et ceux qui avaient pillé le trésor ne songeaient qu'à les acheter, pour pouvoir en retirer quelque bénéfice. Partout on n'entendait parler que de lingots ou de bijoux; chaque soldat était chargé d'argent ; mais aucun n'avait de fusil : devait-on, d'après cela, s'étonner de l'effroi qu'inspiraient les kosaques !

Ce fut dans cet état de démoralisation, qu'après quinze heures d'une marche pénible, nous arrivâmes enfin à Evé, distant de Wilna d'environ dix lieues. A peine étions-nous rendus, que nous vîmes arriver le comte Méjan (1), soutenu par son fils et par un valet-de-chambre du Vice-Roi. Ce père infortuné, dont je regrette de n'avoir pu faire connaître avec détail le dévouement généreux, avait été forcé, depuis la montagne de Wilna, de faire la route à pied, à travers des campagnes couvertes de neige; mais cet homme, dont le courage nous avait souvent étonnés, et qui, sans être militaire, avait enduré patiemment les souffrances auxquelles cet état assujétit, portait un si grand attachement au Prince, qu'il oublia tous les maux de cette journée, du moment qu'il se retrouva auprès de sa personne.

De pareilles misères étaient communes à bien d'autres : le prince d'Eckmühl, accablé par la fièvre, ne pouvait voyager qu'en traîneau. L'ordonnateur Joubert, qui depuis long-temps était privé de domestiques, fut laissé pour mort dans ce village, et dans un état si misérable, que sa situation touchante arracha des larmes à tous ceux qui le virent. On était de même très-inquiet sur le sort de plusieurs officiers restés avec les

---

(1) Conseiller-d'état du royaume d'Italie, secrétaire des commandemens du Vice-Roi; il fit toute la campagne avec ses deux fils, et apprit, sur la Bérézina, la mort du plus jeune, tué à la bataille de Polotsk.

traîneaux du Vice-Roi ; mais le soir nous apprîmes que, grâce à l'intelligence et à la prodigieuse activité de l'adjudant du palais Boutarel, ces traîneaux, pour éviter la montagne de Wilna, étaient passés par New-Troki, et que la longueur seule du chemin les avait obligés de s'arrêter en arrière d'Evé.

(11 Décembre.) En partant de ce village, nous apprîmes, par ceux qui s'étaient sauvés de Wilna, que les Russes y étaient entrés vers la pointe du jour. Une foule de généraux, colonels, officiers, et plus de vingt mille soldats demeurés par excès d'accablement, tombèrent en leur pouvoir. On ajouta que les officiers avaient été bien traités ; mais que tout ce qui était soldat ou domestique, devait repartir sur le champ pour Moscou, où l'on voulait, disait-on, les employer à reconstruire la ville. Ces malheureux, étendus dans les rues, ou sur les places publiques, sans feu, sans nourriture, et pour la plupart malades ou blessés, offrirent un spectacle si affligeant, que les ennemis cherchèrent à adoucir leur funeste sort. Les moins à plaindre furent ceux qui, dépouillés par les kosaques, périrent quelques heures après notre départ. Triste effet de la faiblesse humaine ! les mêmes hommes qui s'étaient traînés depuis Moscou jusqu'à Wilna, manquèrent de courage lors-

qu'il fallut faire quelques lieues de plus pour assurer leur existence. Nous apprîmes aussi que les Juifs avaient fait main basse sur quantité de nos soldats, particulièrement sur ceux de la garde impériale, voulant ainsi se venger des mauvais traitemens qu'ils en avaient reçus : l'empereur Alexandre, par cet esprit de justice qui le caractérise, fit pendre plusieurs de ces Israélites, pour apprendre au peuple qu'il ne doit jamais mêler ses passions aux querelles des Souverains.

L'extrémité de notre longue colonne semant sur toute la route les cadavres et les moribonds, continuait à être poursuivie par une nuée de kosaques qui dépouillaient les traînards, et ensuite les donnaient à garder à des paysans, qui les conduisaient sur les derrières, après leur avoir fait souffrir mille ignominies. Sur la fin, ces Tartares se lassant de faire des prisonniers, accordèrent la liberté à tous les militaires de la confédération du Rhin, se bornant à n'emmener que les officiers de marque. Mais lorsqu'ils saisissaient un Français, si misérable qu'il fût, ils le dépouillaient, en lui faisant les plaisanteries les plus amères. S'il marchait avec eux le soir, ils lui ordonnaient d'aller chercher de l'eau ou du bois ; ensuite ils le repoussaient avec brutalité du feu qu'il avait lui-même allumé : fatale condition des soldats qui, forcés à faire la guerre, sont toujours la victime des calamités qu'engendrent les disputes des rois!

Avant d'arriver à Zismori, nous entendîmes sur nos derrières tirer du canon, et à une distance fort rapprochée; ce qui donnait à penser que notre faible arrière-garde était poursuivie sans relâche. Malgré cela, l'accablement était si grand, que quantité d'entre nous préférant le repos à leur sûreté, s'arrêtèrent à Zismori; mais le Vice-Roi poussa jusqu'au village de Roumchichki.

(12 Décembre.) Exténués par une marche des plus longues et des plus fatigantes, mourant de lassitude, nous arrivâmes enfin à Kowno, où tous les débris de chaque corps se trouvaient réunis: selon l'usage, ils campaient dans les rues, et comme on savait que notre situation déplorable ne nous permettait plus de conserver aucune position, on livra au pillage les magasins qui étaient amplement fournis: sur le champ, les effets d'habillement, la farine et le rum, regorgèrent de toutes parts; les principaux quartiers étaient remplis de tonneaux enfoncés, et la liqueur répandue formait une espèce de mare au milieu de la place publique. Les soldats, depuis longtemps privés de cette boisson, s'y livrèrent avec excès, et en firent un si grand abus, que plus de douze

cents d'entr'eux s'enivrèrent et s'endormirent dans les maisons ou sur la neige; mais, saisis par le froid, ils passèrent subitement du sommeil à la mort.

Le soir, on nous fit dire que le quatrième corps prendrait la route de Tilsit; et comme beaucoup parmi nous étaient dans l'usage, pour éviter la confusion, d'aller toujours coucher à une ou deux lieues en avant du quartier-général, il s'ensuivit qu'un grand nombre s'acheminèrent vers cette ville. Au milieu de la nuit le chef d'état-major vint trouver tout le quatrième corps, *renfermé dans une chambre*, et nous annonça que l'ordre avait été révoqué, qu'il n'était plus question d'aller à Tilsit, mais bien à Gumbinnen, et ce furent ces *ordre* et *contr'ordre* qui achevèrent de compléter notre ruine; aussi, depuis lors, le quatrième corps n'exista plus que dans la maison du prince, et dans huit à dix officiers d'état-major.

(13 Décembre.) Le lendemain, pour sortir de Kowno, on retrouva le même tumulte qui régnait à la porte de Wilna; la foule se pressait sur le pont, tandis que le Niémen, fortement gelé, aurait pu supporter le poids de l'artillerie, si nous en avions eu. Dans Kowno et dans tous les environs, nous vîmes quantité de malheureux étendus sur la neige, qui avaient succombé lors-

que nous touchions au terme de notre fatale expédition. Ce qui nous affecta particulièrement, fut de voir parmi les morts le colonel Vidman; il était du petit nombre des gardes d'honneur d'Italie qui avait supporté jusque-là nos fatigues; ne pouvant aller plus loin, il tomba, sortant de Kowno pour aller au pont, et il expira sans avoir eu la satisfaction de mourir hors de la Russie.

Les calamités répandues sur l'armée n'avaient point épargné la garde impériale, et l'on voyait chaque jour plusieurs de ses soldats périr, comme les autres, de faim, de froid, ou de fatigue. Parmi ces victimes, j'en vis une vraiment digne d'admiration; c'était un vieux grenadier : étendu sur le pont de Kowno, la foule en passant devant lui, respectait son habit, sa décoration, et surtout ses trois chevrons. Ce brave, d'un œil sec, semblait attendre la mort, et dédaignait de recourir, comme tant d'autres, à des supplications inutiles, lorsque par hasard, se présentèrent quelques-uns de ses camarades; alors il fit un dernier effort pour se relever : ne pouvant y parvenir et se sentant mourir, il recueillit toutes ses forces, et dit à un de ses compagnons, qui s'approchait pour le secourir : « Tes soins sont inu« tiles, mon ami, la seule grâce que je te de« mande, c'est d'empêcher aux ennemis de pro-

« faner les marques honorables que j'acquis en
« combattant contre eux. Remporte à mon capi-
« taine cette décoration qui me fut donnée sur
« le champ de bataille d'Austerlitz; porte-lui
« également mon sabre, dont je me servais le
« jour de Friedland (1). » Alors son camarade lui
obéit, et prenant le sabre et la croix, il rejoignit
la vieille garde, qui n'avait plus environ que
trois cents hommes, mais marchant encore en
pelotons serrés, et conservant jusqu'à la mort
leur attitude mâle et fière. Ce soldat, en rentrant
dans les rangs, montrait avec respect l'arme et la
décoration du grenadier qui venait de mourir.

Pour nous, en suivant ces braves, nous ad-
mirions tant de vertus au milieu de tant de disgraces, et gémissions sur le sort déplorable de
ces fils aînés de l'armée, qui, pleins d'amour
pour la patrie, la rendirent illustre au mépris de
leur vie : semblables aux héros du Tibre, ils
renouvelèrent en vingt années, tout ce que
Rome ne fit que dans huit siècles!

Enfin, le 13 décembre au matin, des quatre
cent mille guerriers, qui en ouvrant la cam-

(1) Ce trait d'héroïsme est commun à plusieurs soldats
de la garde royale d'Italie. Le général Théodore Lecchi,
qui la commandait dans la campagne de Russie, conserve encore des décorations de la *Couronne de Fer*, qui
lui sont parvenues de cette manière.

pagne, franchirent le Niémen, à peine vingt mille hommes le repassèrent, parmi lesquels les deux tiers au moins n'avaient point vu le Kremlin. Parvenus sur l'autre rive du fleuve, semblables à des ombres revenues de l'enfer, nous regardâmes, pleins d'effroi, en arrière de nous, et vîmes avec horreur ces contrées sauvages où l'on avait tant souffert! Personne alors ne pouvait croire que, jadis, chacun les regardait avec envie, et se serait cru déshonoré en y arrivant des derniers.

En sortant du pont, nous prîmes à gauche pour aller à Gumbinnen; plusieurs voulurent aller à droite, s'obstinant, d'après l'ordre de la veille, à croire qu'il fallait marcher sur Tilsit : ceux qui suivirent la bonne route, n'eurent pas plutôt fait quelques pas, qu'il leur fallut gravir une haute montagne, prodigieusement escarpée, et qui aurait été fatale à nos équipages, si depuis longtemps nous n'en avions été débarrassés. Mais plusieurs fourgons et voitures mis en dépôt à Kowno, et surtout un superbe parc d'artillerie, nouvellement arrivé de Kœnigsberg, furent laissés au pied de la hauteur.

A peine fûmes-nous entrés dans le duché de Warsovie, que tous nos débris se dispersèrent par différens chemins et marchèrent comme de simples voyageurs, dans les mêmes pays qui, peu de mois auparavant, étaient couverts de nos nombreuses armées. Le duc d'Elchingen, qui, jusqu'au Niémen, fit l'arrière-garde, perdit le peu de troupes qui lui restait encore. Ce grand capitaine, après avoir passé ce fleuve, à la tête de quarante-trois mille hommes, se vit contraint de le repasser seul avec ses aides-de-camp, et de faire avec eux le coup de fusil contre les kosaques. Le soir, le roi de Naples et le Prince Eugène s'arrêtèrent à Skrauda; la même matinée (14 décembre) où nous sortîmes de ce village, l'ennemi entra dans Kowno, dépassa le Niémen, qui, sur tous les points, était gelé, et se répandit dans les immenses plaines de la Pologne, où sa cavalerie massacra ou fit prisonniers quantité de soldats isolés qui se croyaient en sûreté, dans la persuasion que les Russes ne dépasseraient point le Niémen.

De Skrauda, beaucoup prirent la direction de Thorn; mais le Vice-Roi continua toujours à suivre celle de Gumbinenn, et il arriva dans cette petite ville après avoir couché à Pilwisky, Virballen et Darkehmen (13, 14, 15, 16 et 17 décembre). De là il envoya à Kœnigsberg son aide-de-camp, le général Gifflenga, pour diriger sur Marienwerder tous ceux du quatrième corps qui avaient suivi le chemin de Tilsit.

Kœnigsberg étant la première grande ville

voisine de la route que nous suivions, ne tarda pas à être encombrée par ceux qui, échappés de la Russie, espéraient se rétablir des maux qu'ils avaient soufferts. Les cafés, les restaurateurs, les hôtels garnis, ne pouvaient, à aucun prix, satisfaire à l'étendue de nos besoins; dans les boutiques, il fallait fendre la foule pour pénétrer. Le froid était terrible; mais la sensation délicieuse qu'on éprouvait à pouvoir s'en défendre, et surtout le plaisir de trouver ce que l'on désirait, était d'autant mieux goûté, que six mois de privations continues, semblaient nous avoir fait perdre l'usage de toutes les commodités qui font les douceurs de la vie.

Le roi de Naples vint à Kœnigsberg, où il fut froidement reçu par les principales autorités de la ville. Les chefs de chaque corps allèrent se cantonner le long de la Vistule, et désignèrent les villes de Plock, de Thorn, de Marienburg, de Marienwerder et d'Elbing, pour leurs quartiers-généraux. Pendant ce temps, le Vice-Roi ayant quitté Gumbinenn, passa par Insterburg et Wehlau (18 et 19 décembre), pour visiter religieusement les champs de bataille de Friedland, d'Eylau, et d'Heilsberg, trouvant ainsi, dans une circonstance malheureuse, des sujets de méditation et d'utilité. Dans toutes ces contrées, le souvenir de notre valeur avait imprimé aux habitans une telle admiration, qu'en traversant la Prusse, nos ennemis même respectèrent nos malheurs, et concentrant leur haines, n'osèrent jamais insulter aux vénérables débris d'un aussi grand naufrage.

Enfin, le 27 décembre, le Prince Eugène arriva à Marienwerder, où il s'occupa à réunir tout ce qui appartenait au quatrième corps. Après bien des recherches, on parvint à ramasser environ douze cents éclopés, restes infortunés de cinquante-deux mille combattans, tous venus de l'Italie pour être, en Russie, les victimes, non des armes de l'ennemi, mais bien de la fatale imprudence d'un chef qui, peu satisfait d'avoir subjugué la plus belle moitié de l'Europe, voulut encore lutter contre les élémens, pour n'envahir que des déserts. Ensuite, le Vice-Roi dirigea vers la France et l'Italie les officiers et soldats à qui leurs infirmités ne permettaient pas d'entreprendre une campagne nouvelle. Il récompensa aussi les militaires qui avaient bien servi, et punit, par le plus sensible des affronts, le petit nombre de ceux qui s'étaient déshonorés par une conduite lâche et pusillanime.

Telles furent les affreuses calamités qui dissipèrent une puissante armée, pour avoir témérairement entrepris la plus orgueilleuse et la plus inutile de toutes les expéditions. En ouvrant les annales de l'antiquité, on trouvera que depuis Cambyse jusqu'à nous, jamais réunion d'hommes si formidable n'éprouva de plus effrayans revers. Ainsi s'accomplirent les fastueuses prophéties que Napoléon avait prononcées lors de l'ouverture de la campagne; avec cette différence que ce ne fut point la Russie, mais bien lui qui, entraîné par la fatalité, fut frappé du coup inévitable de la Providence, dont les heureux résultats, en mettant un terme à une influence despotique, rendront à l'Europe sa liberté, à la France son bonheur.

FIN.

ITINÉRAIRE

DE LA MARCHE DU QUATRIÈME CORPS SUR LE TERRITOIRE RUSSE, PENDANT LA CAMPAGNE DE 1812.

		Lieues.
1ᵉʳ. Juillet 1812, de Pilony à Kroni.......		1
2	Melangani....	7
3	Rouicontouï...	6
4	New-Troki...	3
5	Séjour.	
6	Séjour.	
7	Rudniki......	7
8	Paradomin....	3
9	Séjour.	
10	Paulovo.....	4
	(Au château du comte de Choiseul)	
11	Ochmiana.....	6 ¼
12	Smorghoni....	8
13	Séjour.	
		45 ¼

L'empereur Napoléon, arrivé à Wilkowiski le 22 juin, déclara la guerre à la Russie. Le 24 juin il passa le Niémen à Kowno. Le quatrième corps, commandé par le Vice-Roi d'Italie, traversa ce fleuve à Pilony : l'avant-garde effectua son passage le 29; mais le Prince et la quinzième division ne passèrent que le 1ᵉʳ. juillet. Depuis le 28 juin Napoléon était à Wilna.

ITINÉRAIRE.

		Lieues.
Report....................		$45\frac{1}{4}$
14 Juillet. De Smorghoni à Zachkevitschi....		$3\frac{1}{4}$
15	Vileïka........	8
16	Kostenevitschi.....	6
17	Dolghinow.......	$4\frac{1}{2}$
18	Dokzice.........	7
19	Séjour.	
20	Bérézino........	$6\frac{1}{2}$
21	Pouïchna.......	$6\frac{1}{2}$
22	Kamen.........	6
23	Botscheïkovo.....	$3\frac{3}{4}$
24	Bezenkovitschi....	4
25	Soritza........	$4\frac{1}{2}$
	(3 lieues en deçà d'Ostrowno.)	
26	Combat........	$5\frac{1}{2}$
	Bivaqué au petit château de Dobrijka.)	
27	Bivac devant Witepsk.	$2\frac{1}{2}$
28	Bivac à Aghaponovcht-	
	china........	$5\frac{2}{2}$
29	Sourai.........	5
30	Séjour.	
1 Août.	Séjour.	
2	Séjour.	
3	Séjour.	
4	Séjour.	
5	Séjour.	
6	Séjour.	
7	Séjour.	
8	Séjour.	
		$123\frac{3}{4}$

ITINÉRAIRE. 425

Lieues.

Report.......................... 123¾

9 Août.	De Sourai à Janovitschi........	4
10	Séjour.	
11	Vélechkovitschi.....	3½
12	Liozna............	2½
13	Liouvavitschi......	5¼
14	Rasasna..........	4
15	Siniaki...........	7¼
16	Katova...........	3
17	Bivac............	5
	(A une lieue de Korouitnïa.)	
18	Bivac............	3
	(Près du château de Novoïdvor.)	
19	Faubourg de Smolensk..	1½
20	Passé le Dniéper....	½
	(Bivac au dessus de Smolensk.)	
21	Bivac dans la même position.	
22	Bivac, id.	
23	Volodimerowa......	5
24	Pologhi...........	7½
25	Zazélé...........	5½
26	Mikaïlovskoé......	7½
27	Agopochina........	4½
	(Passé le Dniéper à Blaghové.)	
28	Bivac............	4
(Autour d'un château à une lieue en deçà de Bereski.)		
29	Novoé............	9
30	Séjour.	
31	Pokrow...........	6¾

213

ITINÉRAIRE.

		Lieues.
Report.		213
1 Sept.	De Pokrow à Paulova.	$6\frac{1}{2}$
2	Woremiewo.	2
3	Séjour.	
4	Louzos.	$5\frac{1}{2}$
5	Campé sur les hauteurs de Borodino.	4
6	*id*.	
7	Bataille.	
8	Ouspenskoé *ou* Krasnoé.	$3\frac{3}{4}$
9	Rouza.	$6\frac{1}{4}$
10	Séjour.	
11	Alpalchtchouïna.	$4\frac{1}{2}$
12	Zwenighorod.	$3\frac{1}{2}$
13	Buzaïevo.	$6\frac{1}{2}$
14	Khorechévo.	$4\frac{3}{4}$
15	Moscou.	2
	Total de Pilony à Moscou.	$261\frac{1}{4}$

Séjourné dans cette ville depuis le 15 septembre jusqu'au

18 Octobre.	Village sur la route de Kaluga, à une lieue de Moscou (bivac).	1
19	Petit village près Troitskoé (bivac).	5
20	Inatowo.	$7\frac{1}{2}$
21	Fominskoé.	3
22	Séjour.	
		$16\frac{1}{2}$

ITINÉRAIRE.

		Lieues.
Report.		$16\frac{1}{2}$
23 oct.	De Fominskoé au village situé à une $\frac{1}{2}$ lieue plus loin que Borovsk (bivac).	$7\frac{2}{4}$
24	Combat de Malo-Jaroslavetz (bivac).	$4\frac{1}{4}$
25	Séjour.	
26	Ouvarovskoé (bivac).	4
27	Alfereva.	$4\frac{1}{2}$
28	Village à une lieue en arrière de Borisov, présumé être Mitiaeva.	$2\frac{2}{2}$
29	Ouspenskoé, dit Krasnoé (bivac).	$5\frac{1}{2}$
30	Village à une $\frac{1}{2}$ lieue, à droite de la route, entre Kolotsk et Prokovéfo (bivac).	6
31	Ghiat (bivac).	$8\frac{1}{4}$
1 Novembre.	Auprès de Vélitschevo (bivac).	5
2	Fœdérovskoé (bivac).	$6\frac{2}{4}$
3	Combat de Viasma, bivaqué à une demi-lieue plus loin.	$5\frac{1}{2}$
4	Rouïbki, à une lieue au-delà de Semlevo	7
5	Jalkov Postoïa Dvor.	$3\frac{1}{2}$
6	Doroghoboui (bivac)	6
7	Zazelé (bivac).	7
8	Sloboda (bivac).	4
		$101\frac{1}{2}$

ITINÉRAIRE.

		Lieues.
	Report.	$101\tfrac{1}{2}$
9 Nov.	De Sloboda passé le Vop, bivaqué à un petit village à une demi-lieue de cette rivière.	1
10	Doukhovchtchina.	$4\tfrac{1}{2}$
11	Séjour.	
12	Wolodimérowa (bivac).	$6\tfrac{1}{4}$
13	Smolensk.	$5\tfrac{1}{4}$
14	Séjour.	
15	Hameau à trois lieues de Smolensk, présumé être Loubna (bivac).	$3\tfrac{1}{2}$
16	Krasnoé.	7
17	Liadouï.	$4\tfrac{1}{2}$
18	Doubrowna.	8
19	Orcha.	4
20	Séjour.	
21	Une demi-lieue en avant de Kokhanovo (bivac).	5
22	Bivac autour d'un château à une demi-lieue en deçà de Toloczin.	5
23	Bivac à trois lieues de Toloczin, près Jablonka.	4
24	Bobr.	4
25	Natscha, à cinq lieues de Bobr, où se trouve une église isolée (bivac).	$5\tfrac{1}{2}$
		$169\tfrac{1}{2}$

ITINÉRAIRE. 429

		Lieues.
Report		169½
26 Nov.	De Natscha à Némonitsa, à deux lieues et demie en deçà de Borisov (bivac)	5½
27	Weselowo, passage de la Bérézina (bivac)	4½
28	Zembin (bivac)	3¼
29	Kamen	3¾
30	Niestanovitschi, près Zavichino	5
1 Décembre.	Iliia	4
2	Molodetschino	6
3	Séjour.	
4	Village présumé être Markovo (bivac)	7
5	Smorghoni	4½
6	Joupranoui	5
7	Rovno-Polé (bivac)	5
8	Roukoni (bivac)	5½
9	Wilna	5
10	Evé (bivac)	10
11	Zismori	6
12	Kowno	10
	Total	258
	Du Niémen à Moscou	261¾
	Total	519¾

LISTE

DE TOUTES LES PERSONNES CITÉES DANS CET OUVRAGE, AVEC LEURS GRADES A L'ÉPOQUE DE LA CAMPAGNE DE RUSSIE.

Napoléon.
Le Roi de Westphalie, Commandant le 8e. Corps.
Le Roi de Naples, Commandant toute la Cavalerie de l'Armée.
Le Vice-Roi d'Italie, Commandant le 4e. Corps.
Le Prince de Neuchatel et de Wagram, Major-Général.
Le Prince d'Eckmühl, Commandant le 1er. Corps.
Le Duc de Reggio .... id...... 2e.
Le Duc d'Elchingen .... id...... 3e.
Le Prince Poniatowski..... id...... 5e.
Le Maréchal Comte St. Cyr. id...... 6e.
Le Général Comte Reynier . id...... 7e.
Le Duc d'Abrantès......... id...... 8e.
Le Duc de Bellune .... id...... 9e.
Le Duc de Tarente........ id......10e.
Le Prince Schwartzenberg, Commandant le Corps auxiliaire autrichien.
Le Duc de Trevise, Commandant la jeune garde.
Le Duc d'Istrie, Commandant la Cavalerie de la Garde.
Le Duc de Vicence, Général de Div., Grand-Écuyer.
Le Duc de Frioul ..... id ...... Grand-Maréchal du Palais.
Le Compte Rapp..... id ......⎫
Le Comte Lauriston.. id ..... ⎬ Aides-de-Camp de l'Empereur.
Le Comte de Lobau ... id ..... ⎭

LISTE.

Le Comte LEFEBVRE DESNOUETTES, Général de Div., Colonel des Chas. à cheval de la Garde impériale.

Le Comte NANSOUTY.........⎫
Le Comte MONBRUN...........⎬ Généraux de Division, Chefs d'un Corps de Cavalerie.
Le Comte GROUCHY...........⎪
Le Comte LATOUR-MAUBOURG.⎭

Le Général DESSOLES, Chef d'Etat-Major⎫
Le Baron GUILLEMINOT......id.......⎬ du 4ᵉ. Corps.
Le Comte DANTHOUARD, Commandant l'artillerie..........................⎭

Généraux de Division ⎰ Le Baron PERNETTI, Commandant l'artillerie du 1ᵉʳ. Corps.
⎱ Le Baron FOUCHÉ, Commandant l'artillerie du 3ᵉ. Corps.

Le Comte EBLÉ, Général de Division d'artillerie, Commandant les équipages de pont.

Le Comte MORAND.....⎫
Le Comte FRIANT.....⎪
Le Comte GUDIN......⎬ Généraux de Division au 1ᵉʳ. Corps.
Le Baron GÉRARD.....⎪
Le Comte DESSAIX....⎪
Le Comte COMPANS....⎭

Le Comte VERDIER....⎫
Le Comte LEGRAND....⎬ Généraux de Division au 2ᵉ. Corps.
Le Baron MERLE......⎭

Le Baron LEDRU, Commandant une Division au 3ᵉ. Corps.

Le Comte DE CLAPARÈDE, Général de Division, Commandant la Légion de la Vistule.

Le Baron DELSONS.....⎫
Le Comte BROUSSIER...⎬ Généraux de Division au 4ᵉ. Corps.
Le Comte PINO........⎭

LISTE.

Le Baron DE WREDE...
Les Généraux { DE ROY..... / Généraux Bavarois du 6e. Corps.
SIERBEIN...

Le Comte PARTHONNEAUX.
Le Baron GIRARD........
Le Général DAENDELS.... } Généraux de Division au 9e. Corps.
Le Général DAMAS.......

Le Baron GRANDJEAN, Commd! une Div.n au 10e. Corps.

Les Généraux { GRAWERT... / Généraux Prussiens du 10e. Corps.
KLEIST .....

Le Baron ROGUET, Général de Division, Commandant les Fusiliers de la Garde impériale.

Le Comte CHARPENTIER, Général de Division, Gouverneur de Smolensk.

Le Comte BARAGUEY D'HILLIERS, Général de Division.

Le Comte LOISON, Commandant une Division venue de Kœnigsberg.

Le Général FRÉDÉRIC, Com. la 4e Div. (1er Corps).

Le Général DEMBROWSKI, Com. une Div. polonaise.

Le Comte SANSON, Général de Division, Chef du Bureau topographique.

Le Baron HAXO, Général de Division du Génie.

Le Comte DEFRANCE ......
Le Comte SÉBASTIANI......
Le Baron DE LAHOUSSAYE...
Le Baron CHASTEL........
Le Comte DE BRUYERES..... } Généraux de Division de Cavalerie.
Le Baron DE ST. GERMAIN...
Le Comte ORNANO ....
Le Baron WATHIER........
Le Baron DOUMERC.......
Le Comte FOURNIER........

Le Comte Preyssing, Commandant une Division de Cavalerie légère bavaroise.

Le Prince Czartoryski, Grand-Maréchal de la diète de Warsovie.

Le Comte Méjan, Conseiller-d'Etat du royaume d'Italie, et Secrétaire des commandemens du Vice-Roi.

Le Général Poitevin (Baron de Maureillan), Commandant le Génie du 4e. Corps.

Le Baron Aubry, Commandant l'artillerie du 2e. Corps.

  Ricard, Général de Brigade.
  Bachelu............ id.
  Roussel............ id.
  Huard .... id.
  Plausonne......... id.
  Lanabère........... id.
  Bonnamy........... id.
  Nagle............. id.
  Augereau.......... id.
  Marion............ id.
  Compère........... id.
  Villata .... id.
  Fontane........... id.
  Levié............. id.
  Delaitre .... id.
  Le Camus.......... id.
  Blamont........... id.
  Pampelone......... id.
  Paultre........... id.
  Chouard........... id.
  Pajol............. id.
  Berkheim.......... id.

COLBERT, Général de Brigade.
    CASTEX............ *id.*
    SAINT-GENIEZ....... *id.*
    AUG. CAULAINCOURT *id.*
    GUYON............. *id.*
    STEYLIGER.......... *id.*
POUGET, *id.*, Gouverneur de Witepsk.
LECCHI, *id.*, Commandant la Garde italienne.
LEPEL, *id.*, Aide-de-Camp du roi de Westphalie.
DÉRY, *id.*, Aide-de-Camp du roi de Naples.
KLENGEL, *id.*, au service de Saxe.
JOMINI, *id.*, Gouverneur d'Orcha.

Le Baron TRIAIRE, Général de brigade. ⎫
Le Baron GIFFLENGA...... *id.*...... ⎪
Le Baron LACROIX, Colonel...... . ⎪
Le Baron BATAILLE...*id.*.......... ⎬ Aides-de-Camp du
Le Comte LOUIS TASCHER LAPAGERIE, ⎪ Vice-Roi.
    Chef d'Escadron. ⎪
CHARLES DE LABEDOYÈRE *id.* ⎪
MAURICE MÉJAN....... *id.* ⎪
JULES DESEVE......... *id.* ⎭

DELFANTI, Colonel..... . ⎫
ANDRÉ CORNER, Lieutenant. ⎬ Officiers d'ordonnance du
SANOI.......... *id.*..... ⎭ Vice-Roi.

LIÉDOT, Colonel du Génie...
MARBŒUF, Colonel de lanciers.
KLISKI, Colonel Polonais auprès du VICE-ROI.
RADZIWIL, Colonel du 8e., Hulans Polonais.
DURIEU, Adjudant-Commandant, Sous-Chef d'État-Major du 4e. Corps.

LISTE. 435

DE BOURMONT.
ASSELIN ...... } Adjudans-Commandans attachés à cet État-Major.
FORESTIER ....

Les Colonels
{ GROSBON, du 53e. régiment.
BATTAGLIA, Comm¹. les Gardes d'honn^{eur} d'Italie.
VIDMANN, Command¹ la Compagnie des Gardes d'honneur de Venise.
DEMAY, Command¹. l'artil°. de la 15e. Division.
BANCO, du 2e.; Chasseurs à cheval Italien.
RAMBOURG, du 3e., id.

D'OREILLE, Major du Régiment Espagnol Joseph Napoléon.

VIVES, Major d'artillerie.

TURENNE, Chef d'Escadron. } Aides-de-Camp du Comte Grouchy.
CARBONEL...............

COLAUD, Chef de Bataillon, Vague-Mestre-Général du 4e. Corps.

SEVELINGE .....id.......attaché à l'État-Major.

LANDEVOISIN, Chef de Bataillon du 5.e de ligne.

TEMPIÉ, Lieutenant de Vaisseaux, Commandant les Marins de la Garde italienne.

DELAHAYE.
LAIGNELOT. } Capitaines Ingénieurs-Géographes.
GUIBERT ...

BOUTAREL, Capitaine de chasseurs à cheval, Adjudant du Palais royal de Monza.

TREZEL, Capitaine Aide-de-Camp du Général GUILLEMINOT.

MAISONNEUVE.
JOUAUD....... } Capitaines-Adjoints à l'État-Major du 4e. Corps.
EVRARD......

FROMAGE, Aide-de-Camp du Général BROUSSIER.
BONARDELLE, Capitaine d'artillerie.
OCTAVE DE SÉGUR.
FERRARI.......... } Officiers de Hussards.
GUYARD..........
SAVARY.......... } Capitaines du 9e. de ligne.
BORDONI..........
MASTINI.......... } Lieutenans de la Garde d'honneur d'Italie.
SAINT-MARCELLIN DE FONTANES, attaché à l'État-Major du 4e. Corps.
JOUBERT, Ordonnateur en chef....
LABARRIÈRE, Inspecteur aux revues. } du 4e. Corps.
LESSEPS, Consul français à Moscou.
VILLEBLANCHE, Auditeur au Conseil-d'État, Intendant de Smolensk.

———

ALEXANDRE Ier., EMPEREUR DE RUSSIE.
LE GRAND-DUC CONSTANTIN.
Le Prince KUTUSOFF, Command. en chef l'armée russe.
Le Comte BARCLAY DE TOLLY, Commandant en chef avant l'arrivée du Prince KUTUSOFF.
Le Comte WITTGENSTEIN, Comm. le 1er. Corps russe.

Les Généraux {
BAGAWOUT..........id... 2e.
SCHOMOALOFF........id... 3e.
TUTSCHKOFF........id... 4e.
Prince BAGRATION....id... 5e.
DOCTOROW..........id... 6e.
TORMASOW..........id... 7e.
} Corps formant la seconde armée de l'Ouest.

Le Prince CHARLES DE MECKLEMBOURG.

LISTE. 437

L'Amiral TSCHIKAGOW, Commandant l'Armée russe du Danube.

Les Généraux { LANGERON..
LAMBERT.
WOINOW..
TSCHAPLITZ.
PAHLEN..... } Commandant les Divisions de l'armé du Danube.

PLATOW, Hetman des Kosaques.
PLATOW fils.
ORLOW DENISOW, Général d'avant-garde.

KAMENSKI..........
ERTEL............
SACKEN............
MARCOFF.......... } Généraux Commandant en Wolhynie.

REPNIN............
STENGEL........... } Généraux Commandant au Corps du Prince WITTGENSTEIN.

SICVERSE, Général employé à la 2e. Armée de l'Ouest.

WORONSOW.........
OSTERMANN........
BENNIGSEN........
OTSCHAKOFF.......
SKALON...........
KANOVIRITZIN......
KRETOFF..........
RAJEWSKI.........
KRAPOWITSKI......
STROGONOFF.......
BOEHMETIEFF I et II.
OUVAROW.........
BALLA............ } Généraux employés au centre de l'Armée russe.

KOULNIEW, Général de Cavalerie légère.
KOFF, Général de Cavalerie.
MILLORADOWITCH..
WINZINGERODE . . . } Généraux Commandant l'avant-garde du Prince KUTUSOFF.
CZERNICHEW. . . . .
NARISHKIN, Aide-Camp de WINZINGERODE.
L'Archimandrite PLATON
L'Evêque AUGUSTIN, Vicaire de Moscou.
RASTOPCHIN . . . . .
MOMONOFF. . . . . .
ORLOW . . . . } Nobles de Moscou.
SALTIKOFF . . . . . .
SHEREMITEW. . . . .

ÉTAT SOMMAIRE

Des Corps faisant partie de la grande Armée française, dirigée contre la Russie; depuis le 1er mars jusqu'au 1er septembre 1812.

		Hommes.	Chev.
État-Major général. — LE PRINCE DE NEUCHATEL Major-général.	Badois, Hessois, Saxons, Neuchâtelois, 28e chasseurs, etc..................	4000	1150
I. Corps d'armée. — PRINCE D'ECKMUHL.	1re Division, général Morand, 13e léger, 17e, 30e de ligne, Badois, etc.......	14400	1050
	2e Division, général Friant, 15e léger, 33e, 48e de ligne, Espagnols, etc.........	15900	1100
	3e Division, général Gudin, 7e léger, 12e, 21e, 127e de ligne, Strelitz, etc......	15500	1050
	4e Division, général Dessaix, 33e léger, 85e, 108e de ligne, Hesse, etc......	13700	1100
	5e Division, général Compans, 25e, 57e, 61e, 111e de ligne, etc.............	17500	1200
	Cavalerie, général Girardin, 1er, 2e, 3e chasseurs, 9e Polonais, etc...........	3800	3800
	Artillerie, génie, etc..................	2300	2200
II. Corps d'armée. — Duc DE REGGIO.	6e Division, général Legrand, 26e léger, 56e, 19e, 128e de ligne, Portugais, etc.	14000	800
	8e Division, général Verdier, 11e léger, 2e, 37e, 124e de ligne, etc........	13200	900
	9e Division, général Merle, 123e de ligne, Suisses, Croates, etc..............	12200	800
	Cavalerie, général Castex, 7e, 20e, 24e, 28e chasseurs, 8e chevau-légers, etc....	3200	3200
	Artillerie, génie, etc..................	1500	1300

ÉTAT SOMMAIRE, etc.

		Hommes.	Chev.
3. Corps d'armée. — Duc d'Elchingen.	10e Division, général Ledru, 24e léger, 46e, 72e, 129e de ligne, Portugais, etc.	13000	800
	11e Division, général Razout, 4e, 18e, 93e de ligne, Illyriens, Portugais, etc.	14000	800
	25e Division, général Marchand, Wurtembergeois, etc.	10000	500
	Cavalerie, général de Woelwarth, 4e, 28e chasseurs, 6e chevau-légers, 11e hussards, Wurtembergeois, etc.	4000	4000
	Artillerie, génie, etc.	2800	2600
4. Corps d'armée. — Prince Vice-Roi.	13e Division, général Delzons, 8e léger, 84e, 92e, 106e de ligne, Croates.	13700	800
	14e Division, général Broussier, 18e léger, 9e, 35e, 53e de ligne, Espagnols.	13000	800
	15e Division, général Pino, Italiens, Dalmates.	14000	900
	Cavalerie, général Guyon, 9e, 19e chasseurs, Italiens.	2900	2700
	Garde Royale italienne, général Lecchi.	6200	2800
	Artillerie, génie, etc.	2600	2500
5. Corps d'armée. — Prince Poniatowski.	16e Division, général Zaionsheck, Polonais, etc.	12000	800
	17e Division, général Dembrowski, id.	12000	800
	18e Division, général Kamieniecki, id.	9300	700
	Cavalerie, général Kaminski, id.	4000	4200
	Artillerie, génie, etc.	2200	2600
6. Corps d'armée. — Maréchal Gouvion-Saint-Cyr.	19e Division, général Deroy, Bavarois, etc.	11200	400
	20e Division, général de Wrede, id.	12700	500
	Cavalerie, général de Seydewitz, id.	2000	2100
	Artillerie, génie, etc.	500	800
7. Corps d'armée. — Général Reynier.	21e Division, général Lecoq, Saxons, etc.	7800	800
	22e Division, général de Funck, id.	7600	700
	Cavalerie, général de Gablentz, id.	2300	2600
	Artillerie, génie, etc.	1200	1400
8. Corps d'armée. — Duc d'Abrantès.	23e Division, général Tharreau, Westphaliens, etc.	10600	400
	24e Division, général d'Ochs.	5200	400
	Cavalerie, général Chabert.	1900	2000
	Artillerie, génie, etc.	1000	1500

ÉTAT SOMMAIRE, etc.

		Hommes.	Chev.
6. Corps d'armée. Duc DE BELLUNE.	12e Division, général Parthonneaux, 10e, 29e léger, 36e, 44e, 51e, 55e, 125e et 126e de ligne..................	15000	600
	26e Division, général Daendels, Bergois, Badois, Hessois..................	8000	700
	28e Division, général Girard, Polonais..	7500	200
	Cavalerie, généraux Delaitre et Fournier, Bergois, Hessois, Badois, etc........	2000	2100
10. Corps d'Armée. Duc DE TARENTE.	7e Division, général Grandjean, Polonais, Westphaliens, etc..................	13000	900
	27e Division, général d'Yorck, Prussiens.	14000	
	Cavalerie, général Massembach, id.....	2700	2700
	Artillerie, major....................	1700	1700
Corps d'armée. Duc DE CASTIGLIONE.	30e Division, général Leudelet, 2e, 4e, 6e, 8e, 16e, 17e, 18e, 21e, 28e léger, 14e, 28e de ligne, Westphaliens, etc......	18000	400
	31e Division, général Lagrange, 27e léger, 27e, 63e de ligne etc...............	9900	
	32e Division, général Durutte, régimens de Rhé, Walchéren, Belleisle et de la Méditerranée........................	12700	
	34e Division, général Morand, 3e, 29e de ligne, Hessois, Saxons, etc..........	12900	600
	Cavalerie, général Cavaignac, dragons, chasseurs......................	1600	1500
Corps Autrichien. PRINCE DE SWARTZENBERG	Autrichiens.....................	30000	6000
1 Corps de cavaler. Général NANSOUTY.	1re Division de cavalerie légère, général Bruyères, 16e chasseurs, 7e, 8e hussards polonais, prussiens, etc............	6500	6700
	1re Division de grosse cavalerie, général Saint-Germain, 2e, 3e, 9e cuirassiers, 1er chevau-légers.................	3700	3800
	5e Division id., général Valence, 6e, 11e, 12e id., 5e id.....................	3200	3300

ÉTAT SOMMAIRE, etc.

		Hommes.	Chev.
2. Corps de caval. — Général MONTBRUN.	2e Division de cavalerie légère, général Pajol. 11e, 12e chasseurs, 5e, 9e hussards, Prussiens, Polonais, etc.	4800	4900
	2e Division de grosse cavalerie, général Wathier, 5e, 8e, 10e cuirassiers, 2e chevau-légers	2700	2800
	4e Division id. général Defrance, 1er, 2e carabiniers, 1er cuirassiers, 4e id.	2900	2900
3. Corps de caval. — Général GROUCHY.	3e Division de cavalerie légère, général Chastel, 6e, 8e, 25e chasseurs, 6e hussards, Bavarois, Saxons	4500	4700
	3e Division de grosse cavalerie, général Doumerc, 4e, 7e, 14e cuirassiers, 3e chevau-légers	3300	3300
	6e Division, id. général Lahoussaye, 7e, 23e, 28e, 30e dragons	2800	3000
. Corps de caval. — LATOUR-MAUBOURG.	4e Division de cavalerie légère, général Rozniecki, Polonais	4600	5000
	7e Division, id., général Lorge, Saxons, Westphaliens, etc.	3260	3500
Garde impériale.	Garde impériale, infanterie, cavalerie, artillerie, etc.	43000	16000
	Division de la Vistule, général Claparède, Polonais	8300	500
Grand parc.	Grand parc d'artillerie, général Lariboissière	9500	4800
	Grand parc du génie, général Chasseloup-Laubat	5100	900
	Équipages militaires, général Picard	7800	9300
Garnisons.	Magdebourg, général Michaud	900	
	Dantzig, général Lagrange	3000	1000
	Stettin, général Liobert	Les garnisons de ces places ont été fournies par les corps d'armée.	
	Custrin, général Fornier d'Albe		
	Glogau, général Laplane		
	Berlin, général Durutte		
	Stralsund, général Morand		
	Kœnigsberg, général Loison	5000	200

ÉTAT SOMMAIRE, etc.

		Hommes.	Chev.
Division princière. Général CARRA-SAINT-CYR.	Troupes des princes de la confédération....	7300	300
33. *Division d'inf.* Général DESTRÉES.	Troupes Napolitaines.....	8000	1000
Garnison de Hambourg. Général CARRA-SAINT-CYR.	Cohortes de la garde nationale du premier ban, etc.	5700	
Division danoise. Géné. ESWALD.	Troupes danoises.....................	9800	2000
Troupes en marche.	Infanterie	25000	
	Cavalerie	14000	14000
	Artillerie, génie, etc..............	4000	2500
Dépôts généraux de cavalerie. Général BOURCIER.	Détachemens de tous les régimens de cavalerie.....................	1500	600

ÉTAT SOMMAIRE, etc.

RÉCAPITULATION.

	Hommes.	Chevaux.
État-Major général	4000	1150
1er. Corps	83000	11500
2e	44100	7000
3e	43800	8700
4e	52000	10500
5e	39500	9100
6e	27400	3800
7e	18900	5500
8e	18700	4300
9e	32500	4500
10e	31400	5300
11e	55100	2500
Corps auxiliaire autrichien	30000	6000
Garde impériale	51300	16500
Grand Parc	22400	15000
Garnisons { Dantzig, Magdebourg, Kœnigsberg, Hambourg }	14600	1200
Division Princière	7300	300
Napolitains	8000	1000
Troupes Danoises	9800	2000
Troupes en marche	43000	16500
Dépôt général de Cavalerie	1500	600
1er. Corps de Cavalerie	13400	13800
2e	10400	10600
3e	10600	11000
4e	7800	8500
Totaux	680500	176850

www.ingramcontent.com/pod-product-compliance
Lightning Source LLC
Chambersburg PA
CBHW060926230426
43665CB00015B/1852